동전으로 보는
세계사

동전으로 보는 세계사

발행일   2025년 9월 16일

지은이   민영기
펴낸이   손형국
펴낸곳   (주)북랩

출판등록 2004. 12. 1(제2012-000051호)
주소   서울특별시 금천구 가산디지털 1로 168, 우림라이온스밸리 B동 B111호, B113~115호
홈페이지 www.book.co.kr
전화번호 (02)2026-5777   팩스   (02)3159-9637

ISBN   979-11-7224-811-6 03900 (종이책)   979-11-7224-812-3 05900 (전자책)

잘못된 책은 구입한 곳에서 교환해드립니다.
이 책은 저작권법에 따라 보호받는 저작물이므로 무단 전재와 복제를 금합니다.
이 책은 (주)북랩이 보유한 리코 장비로 인쇄되었습니다.

작가 연락처 문의 ▶ ask.book.co.kr

작가 연락처는 개인정보이므로 북랩에서 알려드릴 수 없습니다.

(주)북랩 성공출판의 파트너

북랩 홈페이지와 SNS에서 다양한 출판 솔루션을 만나 보세요!

홈페이지 book.co.kr   •   블로그 blog.naver.com/essaybook   •   출판문의 text@book.co.kr
카톡채널 북랩

작은 은화에 새겨진 세계사의 결정적 순간

동전으로 보는 세계사

민영기 지음

북랩

일러두기

1. **참고 자료** 본 책은 국내외 다양한 화폐 관련 서적 및 도감을 참고하여 작성되었으며, 본문에 사용된 화폐 단위, 용어, 그리고 화폐 제원은 참조한 도감에 따라 다를 수 있음을 알려드립니다.

2. **역사적 해석과 관점** 본서에서 다루는 역사적 사건과 인물에 대한 평가는 다양한 관점이 존재할 수 있으며, 저자의 해석이 절대적 기준은 아님을 밝힙니다. 특히 제국주의, 식민 지배, 독립 운동 등 민감한 역사적 사안에 대해서는 학술적 논쟁이 계속되고 있음을 인지하고 있습니다.

3. **주요 내용** 책 내용은 19세기와 20세기에 발행된 근대 은화와 동전에 새겨진 그림, 인물, 국가 문장을 중심으로 세계사 상식을 바탕으로 구성되었습니다.

4. **선정 기준** 근대 화폐 중에 무역 은화 및 미국, 유럽, 라틴아메리카, 이슬람 문화권 등에서 널리 유통된 은화와 동화를 대상으로, 특히 크라운 크기 동전을 위주로 선정하였습니다.

5. **서술 방식** 본 책은 학술적 역사 서술보다는 각국에서 발행된 화폐와 관련된 사건들을 교양 위주로 정리하고, 화폐에 관한 다양한 관점을 소개하는 데 초점을 맞추고 있습니다.

6. **목적 및 구성** 이 책은 전문가보다는 일반 수집가와 화폐 애호가들이 동전과 관련된 세계사 상식을 쉽게 이해할 수 있도록 기획되었으며, 풍부한 사진과 삽화를 통해 내용을 보다 쉽게 전달하고자 하였습니다.

7. **면책 사항** 본서의 내용은 교양 및 참고 목적으로 작성되었으며, 화폐의 투자 가치나 시장 가격에 대한 조언을 제공하지 않습니다. 화폐 수집이나 거래 시에는 반드시 전문가의 조언을 구하시기 바랍니다.

머리말

처음 모건 달러를 손에 쥐었을 때를 지금도 생생히 기억합니다. 은빛 광택이 은은하게 퍼지던 그 큼직한 은화 한 닢은, 단지 금속 덩어리가 아니었습니다. 한 수집가가 들려준 짧은 이야기는 어느새 제 마음에 깊은 파문을 남겼고, 그날 이후 저는 화폐를 통해 세계사의 흐름을 읽기 시작했습니다.

동전은 작고 가볍지만, 시대의 숨결을 오롯이 품고 있는 '작은 역사서'입니다. 지구 반대편에서 건너온 동전 하나에는 한때 세상을 호령했던 제국의 역사, 독립을 향한 민족의 열망, 평범한 사람들의 소박한 꿈과 애환이 새겨져 있습니다.

황제의 초상이나 자유의 여신, 전쟁에서 승리한 기념일, 식민지의 자원과 노동자들, 사라진 나라의 상징과 문장까지….. 동전 하나가 품고 있는 역사 속에는 책에서 무심코 지나쳤던 사건들의 '결정적 순간'을 다시 들여다볼 수 있는 창이 있습니다.

역사를 품고 있는 화폐는 과거와 현재를 이어주는 다리와 같습니다. 동전에는 발행 당시의 의미와 이야기가 새겨져 있으며, 국가의 문화와 예술도 함께 담겨져 있습니다. 그래서 화폐를 들여다보는 것은 그 나라의 역사와 문화를 이해하는 새로운 창을 들여다보는 것과 다름없습니다.

이 책 『동전으로 보는 세계사』는 동전이라는 소재를 통해 세계사의 중요한 순간들과 들여다볼 수 있도록 기획되었습니다. 전통적인 연대기 중심의 서술이 아니라, 대륙별 화폐를 중심으로 역사와 문화, 정치와 미술, 인간과 국가의 관계를 흥미롭게 풀어내고자 했습니다. 특히 크라운 크기의 은화를 중심으로 제국주의 시대의 패권 경쟁, 식민 지배에서 벗어나려는 민족들의 독립 운동, 그리고 시대를 상징하는 인물과 문양을 통해 역사 여행을 떠나고자 합니다.

한 권의 책으로 근대 화폐의 모든 이야기를 담을 수는 없지만, 동전에 새겨진 그림과 이야기를 들여다보는 것만으로도, 동전과 관련된 세계사를 이해하는 첫걸음을 뗄 수 있으리라 믿습니다. 식민 지배를 했던 국가와 신생 독립 국가에서 발행된 화폐를 바라보면, 제국의 욕망과 독립을 꿈꾸던 민족들의 뜨거운 열망을 느낄 수 있습니다.

오랜 역사가 묻어있는 화폐가 수많은 사람의 손을 걸쳐 국가와 국가를 넘어 전해지기까지는 우리가 알지 못했던 수많은 사연이 있었을 것입니다.

화폐를 수집하고 그 이야기를 들여다보는 일은 마치 보물을 찾아 나서는 모험처럼 설레는 경험입니다. 근대 화폐를 통해 숨겨진 역사와 흥미진진한 이야기를 만나고, 세월의 흔적을 간직한 화폐를 보면서 그 속에 낭만을 천천히 되새겨 보시길 바랍니다.

이 책이 세상에 나올 수 있도록 도움을 주신 많은 분들께 깊은 감사의 마음을 전합니다. 무엇보다 화폐 수집의 즐거움을 알려주시고, 수많은 이야기와 지식을 나누어 주신 『동전을 좋아하는 사람들』 동호회 분들께 진심으로 감사드립니다. 여러분과 나눈 대화 한 마디 한 마디가 이 책의 소중한 밑거름이 되었습니다.

이 책을 준비하는 과정에서 우리 곁을 떠나신 화폐 수집가 '조경희(활동명 너구리)' 님을 그리워하며, 이 책을 그분께 바칩니다. 선배님이 보여주신 수집가의 진정한 자세와 열정이 제게 큰 영감이 되었으며, 이 책이 그분을 기억하는 작은 기록이 되기를 바랍니다. 선배님의 나눔 정신을 본받아 이 책의 인세 수익은 월드비전 아동 지원 사업에 전액 기부하겠습니다.

   마지막으로 이 책을 펼쳐주신 모든 분께 진심으로 감사드립니다. 화폐에 담긴 이야기를 따라 각 나라의 역사적 순간을 즐겁게 탐구하면서 작은 즐거움과 발견의 기회가 되기를 바랍니다.

민영기

○ 목차

머리말 ·· 5

1장 19~20세기 동아시아에서 사용된 무역 은화

동아시아 무역과 제국주의 흔적 ································· 16
스페인 탈러, 세계 무역을 연결한 은화 ························ 20
미국 무역 은화, 아시아를 향한 도전과 실패 ················· 22
　- 미국의 상징, 흰머리 독수리와 화폐 디자인 / 25
일본 무역 은화와 근대화의 도전 ································ 28
　- 일본의 경제적 성장과 은(銀)의 역사 / 31
　- 일본의 개항과 금화의 유출 / 35
일본 일원(円) 은화, 아시아 경제를 흔들다 ··················· 39
　- 조선 인삼과 일본의 은(銀) / 42
　- 자연을 담은 일본의 문장 / 46
프랑스령 인도차이나와 피아스터 은화의 등장 ············· 49
　- 인도차이나, 문화와 제국주의 교차로 / 53
영국 무역 은화, 제국주의 확장의 상징 ························ 56
　- 아편 전쟁과 홍콩의 할양 / 59
해협 식민지 무역 은화와 말라카해협 ························· 63
　- 영국 동인도회사와 대영제국의 확장 / 66
러시아 루블 은화와 극동지역의 역사 ························· 70
　- 러일 전쟁과 조선, 일본의 한반도 패권 장악 / 74

필리핀 은화 1페소 ·· 78
  - 마닐라 갤리온 무역, 세계를 연결한 은(銀)의 향로 / 83
멕시코 은화, 8레알과 1페소 ····································· 86
  - 뱀을 물고 있는 독수리, 멕시코의 상징 / 91
청나라 광서원보 ··· 94
  - 각인(Chop mark) 은화, 동아시아 무역의 신뢰 / 97
조선 닷량, 조선의 근대 화폐의 개혁 ························ 99
  - 동서양의 용(龍), 화폐 문양으로 살펴본 상징의 차이 / 104

2장 19~20세기 미국과 유럽의 근대 은화

미국, 유럽 국가와 크라운 근대 은화 ····················· 108
미국 달러의 탄생과 세계 기축통화로의 성장 ········ 111
미국 근대 은화의 시작, 모건 달러 ························· 114
평화를 상징하는 미국 근대 은화, 피스 달러 ········· 118
  - 미국의 얼굴, 엉클 샘과 컬럼비아 / 121
미국 최초의 기념주화, 근대와 현대 ······················· 125
  - IN GOD WE TRUST / 128
영국 은화 1크라운 은화의 역사 ······························ 131
  - 영국의 상징, 수호성인 성 게오르기우스와 사자의 상징성 / 135
프랑스 은화 5프랑의 역사 ····································· 140
  - 백합과 프랑스 문장의 변화 / 145
러시아 은화 1루블의 역사 ····································· 152
  - 러시아 제국의 상징, 쌍두 독수리와 로마노프 왕조 / 155
독일제국 은화 3마르크와 5마르크 ························· 160
  - 독수리, 제국을 상징하는 권위와 힘의 문장 / 164

스위스 은화 5프랑의 역사 ··· 167
  - 헬베티아 여신, 스위스의 상징 / 172
스위스 은화, 슈팅 탈러의 역사와 상징 ······················· 175
  - 빌헬름 텔과 스위스 사격대회의 기원 / 179
오스트리아~헝가리 제국과 5코로나 은화의 역사 ········ 182
헝가리 은화 5코로나와 오스트리아~헝가리 제국 ········ 186
  - 헝가리 국장과 성 이슈트반 왕관 / 189
마리아 테레지아 은화, 세계적 무역 화폐의 상징 ········· 192
이탈리아 은화 5리라, 통일된 이탈리아의 상징 ············ 197
  - 이탈리아의 상징, 국장과 롬바르디아 철관 / 199
그리스 은화 5드라크마 ·· 202
  - 그리스 국장과 하얀 십자가의 역사적 상징 / 205
  - 죽음의 노잣돈, 동서양을 잇는 저승의 풍습 / 208
스페인 은화 5페세타 은화, 제국의 흥망을 담다 ·········· 211
  - 스페인 국장 속의 헤라클레스 기둥, 세상의 끝에서 / 215
포르투갈 은화 1,000레이와 1에스쿠도 ······················· 218
  - 포르투갈 국장, 방패에 새겨진 역사의 흔적 / 221
네덜란드 은화 2½휠던에 담긴 역사 ···························· 224
  - 사자의 문양으로 보는 네덜란드와 스리랑카의 역사 / 228
  - VOC, 세계 최초의 주식회사와 해양 제국 / 231
벨기에 은화 5프랑 은화와 독립의 역사 ······················ 236
  - 레오폴드 2세의 식민 통치와 콩고의 비극 / 240
불가리아 5 레바 은화와 독립의 역사 ·························· 243
리히텐슈타인 은화 5크로넨 은화와 독립의 역사 ········ 247
라트비아 5라티 은화, 독립의 상징 ······························ 251

3장 19~20세기 이슬람 문화권의 근대 은화

이슬람 세계와 크라운 크기 은화의 등장 ·············· 258
이슬람 세계의 기원과 핵심 ·············· 261
오스만제국 은화 20쿠루시 ·············· 265
  - 이슬람의 상징, 초승달과 별 / 268
이집트 은화 20키르시 ·············· 271
  - 이슬람의 문화예술, 캘리그라피와 아라베스크 / 274
이란 은화 5,000디나르와 5리얄 ·············· 277
  - 이란의 상징, 사자와 태양 / 280
사우디아라비아 은화의 역사 ·············· 283
  - 사우디아라비아 문장과 여신 유스티티아 / 286
예멘 은화 1리얄 ·············· 289
  - 예멘의 국장과 아라비아 펠릭스 / 291
튀니지 은화 20프랑 ·············· 295
  - 튀니지의 상징 올리브에 담긴 의미 / 298
모로코 은화 1리얄 ·············· 301
  - 다윗의 별과 루브 엘 히즈브 / 303
아프가니스탄 은화 2½루피와 5루피 ·············· 307
  - 아프가니스탄 국장과 페르시아 영웅의 땅 / 310

4장 19~20세기 라틴 아메리카 근대 은화

라틴 아메리카 탄생과 은화의 역사 ·············· 314
스페인의 부왕령, 아메리카 식민 통치의 핵심 ·············· 320
파라과이 은화 1페소, 내륙 국가의 역사적 상징 ·············· 323
  - 파라과이 국장, 독립과 평화의 상징 / 327

브라질 은화 960레이와 2,000레이 ································· 330
- 브라질 공화국, 국장의 탄생과 상징 / 333

아르헨티나 은화 1페소 ··· 336
- 아르헨티나 국장, 독립과 단결의 상징 / 339

우루과이 은화 1페소 ·· 342
- 우루과이 국장과 5월의 태양 / 345

볼리비아 은화 8솔과 1볼리비아노 ································· 349
- 볼리비아 국장과 포토시 은광 / 352

칠레 은화 1페소 ··· 356
- 칠레 국장과 이웃 나라 페루와 갈등의 역사 / 359

페루 은화 1솔과 5페세타 ··· 363
- 페루 국장과 풍요의 뿔 / 366

과테말라 은화 1페소 ·· 371
- 과테말라 국장과 자유를 상징하는 케찰 / 374

베네수엘라 은화 5볼리바레스 ······································· 377
- 베네수엘라 국장, 변화하는 상징과 정치적 역사 / 380

콜롬비아 은화 1페소 ·· 382
- 콜롬비아 국장과 석류의 상징성 / 384

에콰도르 은화 1수크레와 5수크레 ································ 387
- 에콰도르 국장, 자연과 역사를 담은 상징 / 390

쿠바 은화 1페소 ··· 393
- 쿠바 국장과 공산주의의 상징, 붉은 별의 역사와 의미 / 398

아이티 은화 1구르드 ·· 402
- 아이티 국장, 자유와 독립의 상징 / 405

도미니카 은화 1페소 ·· 408
- 히스파니올라섬의 두 국가, 도미니카공화국과 아이티 / 411

엘살바도르 은화 1페소 ··· 414
- 크리스토퍼 콜럼버스, 아메리카 시대의 시작 / 418

파나마 은화 50센테시모스 ·· 423
- 파나마 국장, 역사를 품은 국가의 상징 / 426

온두라스 은화 1페소 ·· 429
- 온두라스 국장과 빨간 앵무새 / 432

5장 19~20세기 서민들의 귀금속 동화

서민들의 삶과 귀금속 동화의 등장 ························ 436
러시아의 구리 동화 5코펙 ································ 439
- 예카테리나 2세(Catherine II) / 442
영국의 수레바퀴 동화 2페니 ······························ 445
- 영국의 상징, 브리타니아(Britannia) / 448
영국 서민의 동화 1페니 ·································· 451
프랑스 동화 10상팀 ······································ 455
- 프리기아 모자와 갈리아의 수탉 / 457
오스만제국 동화 40파라 ·································· 463
- 술탄의 서명, 투그라 / 466
조선 상평통보 당백전 ···································· 468
청나라 함풍전 ·· 475
- 중국 주화 속 디자인, 인물의 등장 / 478
일본 천보통보 ·· 481
류큐 왕국의 유구통보 ···································· 484
만주국에서 발행한 동전 ·································· 490

참고 문헌 ·· 494
사진 출처(Photo Credits) ································ 497

1장

19~20세기 동아시아에서 사용된 무역 은화

동아시아 무역과 제국주의 흔적

무역과 제국주의 시작, 은화와 연결된 세계 경제

15세기 이후, 유럽과 아시아 사이의 국제 무역에서는 은화와 은괴가 중요한 결제 수단이었다. 유럽 국가들은 무역 확대를 위해 자국의 은광을 적극적으로 개발하고, 아프리카 무역을 통해 금과 은을 확보했다. 이러한 배경에서 1519년 유럽 최대 규모였던 보헤미아 은광에서 채굴된 은으로 주조된 은화가 처음 등장했는데, 이 은화는 생산지의 이름을 따서 '탈러(Taler)'라고 불렸다.

유럽이 새로운 시장을 개척하려는 움직임은 1453년 오스만제국이 비잔틴제국을 멸망시키면서 본격적으로 시작되었다. 유럽과 동방 사이의 기존 교역로가 막히자 새로운 무역로 개척이 필요했기 때문이다. 같은 해 영국과 프랑스가 백년전쟁을 끝내고 근세 시대로 진입한 것도 중요한 계기가 되었다. 1492년 스페인이 이베리아반도에서 이슬람 세력을 몰아낸 '레콩키스타'를 완성하였다. 같은 해 콜럼버스의 아메리카 대륙 발견을 계기로 대항해시대가 본격적으로 열리게 되었다.

16세기, 스페인이 식민지로 삼은 남아메리카 대륙의 볼리비아 포토시와 멕시코 사카테카스의 대규모 은광이 개발되었고, 이곳에서 생산된 막대한 양의 은이 유럽과 아시아로 흘러들어갔다. 스페인의 은화는 국제 무역에서 가장 선호하는 화폐로 자리 잡았고, 이는 서유럽이 동방 이슬람 세력보다 경제적 우위를 확보하는 계기가 되었다.

스페인 8레알 은화(1818년, 포토시 발행) 앞면에는 스페인 국왕 페르난도 7세의 초상이,
뒷면에는 스페인 왕실 문장이 새겨져 있으며, 세계 무역의 핵심 통화로 사용되었다.

산업혁명과 제국주의의 부상

18세기 후반부터 산업혁명으로 유럽 국가들은 폭발적인 경제 성장과 군사력 강화를 이루었다. 특히 1769년 영국에서 제임스 와트가 증기기관을 개량하여 소형화에 성공하면서 공장제 생산이 본격화하였고, 이러한 산업화를 수용한 국가들은 제국주의 열강으로 성장했다.

산업화한 열강들은 원자재 공급과 상품 시장 확보를 목적으로 아프리카와 아시아 지역을 식민지로 삼기 시작했다. 산업혁명에 뒤처진 국가들은 제국주의의 희생양이 되어 자원과 노동력을 착취당했다. 일본 역시 아시아 국가들을 대상으로 제국주의 확장에 가담하여 조선과 중국, 태평양 지역을 침략하였다.

'제국주의'라는 개념은 1840년대 프랑스에서 처음 등장하였으며, 한 국가가 타국을 정치적·경제적으로 지배하고 통제하는 현상을 의미한다. 1871년 이후 본격적으로 사용되기 시작한 '제국주의'라는 용어는, 자국의 경제적·정치적 영향력을 다른 나라나 민족에게 강요하는 정책을 가리키게 되었다.

19세기 유럽 국가들은 중공업으로 산업 구조를 전환하고 선진화를 이루면서, 원자재 공급과 시장 확보를 위해 아시아와 아프리카에서 본격적인 식민지 쟁탈전을 벌였다. 제국주의 국가들은 겉으로는 문명화와 인권을 내세웠지만, 실제로는 식민지에서 잔혹한 수탈과 탄압을 일삼았다.

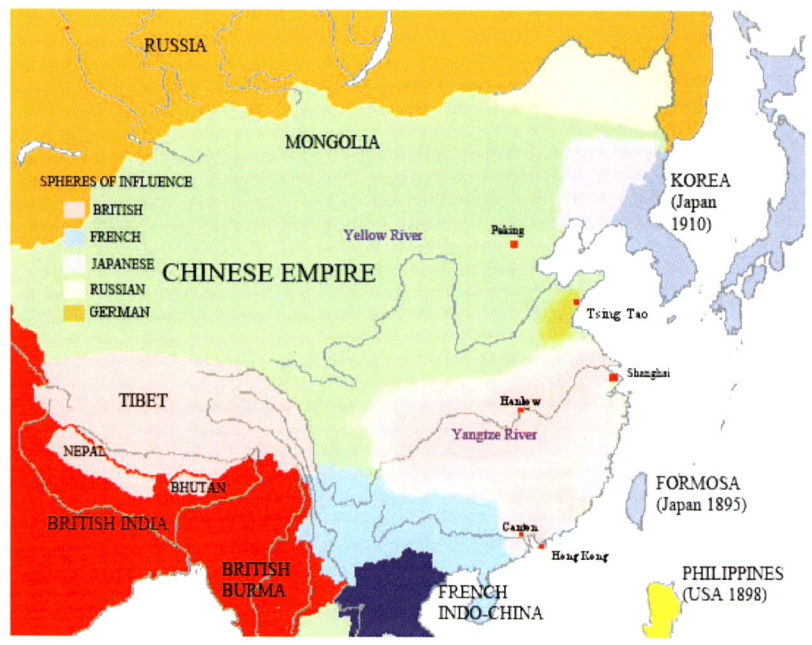

20세기 초 중국 내 제국주의 열강이 지배하거나 영향력을 보여주는 세력권 지도.
영국(홍콩, 광둥, 양쯔강 유역), 프랑스(광시성, 윈난성 남부), 독일(산둥성 청도 조차지),
러시아(만주, 랴오둥 반도), 일본(대만1895, 랴오둥 반도 남부), 미국(필리핀)

동아시아에서의 제국주의 경쟁과 무역 은화의 탄생

19세기 중후반, 제국주의 국가들은 동아시아를 경제적으로 점령하기 위해 본격적인 경쟁에 나섰다. 이 시기 국제 무역을 위해 특별히 제작된 은화가 등장했는데, 이것이 바로 '무역은화(Trade Dollar)'이다.

금이 더 가치가 높았지만, 당시 중국이 은본위제를 유지했기 때문에, 동아시아 무역에서는 은화가 가장 중요한 화폐로 사용되었다. 18세기 이후 세계 경제는 사실상 은(銀) 중심 체제로 정착되었으며, 동아시아를 공략하던 서구 제국주의 국가들도 이 점을 적극 활용하였다.

무역 은화는 국제 무역을 목적으로 특별히 제작된 화폐로, 일반적으로 순도 90%에 중량 26.96g의 규격으로 통일되어 있었다. 이 은화는 서구 제국주의 국가들이 중국을 비롯한 동아시아 시장을 효율적으로 침투하고 경제적 이익을 극대화하기 위해 전략적으로 고안한 것이었다.

18~19세기 국제 경제는 은 중심으로 유지되었고, 이를 기반으로 서구 열강들은 동아시아를 경제적으로 압박하고 식민지로 편입하는 작업을 진행했다. 이 책의 1장에서는 19세기 말부터 20세기 초까지 동아시아에서 유통된 주요 무역 은화를 소개하면서, 이 화폐가 동아시아의 경제와 제국주의 시대의 어떤 변화를 가져다주었는지 들여다본다.

스페인 탈러, 세계 무역을 연결한 은화

스페인 탈러의 탄생과 특징

스페인 탈러는 1497년 스페인 국왕 페르난도 2세와 이사벨라 1세가 추진한 화폐 개혁인 메디나 델 캄포 칙령을 통해 처음 등장했다. 이 개혁으로 탄생한 대표적인 은화가 바로 8레알(Real de a Ocho)로, 약 38㎜ 지름에 25.56g의 순은으로 만들어져 당시로서는 높은 품질이었다.

처음에는 아메리카 식민지에서 채굴한 은을 스페인 본국으로 가져와 세비야 조폐국에서 은화를 제작하였다. 그러나 운송 시간이 길어지면서 스페인 정부는 은 운반의 시간·비용·위험 부담을 줄이고 식민지 경제 통제를 위해 현지에서 바로 은화를 만들어 사용하는 것이 훨씬 효율적이라 판단하였다. 이후 1535년에 멕시코시티 조폐국, 1568년에 페루 리마 조폐국, 1574년에 포토시 조폐국이 설립되면서 식민지 현지에서 직접 은화를 발행하게

카스티야~레온과 아라곤 왕국의 페르난도 2세와 이사벨 1세가 발행한
최초의 8레알 은화(세비야 주조, 1497~1508년) 앞면에는 통합의 상징인 멍에(yoke)와 화살 문양,
뒷면에는 스페인 왕실 문장과 숫자 'VIII'(8레알)를 새겼다.

되었다.

세계 무역의 중심이 된 스페인 탈러

중남미 식민지에서 채굴한 막대한 양의 은으로 생산된 스페인 탈러는 유럽을 비롯해 아메리카, 아시아, 아프리카까지 국제 무역에서 폭넓게 사용되며 세계 무역의 가장 신뢰받는 표준 화폐로 자리 잡았다.

그중에서도 중국에서는 스페인 탈러를 '양(洋)' 또는 '양전(洋錢)'이라고 불렀다. 중국은 차, 도자기, 비단 등의 수출품 대가로 이 은화를 주로 받아들였으며, 이러한 무역이 활발히 이루어지면서 '양'이라는 명칭은 오늘날 중국 통화인 '위안(元)'의 기원이 되었다. 또한 미국에서는 독립 후 스페인 탈러를 모델로 달러를 만들었고, 초기 미국 경제에서 주요 통화로 사용하였다.

스페인 탈러는 단순한 은화를 넘어 세계 무역과 경제를 연결하는 중요한 매개체였고, 그 영향력은 오늘날 세계 각국의 통화와 경제 구조에도 여전히 남아 있다.

스페인 8레알 은화(1796년, 멕시코시티 조폐국) 아메리카와 아시아 무역에서 사용되었으며, 동전에 새겨진 수많은 각인(Chopmark)은 중국 상인들이 진품 여부를 확인한 흔적이다.

미국 무역 은화,
아시아 시장을 향한 도전과 실패

아시아를 향한 미국의 전략, 무역 은화의 탄생

19세기 후반, 아시아 무역 시장에서 미국은 기대만큼의 영향력을 행사하지 못하고 있었다. 당시 중국 및 동아시아 지역에서 국제 무역에 가장 널리 쓰이던 은화는 멕시코 페소 은화였다. 멕시코 페소는 이미 오랜 역사를 통

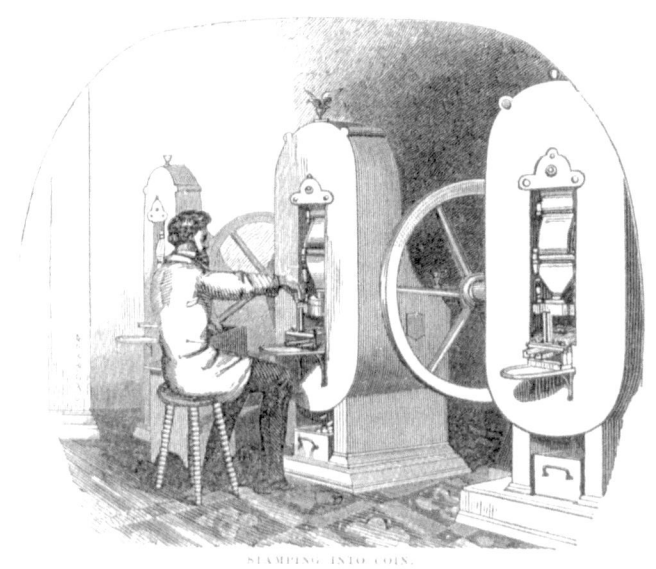

샌프란시스코 조폐국에서 주화를 압인하는 모습.
19세기 조폐국에서 금속 원판에 압력을 가해 주화를 제작하는 장면을 묘사한 삽화로
수동 기계식 프레스를 사용히여 동진의 앞뒷면을 정밀하게 새기던 장면이다.

해 높은 신뢰도를 얻고 있었기에, 미국은 이를 뛰어넘기 위한 특별한 전략이 필요했다.

이러한 배경에서 미국은 아시아 무역 시장에서 경쟁력을 높이고자 1873년에 특별한 은화를 발행하게 된다. 그것이 바로 미국 무역 은화(Trade Dollar)였다. 이 은화는 기존의 멕시코 페소 은화보다 중량과 순도를 조금 더 높여 제작했으며, 순도 90%, 중량은 27.22g이었다. 필라델피아, 카슨시티, 샌프란시스코 조폐국에서 35,965,924개가 발행되었고, 아시아와의 무역 거점이었던 샌프란시스코 조폐국에서 가장 많이 제작되었다.

중국 시장에서 외면받은 미국 은화

미국이 전략적으로 제작한 이 무역 은화는 처음에 큰 기대를 받았지만, 결과적으로 아시아 시장에서 성공을 거두지 못했다. 당시 중국 시장에서는 이미 널리 유통되던 멕시코 은화를 신뢰했기 때문에, 새롭게 들어오는 외국 은화에 대해서는 철저한 감정을 거쳐 신뢰 여부를 판단하는 것이 일반적이었다.

중국 상인들은 전문적인 화폐 감정인들을 고용해 외국에서 들어온 은화의 무게와 순도를 일일이 확인했고, 이렇게 신뢰할 수 있다고 판단된 은화에는 인증의 표시로 '각인(Chop mark)'을 새겨 넣었다.

1877년의 무역 은화 이미지에도 당시 중국 상인들이 찍은 각인의 흔적이 남아 있다. 이 각인은 중국 시장에서 화폐의 신뢰도를 나타내는 중요한 지표였다.

하지만 미국 무역 은화는 이러한 노력에도 불구하고 이미 시장에서 자리 잡은 멕시코 페소 은화와의 경쟁에서 밀려났다. 중국 상인들이 미국 무역 은화를 충분히 받아들이지 않았고, 시장 점유율이 낮아지자 결국 1878년 발행이 중단되었다. 이후 1885년까지는 소량의 프루프(Proof, 기념품 목적으로 제작) 은화만 발행되어 사실상 무역 은화로서의 본래 기능은 사라지고 말았다.

※ 미국 무역 은화: 중량 27.2g, 순도 90.0, 크기 38.1㎜

각인(Chopmark)이 새겨진 미국 무역 은화(1877년), 중국 상인들은 신뢰할 수 있는 외국 은화에 고유의 각인(Chopmark)을 찍어 은화의 순도와 진위를 확인하고 보증했다.

미국 내에서의 운명과 모건 달러의 등장

아시아 시장에서 실패한 미국 무역 은화는 결국 국내에서 유통될 수밖에 없었고, 본래 목적과는 달리 점점 그 의미가 희미해졌다. 이후 미국 정부는 시장 상황을 분석한 뒤 무역 은화를 포기하고, 대신 더 성공적인 화폐인 모건(Morgan) 달러를 새롭게 발행하게 된다.

이러한 흐름 속에서 미국 무역 은화는 국제 무역 화폐로서의 기대를 충족시키지 못하고 역사 속으로 사라지게 되었다.

미국의 상징, 흰머리 독수리와 화폐 디자인

흰머리 독수리, 미국을 대표하는 상징

미국의 화폐와 국장을 살펴보다 보면 자주 등장하는 동물이 하나 있다. 바로 흰머리 독수리(Bald Eagle)다. 미국 독립 직후인 1782년부터 공식적인 국장(Great Seal)으로 채택된 이래, 흰머리 독수리는 대통령 휘장과 정부 기관 로고 등 다양한 곳에서 미국을 대표하는 상징으로 사용되고 있다.

미국 국장에 새겨진 독수리는 강력한 상징적 의미를 담고 있다. 독수리의 입에는 라틴어 문구인 "E pluribus unum"이 새겨진 리본이 물려 있다. 이 문구는 "여럿이 모여 하나를 이룬다"라는 뜻으로, 초기 연방을 구성한 13개의 주가 연합하여 하나의 국가를 이루게 된 미국의 건국이념을 나타낸다.

또한 국장 속 흰머리 독수리의 양발에는 상반된 의미를 가진 상징물이 들려 있다. 오른발에 들고 있는 13개의 잎을 가진 올리브 가지는 평화를 의미하며, 왼발에 들고 있는 13개의 화살은 전쟁과 힘을 상징한다. 국장의 뒷면에는 '모든 것을 꿰뚫어 보는 눈'이 미완성 피라미드 위에 떠 있으며, 하단에

미국의 국장에 새겨진 독수리와 피라미드 문양. 왼쪽은 미국 국장의 앞면으로, 독수리는 국가의 상징으로서 방패를 가슴에 품고 오른발엔 올리브 가지, 왼발엔 화살 다발을 쥐고 있다. 오른쪽은 국장의 뒷면으로, '모든 것을 꿰뚫어 보는 눈'이 미완성 피라미드 위에 떠 있다.

는 라틴어 "Novus Ordo Seclorum"(새로운 시대의 질서)와 "Annuit Coeptis"(신이 우리의 시도를 지지하신다)가 새겨져 있다.

아메리카 원주민과 기독교적 전통 속 흰머리 독수리의 의미

흰머리 독수리가 미국의 대표적인 상징이 된 데는 역사적으로 깊은 배경이 있다. 우선 아메리카 원주민들의 문화에서 독수리는 특별한 존재였다. 많은 부족이 독수리를 하늘과 가장 가까운 곳을 날 수 있는 동물이었기 때문에 인간과 신을 이어주는 영적인 존재로 숭배했으며, 전사의 용맹함과 영적

독수리 꼬리 깃털로 장식된 모자 장식을 쓴 만다족 인디언(Karl Bodmer, 1840~1843)
두 인물은 전통적으로 독수리 깃털로 장식된 머리 장식과 정교한 비드워크(beadwork)가
더해진 모피 망토를 착용하고 있다.

인 힘을 상징하는 신성한 동물로 여겨졌다. 이러한 원주민들의 전통적인 신앙과 가치관은 흰머리 독수리를 미국의 국조로 선택하는 데 영향을 미쳤다.

더불어 기독교적인 전통에서도 독수리는 특별한 의미를 지닌 동물이었다. 성경『신명기』,『이사야서』에서는 독수리가 신의 보호와 영적인 힘을 상징하는 존재로 묘사된다. 미국 건국 초기 청교도 정신과 연결된 기독교적 의미는 미국의 국가적 가치관을 표현하는 데 중요한 역할을 하였다.

미국 주화 속 흰머리 독수리의 등장과 역사적 의미

흰머리 독수리는 미국의 화폐 디자인에서도 자주 등장한다. 대표적으로 모건 달러(Morgan Dollar), 피스 달러(Peace Dollar), 워킹 리버티 하프 달러(Walking Liberty Half Dollar)에 표현된 흰머리 독수리다. 이 밖에도 현대 미국의 은화(실버 이글 달러)와 기념주화(LA 올림픽 기념주화) 등 다양한 미국 화폐에서 흰머리 독수리를 쉽게 볼 수 있다.

이처럼 흰머리 독수리를 자주 사용하는 이유는 독수리가 가진 강력함, 용기, 자유, 그리고 신의 보호와 같은 이미지가 미국이 지향하는 이상과 잘 맞아떨어지기 때문이다.

미국 화폐에 등장하는 다양한 형태의 흰머리 독수리
(왼쪽부터 워킹 리버티 하프 달러, 실버 이글 달러, LA 올림픽 기념주화)

일본 무역 은화와 근대화의 도전

막번 체제에서 근대 국가로

19세기 후반, 일본은 막부 중심의 봉건 체제에서 천황 중심의 중앙집권 국가로 탈바꿈하는 중대한 변화를 겪었다. 1854년 미국 페리 제독의 함대가 일본을 강제로 개항시키자, 일본은 서구 열강의 위협 속에서 빠른 속도로 근대화를 추진할 수밖에 없었다.

메이지 유신(1868년)을 통해 새롭게 등장한 일본 정부는 빠르게 서구식 근대화를 추진하였다. 1870년 오사카에 근대적인 조폐국을 설립한 데 이어 1871년 '신화조례'를 발표하며 엔(円)을 공식 통화로 제정하였다. 일본은 서양식 금화, 은화, 동화를 발행하여 국제 사회에서 신뢰받을 수 있는 근대적 화폐 체제를 구축하고자 했다.

1854년 페리 제독의 일본 사절단 도착 장면.
이 그림은 미국 해군 제독 매튜 페리(Matthew Perry)의 두 번째 일본 방문(1854년)을 기록한 것으로, 에도 막부 말기 일본 화가가 그린 기록화이다.

국제 무역과 일본 무역 은화의 탄생

19세기 후반 동아시아 국제 무역에서는 멕시코 페소 은화가 이미 널리 사용되고 있었다. 당시 일본은 개항 직후 국제 무역 규모가 급증했으나, 일본 국내 화폐 체계와 국제 화폐 체계 간 차이로 인해 심각한 문제가 발생했다. 특히 금과 은의 가치 비율이 서구와 달라 일본의 금이 외국으로 빠져나가는 사태가 발생했고, 이에 일본 정부는 국제 무역에 적합한 별도의 화폐를 발행할 필요성을 절실히 느끼게 되었다.

이러한 배경에서 일본 정부는 이미 국제적으로 신뢰를 얻고 있던 멕시코 페소 은화를 모델로 삼아, 1875년 국제 무역용으로 무역 은화를 발행했다. 이 은화는 순도 90%에 무게는 국제 표준인 420그레인(27.22g)을 유지하여, 중국과 태평양 연안 국가들과의 무역에서 사용하도록 했다.

일본 무역 은화 이미지를 살펴보면, 한쪽 면에는 용의 형상이 새겨져 있고, 다른 한쪽에는 '무역은(貿易銀)'이라는 문구와 함께 일본 천황을 상징하는 국화 문양이 있다. 이는 일본의 국제적 위상을 상징하며 아시아 무역 시장에서 입지를 다지려는 의지를 표현한 것이었다.

※ 미국 무역 은화: 중량 27.2g, 은 90.0, 크기 38.5㎜

각인(Chopmark)이 새겨진 일본 무역 은화(1877년). 이 은화는 국제 무역을 위해 발행되었으나, 멕시코 페소 은화에 비해 신뢰를 얻지 못했다.

시장에서 외면받은 일본 무역 은화

그러나 일본 무역 은화는 기대만큼 성공을 거두지 못했다. 당시 중국과 동아시아 시장에서는 이미 멕시코 페소 은화가 확고한 신뢰를 구축한 상태였다. 상인들은 새로 등장한 일본의 은화를 의심스럽게 여겼고, 기존에 익숙한 멕시코 페소를 더 선호했다.

중국 시장에서는 화폐의 무게와 순도를 보증하기 위해 화폐 감정인을 고용하여 각인(Chop mark)을 찍었는데, 일본 무역 은화도 당시 중국 시장에서 거래되며 찍힌 각인의 흔적을 분명히 볼 수 있다. 일본 무역 은화가 시장에서 통용되기는 했지만, 18세기부터 중국에서 압도적으로 신뢰받는 멕시코 은화와 비교하면 시장에서 상당한 격차가 있었다.

결국 일본 무역 은화는 1875년 발행이 시작되어 불과 3년 후인 1878년에 생산이 중단되었다. 이후 일본 정부는 국제 무역 질서에 적응하기 위해 무역 은화 대신 일원 은화를 중심으로 화폐 체계를 정비해 나가게 되었다.

일본의 경제적 성장과 은(銀)의 역사

자원이 풍부한 일본 열도

일본 열도의 4분의 3은 산지로 이루어져 있지만, 아이러니하게도 천연자원과 식량이 매우 풍부한 땅이었다. 특히 일본 열도에는 금과 은, 구리와 같은 귀금속 광산이 많아 예로부터 활발한 채굴과 경제 활동이 이루어졌다.

일본은 채굴한 은과 구리를 동남아시아와 인도 등지로 수출하고, 귀중한 금을 수입하여 환차익을 얻는 등 적극적인 경제 전략을 펼쳤다.

마르코 폴로(1254-1324)의 『동방견문록』은 일본을 '황금의 나라 지팡구(ZIPANG)'로 묘사하였다. 비록 마르코 폴로가 일본을 직접 방문하지는 않고 중국 상인들의 이야기를 기록한 것이기에 과장된 표현도 있었지만, 실제로 일본 전국시대의 다케다 신겐이 가이(현 야마나시현) 지방에서 채굴된 금을 유통했다는 기록이 남아있을 만큼 '금과 은' 생산은 일본 경제의 근간이었다.

일본 경제를 부흥시킨 은광의 발견

일본은 전국시대부터 막대한 규모의 은광을 개발했다. 그중 가장 유명한 곳은 이와미(石見) 은광(현재 시마네현)과 이쿠노(生野) 은광(현재 효고현)이다. 도요토미 히데요시가 전국을 통일한 후 야심차게 조선과 명나라를 침략하려 한 것도 이 광산들에서 나오는 막대한 은이 있었기에 가능한 일이었다.

일본 시마네현 이와미 은광, 류겐지 마부 갱도 입구.
사진은 이와미 은광의 주요 채광 갱도 중 하나인 류겐지 마부의 입구이다.

조선의 회취법, 일본 경제를 바꾸다

초기 일본의 은 제련 기술은 낙후되어 있었고 생산량은 한정적이었다. 이런 상황에서 결정적인 변화가 일어났다. 1526년, 조선에서 혁신적으로 개발된 회취법(灰吹法)이 일본에 전해진 것이다. 이 기술은 납과 은을 효율적으로 분리하는 획기적인 제련 방식으로, 조선 함경도 단천 지방의 김감불과

김검동이라는 두 인물이 처음 개발했다고 전해진다.

이 기술이 일본에 전해진 지 불과 7년 만인 1533년, 이와미 은광은 급격하게 생산량이 증가하여 일본 경제 성장의 중심지가 되었다. 이후 일본은 세계 은 시장에서 중심적인 위치를 차지했고, 아시아 무역의 주도권을 확보하는 계기를 마련했다.

도요토미 히데요시와 문록석주정은

1592년 도요토미 히데요시는 조선을 침략하는 임진왜란을 일으키며 군자금으로 막대한 양의 은을 활용했다. 그는 일본의 주요 다이묘들에게 포상금을 지급하기 위해 이와미 은광에서 생산한 은으로 특별한 형태의 은화를 제작했다. 이것이 바로 '문록석주정은(文祿石州丁銀)'이다.

이 은은 전쟁에서 공을 세운 다이묘들에게 지급된 것으로 알려져 있으며, 독특한 형태와 명문이 새겨져 있다. 이 은(銀)은 임진왜란의 병참 자금으로 조선 침략의 중요한 수단이 되었고, 당시 일본이 보유한 막대한 은의 양을 생생히 보여주는 상징이었다.

※ 문록석주정은: 중량 201.6g, 크기 149mm×46mm

도요토미 히데요시가 이와미 은광에서 채굴한 은으로 제작한 문록석주정은

세계 최대의 은 생산국, 일본의 번영

16세기부터 17세기 초까지 일본의 이와미 은광은 연간 30~40톤에 달하는 은을 생산하며, 포토시 은광과 함께 세계 최대 규모의 은광 중 하나로 평가받았다.

이 시기 일본은 동아시아 및 동남아 무역망을 통해 은을 대량으로 수출하며 상업적 번영을 누렸고, 포르투갈과 네덜란드 상인들을 통해 은이 유럽과도 간접적으로 연결되었다.

또한 17세기에는 대규모 동광이 추가로 개발되어 구리가 주요 수출 품목으로 부상했고, 일본은 아시아 해상 무역에서 경제적 영향력을 행사했다.

반면 조선은 광산 개발에 소극적인 정책을 유지하며 화폐보다는 곡물 중심의 경제를 지속했기 때문에, 무역 확대나 은 기반 상업 경제에 있어 일본과 일정한 차이를 보이게 되었다.

일본의 개항과 금화의 유출

페리 제독의 내항과 일본 개항

1853년, 미국 동인도함대의 페리 제독이 최신식 증기 군함을 이끌고 일본 앞바다에 나타났다. 압도적인 서양의 무력 앞에 일본은 더 이상 고립 정책을 유지할 수 없었다. 결국, 일본은 1854년 미·일 화친조약을 체결하여 시모다와 하코다테 두 항구를 열어 서양에 문호를 개방하였다. 이때의 항구 개방은 단순히 미국 함선의 물자 보급과 선박 수리를 위한 것이었으며, 정식 무역항으로 개항된 것은 아니었다.

그러나 일본의 개항은 끝이 아닌 시작에 불과했다. 서양 국가들의 압박

포우해튼 호에서 일본과의 조약 협상을 준비하고 만찬을 개최한 페리 제독(1854년 W. Heine 작품)

은 계속되었고, 1858년 일본은 미국과 미·일 수호통상조약을 맺었다. 이 조약은 매우 불평등한 조건을 담고 있었다. 요코하마, 나가사키, 니가타, 효고, 하코다테 총 5개 항구 개항, 관세 자주권의 상실, 외국인 치외법권 인정 등 일본의 주권을 심각하게 침해하는 내용이었다. 당시 일본은 국제법과 서양의 외교에 익숙하지 않았기에 이 조약의 불리한 내용을 제대로 검토하지 못한 채 서명했다. 결국 일본이 조선에 훗날 같은 방식의 불평등 조약을 강요하게 되는 역사적 배경이 되었다.

개항과 경제 충격

1859년, 요코하마가 정식 무역항으로 개방되면서 일본과 서구 열강 간의 본격적인 무역이 시작되었다. 그러나 개항이 일본 경제에 미친 영향은 기대와는 달리 상당히 부정적이었다. 서양과의 무역이 시작되자 외국 제품의 대량 유입과 일본산 금의 대량 유출로 인해 전통 산업은 타격을 입고 물가는 급등하였다.

가장 큰 문제는 일본 금화와 은화의 교환 비율이었다. 당시 일본은 금과 은의 교환 비율을 1:4.58로 유지하고 있었지만, 국제 시세는 1:15 정도였다. 이러한 격차는 미·일 수호통상조약을 통해 그대로 적용되면서, 일본의 금화는 국제 시세에 비해 지나치게 저렴하게 거래되었다.

서양 상인들은 이를 이용해 일본의 금화를 저렴한 가격에 대량 매입하여 해외로 반출하였고, 대신 일본에는 국제 무역의 중심 화폐였던 멕시코 은화가 대량 유입되었다. 그 결과 일본 내 금의 부족 사태가 심각해졌고, 금의 가격 상승으로 이어졌다. 금 가격이 오르자, 금 가격에 연동된 쌀값마저 폭등하면서 일본은 심각한 경제적 혼란에 빠졌다.

에도 시대에 발행된 금화(왼쪽부터 게이초 고반, 쇼토쿠 고반, 교호 고반).
이 금화들은 쇼군의 공식 화폐 체계 아래 주조되었으며,
크고 납작한 타원형 형태와 함께 각 시대의 막부 인장이 새겨져 있다.

 이러한 위기에 대응하기 위해 에도 막부는 금본위제를 더 이상 유지할 수 없게 되었고, 금 대신 은 중심의 통화정책으로 전환할 수밖에 없었다. 금이 부족해지자, 막부는 금화를 대신하여 사용할 수 있는 '일분은(一分銀)', '일주은(一朱銀)', '이주은(二朱銀)' 등 소형 은화를 대량 발행하여 금화의 대용으로 유통했다. 그러나 이러한 조치는 근본적인 경제 위기를 해결하지는 못했으며, 화폐의 품질 저하와 유통 혼란을 초래하면서 서민 경제에 대한 신뢰를 더욱 악화시켰다.
 에도 시대를 대표하는 금화(게이초 고반, 쇼토쿠 고반, 교호 고반 등)는 각 막부의 인장이 새겨진 타원형 금판 형태였으며, 막부 권력의 상징으로도 사용되었다.
 한편 금의 대체 수단으로 대량 발행된 일분은과 일주은 은화는 당시 일본이 겪었던 경제 혼란을 상징적으로 보여주고 있다.

※ 일분은 은화: 중량 8.62g, 은 87.3, 크기 23×16.5㎜

※ 일주은 은화: 중량 1.88g, 은 88.8, 크기 16×9.5㎜

 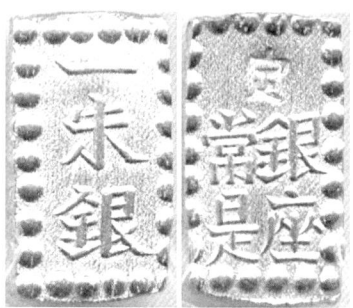

에도 시대 금화 대신 유통된 은화(일분은과 일주은) 이 은화들은 금 부족 문제를 해결하기 위해 소형화되어 유통되었으며, 각 은화에는 무게와 순도가 엄격히 표시되어 있었다

존왕양이 운동과 메이지유신의 시작

급격한 인플레이션과 경제 혼란은 일본 서민 경제에 큰 충격을 주었고, 생활 기반을 잃은 하급 무사층의 불만을 자극하였다. 이러한 불만은 서양 세력과 무역상들을 몰아내야 한다는 목소리로 이어졌으며, 하급 무사와 백성들 사이에서는 점차 존왕양이(尊王攘夷) 운동이 확산되기 시작했다. 이 운동은 일본 전역으로 확산하였고, 막부의 권위를 약화시키는 중요한 정치적 흐름으로 작용하였다.

1853년 페리의 내항으로 오랜 시간 유지해 온 일본 사회의 봉건 질서와 사회 구조가 균열을 보이기 시작했다. 이 사건은 메이지유신(1868년)으로 이어지는 중요한 전환점이 되었으며, 일본은 이 과정을 통해 중앙집권적이고 근대적인 국가 체제를 향해 나아가게 되었다. 개항으로 인한 혼란과 갈등은 결과적으로 근대 국가로의 전환을 촉진하는 동력이 되었으며, 일본은 서구 열강과의 불평등한 관계를 극복하고자 하는 강한 개혁 의지를 다지게 되었다.

일본 일원(円) 은화, 아시아 경제를 흔들다

일원 은화의 탄생과 유통

1870년(메이지 3년), 일본 정부는 태평양 주변의 은본위 국가들과 무역을 촉진하기 위해 새로운 형태의 은화를 발행하기 시작했다. 바로 '일원(円) 은화'였다. 이후, 이 은화는 1914년까지 40여 년 동안 총 2억 개 이상 발행되며 동아시아를 비롯한 국제 무역 시장에 큰 영향을 미쳤다.

일본은 처음에는 이 은화를 국제 무역용으로만 사용했지만, 1874년부터는 일본 국내에서도 본격적인 유통을 시작했다. 이는 메이지 유신 이후 일본 정부가 화폐 제도를 근대적으로 개편하며 경제 개혁을 적극적으로 추진한 결과였다.

일본의 금본위제 선언과 한계

일본 정부는 1871년에 '신화조례'를 발표하며 공식적으로 금본위제를 선언하였다. 그러나 이미 1859년 요코하마 개항 이후, 일본 내 금이 대량으로 서양 국가로 유출되어 심각한 금 부족 사태를 겪고 있었다. 이 때문에 일본이 선언한 금본위제는 현실적으로 정착될 수 없었고, 여전히 은본위제를 기반으로 무역을 진행할 수밖에 없었다.

결국 일본은 현실적인 선택으로 국제 무역에서 은화를 적극적으로 활용하는 전략을 채택했고, 일원 은화는 일본뿐만 아니라 중국, 조선 등 동아시아 전역에서 폭넓게 사용되었다.

조선으로 넘어온 일원 은화와 각인의 의미

1876년(고종 13년) 강화도 조약 체결 이후, 일본 상인들이 조선으로 들어오면서, 일원 은화도 함께 유입되어 부산과 제물포 개항지 등에서 활발히 거래되었다. 일본 상인들은 일원 은화를 조선 무역 시장에서 주요 결제 수단으로 적극 활용하며, 점차 조선의 상권을 장악해 나갔다.

이러한 상황에서 일본 일원 은화의 일부는 조선 시장에 유통될 목적으로

1876년 강화도 조약 체결 장면(1880년 일본에서 제작된 판화)
이 조약은 조선이 외국과 맺은 최초의 근대적 불평등 조약으로, 이후 조선이 개항하는 계기가 되었다.

특별한 각인이 새겨지기도 했다. 사진에서 볼 수 있듯이, 일부 은화 뒷면에는 한자로 '銀(은)'이라는 원형 각인이 자그마하게 찍혀 있다. 이 각인은 일본이 조선 시장에서 은화를 신뢰성 있게 통용시키기 위해 사용했던 일종의 품질 보증 표시였다.

※ 일본 일원 은화: 중량 26.9g, 은 90.0, 크기 38.1~38.6㎜

銀자가 각인된 일원 은화(1895년)   일원 은화(1901년)

또한 일부 은화에는 상인들이 자체적으로 각인을 추가로 찍어 품질을 보증하거나 신뢰도를 높이기도 했는데, 이 역시 조선 시장에서 은화가 활발히 사용되었음을 잘 보여주는 사례이다.

일본의 금본위제 전환과 일원 은화의 퇴장

1897년 10월, 일본은 국제적 신뢰를 얻기 위해 금본위제를 채택하면서, 1898년부터 일본 국내에서는 은화 사용을 금지했다. 그러나 국제 무역에서는 여전히 은화의 수요가 높았기 때문에, 일본 정부는 이후로도 중국과 조선 등 해외 무역용으로 일원(円) 은화를 계속해서 발행하였다. 결과적으로 일본은 국내의 금화 중심 화폐 체계와 해외 무역을 위한 은화 중심 체계를 동시에 운영하는 이중적 화폐 정책을 1914년까지 유지하였다.

조선 인삼과 일본의 은(銀)

임진왜란과 명나라의 은 부족

1592년 발발한 임진왜란은 조선뿐만 아니라 명나라에도 막대한 경제적 부담을 가져왔다. 명나라는 전쟁 비용으로 국가 재정이 심각하게 악화하였고, 전쟁 이후 심각한 은(銀) 부족 사태에 직면하였다. 당시 중국에서는 일정 무게와 순도를 지닌 은괴(銀塊)가 주요 화폐로 유통되고 있었기 때문에, 은 부족은 명나라 경제에 치명적이었다.

이에 명나라는 전쟁 직후 조선에서 은(銀)이 유통되고 있다는 사실을 알게 되면서 조공 형식으로 은을 요구하기 시작했다. 그러나 당시 조선도 은을 충분히 확보하고 있지 않았기 때문에, 이를 마련하기 위해 일본과의 무역에서 은을 확보하는 전략을 선택했다.

인삼대왕고은(人蔘代往古銀), 조선을 위한 특별한 은화

조선은 부족한 은을 확보하기 위해 일본에 인삼을 적극 수출하고, 그 대가로, 일본으로부터 은을 받았다. 조선에 유입된 일본의 은은 조선사절단을 통해 중국으로 흘러갔고, 다시 중국 상품이 일본으로 전해졌다. 이로써 조선, 일본, 중국(명, 청) 간의 이른바 '삼각 무역' 관계가 형성되었다.

17세기 초 일본은 도쿠가와 이에야스 막부 때부터 쓰시마를 통해 본격적으로 조선의 인삼을 수입했다. 당시 조선 인삼은 일본에서 금이나 은에 필적하는 가치를 가진 귀한 약재로 평가받았다. 일본에서는 조선 인삼이 불로장생의 효험이 있는 약으로 널리 알려지며, 에도 시대 들어 일반 서민층에까지 수요가 급격히 확대되었다. 특히 일본에 본초학이 널리 퍼지며 인삼의 효능이 적극적으로 홍보되었고, 이는 인삼 무역의 번성으로 이어졌다.

이처럼 조선과의 인삼 무역이 매우 중요해지자, 일본의 에도 막부는 조선과의 교역 전용으로 특별한 형태의 은화를 발행하기에 이르렀다. '인삼대왕고은(人蔘代往古銀)'은 크기 약 10㎝, 무게 210g, 은 함량 약 80%로 만들어진 대형 은화로, 오직 조선과의 인삼 거래를 위해 특별히 제작된 화폐다.

이 은화는 크기와 형태가 독특할 뿐만 아니라, 조선 무역을 위해 특별히 관리되어 다른 무역에서는 사용되지 않았다. 이는 당시 일본이 얼마나 조선과의 인삼 무역을 얼마나 중요하게 생각했는지 잘 보여주는 사례다. 인삼대왕고은은 현재 일본 도쿄은행 화폐박물관에 전시되어 있다.

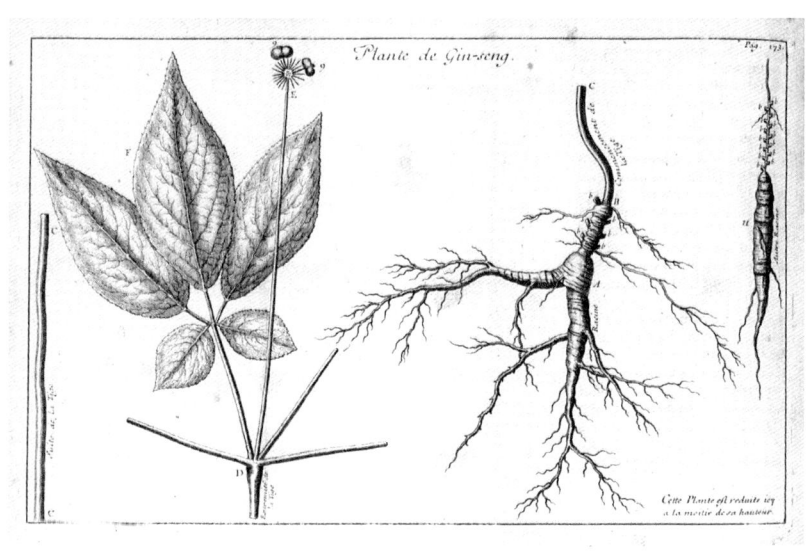

1709년 인삼의 삽화. 프랑스 식물학자 피에르 자르투가 1709년 중국에서 관찰한 인삼을 세밀하게 묘사한 삽화로, 1713년 유럽에서 출판된 식물도감에 수록되었다. 유럽에 동아시아 약용 식물에 대한 관심이 본격화되던 시기의 기록물 중 하나이다.

조선으로 흘러 들어온 일본의 은

활발하던 양국의 인삼 무역은 18세기 들어서면서 점차 줄어들기 시작한다. 기록에 따르면, 17세기 후반 조선 인삼 한 근(600g)을 구매하려면 수십 개의 은화가 필요할 정도로 가격이 높았고, 최고로 치솟았을 때는 100개 이상이 필요했다는 기록도 전해진다. 일본은 조선 인삼 수입을 위해 막대한 양의 은을 지급해야 했고, 이 때문에 막부 재정에도 큰 부담이 되었다.

그러나 일본이 18세기 들어 일본이 청나라를 통해 값이 저렴한 중국과 북미 인삼을 수입하고, 일본 국내에서 인삼 재배를 시도하면서 양국의 인삼과 은 무역 규모는 현저하게 줄어들기 시작한다.

17세기 일본 에도 시대의 활발한 상업 활동 모습. 이 그림은 17세기 일본 에도 시대의 번영한 상업과 물류 활동을 보여주는 작품이다. (『에도 풍경도』 병풍 중 일부)

18세기 중반 일본에서 본격적으로 인삼을 재배하기 전까지, 조선과 일본 간의 인삼과 은 무역은 활발하게 지속되었다.

조선으로 유입된 막대한 양의 일본 은(銀)은 주로 명과 청에 대한 조공 및 외교적 비용으로, 다시 해외로 유출되거나, 일부는 조선 국내에서 상류층의 자산 축적과 사치품 수입에 활용되었다. 또한 조선 정부는 외부 침략을 대비한 전략적 자산으로 일부 은을 비축하기도 했지만, 조선 경제 구조가 동전 중심으로 유지되면서 은은 충분히 유통되지 못하고 비생산적으로 창고에 쌓여있는 일이 많았다.

그 결과 조선은 대량의 은 유입에도 불구하고 경제적 활력을 얻지 못했고, 이는 결국 일본이나 중국과 달리 경제적 발전을 제한하는 요인이 되었다.

17세기 한중일 삼국은 은과 인삼을 중심으로 하는 긴밀한 무역 네트워크가 형성되어 있었다. 조선은 일본으로부터 은을 얻기 위해 인삼을 수출했고, 명나라는 조선에서 은을 조공 형식으로 요구하면서 삼국 간의 경제적 연결고리가 만들어졌다. 이 관계는 동아시아의 경제 흐름을 결정하는 주요한 축으로 자리 잡았다.

자연을 담은 일본의 문장

자연을 담은 문양, 일본의 상징

일본은 오랜 세월 농경문화와 자연환경의 영향을 받으며 독특한 문장 문화를 형성했다. 유럽에서는 왕실과 귀족의 권력을 상징하는 데 사자, 독수리, 용과 같은 강력한 동물 문양이 주로 사용되었지만, 일본에서는 주로 오동나무, 국화, 벼, 매화, 학 등과 같은 식물이나 자연물을 주요 소재로 문장을 만들었다.

이러한 문장들은 단순히 아름다움을 표현하는 것 이상으로, 가문의 전통과 위상, 그리고 역사적 업적을 나타내는 중요한 역할을 했다. 일본에서 사용되는 '가문 문장'은 각 가문의 전통과 상징을 간결한 디자인으로 표현한 문양으로, 현재까지도 일본 사회에서 널리 사용되고 있다.

목과 문장(五木瓜紋)　　오동나무 문장　　접시꽃 문장

일본의 대표적인 가문 문장

일본에는 200가지가 넘는 가문 문장(가몬)이 존재하는 것으로 알려져 있다. 일본의 가문 문장은 각 가문을 상징적으로 표현한 것으로 오늘날까지 일본 사회에서 널리 쓰이고 있다. 그 기원은 헤이안시대로 거슬러 올라가며 대표적인 가문 문장으로 세 무장의 문장이 유명하다.

전국시대의 오다 노부나가의 '목과 문장(五木瓜紋)', 도요토미 히데요시가 자신의 가신들에게 하사했던 '오동나무 문장', 도쿠가와 이에야스의 상징인 '접시꽃 문장'이 각 가문의 문장으로 알려져 있다.

이들 문장은 대부분 자연적이고 기하학적인 디자인이 특징으로, 유럽의 복잡하고 전투적인 문장과는 다르게 간결하고 세련된 형태로 표현된다는 점이 독특한 특징이다.

일본 황실의 상징, 국화 문장(십육변팔중표국)

일본에는 법적으로 공식 지정된 국장이 없지만, 일본을 대표하는 상징으로 자리 잡은 것이 바로 '국화 문장'이다. 이 문장은 '십육변팔중표국(十六弁八重表菊)'이라 불리며, 총 열여섯 장의 국화 꽃잎이 겹쳐진 형태로 되어 있다.

국화 문장은 일본 황실을 대표하는 공식 문장으로, 메이지 유신 이후 가장 중요한 상징으로 자리 잡았다. 황실 및 정부의 공식 문서, 여권, 화폐, 우표 등 여러 공공 분야에 널리 쓰이고 있다.

특히 이 국화 문장은 근대 이후 발행된 일본의 대표적인 화폐에도 새겨져 있다. 무역 은화나 일원(円) 은화 등에서도 쉽게 찾아볼 수 있으며, 이는 황실의 권위를 화폐를 통해 국내외에 드러내려 했던 일본 정부의 의도가 반영된 것이다.

국화 문장 외에도 벼 문장은 중요한 문장으로 사용되었다. 벼 문장은 일본 농경 사회의 풍요로움과 번영을 의미하며, 주로 농촌이나 지역 공동체를 상징하는 데 사용되었다. 이처럼 일본의 문장은 단순한 문양을 넘어 역사와 사회적 의미를 깊게 담고 있으며, 가문과 국가를 표현하는 중요한 상징이다.

일본 황실의 국화 문장

일본 일원 은화에 새겨진 국화 문장

프랑스령 인도차이나와 피아스터 은화의 등장

프랑스 제국주의와 인도차이나 식민지화

프랑스령 인도차이나는 오늘날의 베트남(코친차이나, 통킹, 안남), 라오스, 캄보디아를 포함하는 동남아시아의 식민지 연방이었다. 18세기 후반, 산업혁명으로 인해 유럽 국가들은 자본 과잉 현상을 겪게 되었다. 이에 따라 더 많은 자원과 시장이 필요했고, 제국주의 국가들은 아프리카, 아메리카, 인도, 아시아 등 전 세계로 식민지를 확장하기 시작했다.

동남아시아는 특히 천연자원이 풍부하고 전략적 위치가 중요했기 때문에 영국과 프랑스를 비롯한 유럽 열강들이 치열한 경쟁을 벌였다. 한편 인도 지역에서는 제3차 카나틱 전쟁(1758~1763)에서 영국이 승리하며 프랑스는 인도에서 영향력을 상실하고 말았다. 이후 프랑스는 새로운 식민지를 찾기 위해 베트남과 캄보디아 지역이 포함된 인도차이나반도로 관심을 돌리게 되었다.

청불전쟁과 프랑스령 인도차이나의 탄생

프랑스가 인도차이나 지역을 식민지로 삼는 과정에서 가장 큰 장애물은 당시 이 지역에 강력한 영향력을 행사하고 있던 청나라였다. 결국 1884년부터 1885년까지 벌어진 청불전쟁에서 프랑스가 승리하면서, 인도차이나 지역에 대한 프랑스의 지배가 본격화되었다.

프랑스는 이미 1858년부터 1867년 사이 베트남의 남부 지역인 코친차이나를 점령한 후, 캄보디아와 라오스를 차례로 병합하여 1893년 '인도차이나 연방'을 수립했다. 베트남 북부 지역(통킹)은 제한적 자치를 허용했고, 중부 지역(안남)은 응우옌 왕조의 형식을 유지하는 보호국으로 관리하며 명목상의 자치권을 부여하였다.

프랑스의 인도차이나 정복을 기념하여 제작된 석판화(1885년)
프랑스 군대와 해군의 승리를 기념하고 식민지 확장을 상징적으로 묘사하였다.

피아스터 은화의 등장과 무역 전략

프랑스는 인도차이나 지역에서 안정적인 경제 운영과 무역 체제를 구축하기 위해 자체적인 화폐 제도를 도입하였다. 이때 등장한 것이 바로 '피아스터(Piastre)' 은화였다. 피아스터 은화는 청불전쟁 직후인 1885년부터 발행되었으며, 주요 목적은 동남아시아 무역 시장에서 널리 사용되던 멕시코 페소 은화를 대체하는 것이었다.

피아스터 은화는 1피아스터를 100센트(cent)로 나누어 구성된 체계로, 이 화폐는 당시 동남아시아 지역 무역의 중심 화폐로 빠르게 자리 잡았다. 피아스터 은화는 동남아시아에서의 프랑스 경제적 영향력을 확대하는 데 중요한 역할을 했으며, 이는 동남아시아 지역에서 유럽 중심의 경제 질서를 확립하는 데 큰 기여를 하였다. 은화에 새겨진 여신의 형상과 프랑스어 문구는 당시 식민지 지배 국가의 상징으로 사용되었다.

초기 피아스터는 주로 은으로 제작되었으나, 시간이 흐르면서 은화에서 일반적인 주화로 전환되었다. 특히 제2차 세계대전 이후 1946년 발행된 피아스터는 재료가 더 저렴한 금속으로 바뀌었으며, 동남아시아에서 프랑스 영향력의 약화와 함께 화폐로서의 가치 또한 점차 낮아지게 되었다.

※ 1피아스터 은화(1921년): 중량 27.0g, 은 90.0, 크기 39.0㎜

프랑스령 인도차이나 피아스터 은화(1921년)

※ 1피아스터 은화(1931년): 중량 20.0g, 은 90.0, 크기 35.0㎜

프랑스령 인도차이나 피아스터 은화(1931년)

※ 1피아스터 주화(1946년): 중량 18.1g, 백동, 크기 18.1㎜

프랑스령 인도차이나 피아스터 주화(1946년)

인도차이나, 문화와 제국주의 교차로

'인도차이나'라는 이름의 기원과 범위

'인도차이나'라는 명칭은 말 그대로 인도(India)와 중국(China) 사이의 지역이라는 뜻으로, 유럽인들이 붙인 지명이다. 실제로 이 용어는 프랑스가 베트남, 라오스, 캄보디아 지역을 식민지화하여 1887년 '프랑스령 인도차이나 연방'을 설립할 때부터 본격적으로 사용되기 시작했다.

현재는 인도차이나라는 용어가 주로 베트남, 라오스, 캄보디아 세 나라를 지칭하지만, 역사적으로는 태국과 미얀마, 말레이시아 일부 지역도 포함하는 넓은 의미로 사용되었다. 동쪽으로는 남중국해, 서쪽으로는 벵골만과 인도양과 접한 이 지역은 고대부터 동서양의 문화 교류와 무역이 활발히 이루어진 중요한 교차로 역할을 했다.

특히 말레이반도와 말라카 해협은 중국과 인도, 아랍, 유럽을 잇는 해상 무역로의 중심지로, 이 지역의 역사적·경제적 중요성은 매우 컸다.

프랑스령 인도차이나 총독부에서 사용한 공식 문장과 인장.
왼쪽은 총독부의 약자를 활용한 문장, 오른쪽은 프랑스를 상징하는 여신이
식민지의 풍요를 나타내고 있다.

전략적 가치와 서구 제국주의의 경쟁

19세기 말, 산업혁명의 영향으로 경제적으로 팽창하던 유럽 제국주의 국가들은 새로운 자원과 시장을 확보하기 위해 인도차이나 지역을 주목하기 시작했다.

프랑스는 1887년 베트남(코친차이나, 안남, 통킹), 라오스, 캄보디아를 점령하여 '프랑스령 인도차이나 연방'을 구성하였다. 프랑스는 이 지역에서 쌀과 커피, 고무 등 농산물과 석탄, 철광석 같은 천연자원을 대규모로 착취하며 경제적 이익을 극대화했다.

영국은 미얀마와 말레이시아, 싱가포르, 브루나이 지역을 점령하여 이곳을 '영국령 말레이시아'와 '영국령 버마'로 통치했다. 특히 싱가포르는 동남아시아 무역의 중심지로 성장하면서, 영국의 경제적, 군사적 요충지 역할을 하였다.

네덜란드는 인도네시아 지역을 '네덜란드령 동인도'로 점령해, 향료와 고무, 설탕 등 열대 농산물을 대규모로 착취했다. 미국은 1898년 미서전쟁 이후 필리핀을 획득하여, 이를 아시아 진출의 전략적 거점으로 활용했다.

이처럼 인도차이나 지역을 중심으로 여러 제국주의 국가가 경쟁하며 식민지를 확장했고, 지도를 보면 당시 이 지역에서 벌어진 영국과 프랑스의

19세기 후반부터 20세기 초까지 인도차이나반도 식민지 확장을 보여주는 지도(1867~1909년)

영향력 확장 상황을 명확히 알 수 있다.

식민지 유산과 현대 동남아시아 국가들의 정체성 형성

인도차이나 지역이 서구 제국주의 국가들의 지배를 받은 결과, 이 지역의 역사적 경험과 정체성은 큰 변화를 겪게 되었다. 각국이 겪은 식민지 경험은 민족주의 운동을 자극하는 계기가 되었으며, 독립 이후에도 민족 갈등이나 국경 분쟁과 같은 후유증을 남겼다.

베트남, 라오스, 캄보디아 등 국가들은 식민 지배 기간 동안 경제 구조와 사회 체제가 크게 바뀌었고, 이는 현대 국가로서 발전하는 과정에서도 큰 영향을 미쳤다. 또한 식민지 기간 중 형성된 국경선은 종족과 민족적 특성을 고려하지 않은 채 서구 열강의 이해관계에 따라 그어졌기 때문에, 이는 오늘날까지도 분쟁과 갈등의 원인이 되고 있다.

영국 무역 은화, 제국주의 확장의 상징

홍콩 조폐국과 영국 무역 은화의 등장

1840년 제1차 아편 전쟁에서 승리한 영국은 1842년 청나라와의 난징조약을 통해 홍콩을 할양받았다. 이후 홍콩은 영국의 아시아 무역을 위한 핵심 전략 거점으로 성장하게 되었다.

당시 중국 무역 시장에서는 세계 각국에서 발행한 다양한 은화가 거래되었는데, 그중에서도 가장 널리 사용된 것은 멕시코의 페소 은화였다. 이에 영국도 아시아 무역에서 경제적 주도권을 잡기 위해 1866년 홍콩에 최초의 조폐국을 설립하고, 자체적으로 1달러 무역 은화를 발행하였다.

홍콩 코즈웨이베이에 자리한 조폐국과 정원의 모습(1860년)
당시 영국 식민지 지배하의 홍콩에서 경제적 중요성을 가진 시설이었다.

그러나 초기 발행된 홍콩 은화는 중국 시장에서 품질이 떨어진다는 평가를 받으며 인기를 끌지 못했다. 결국 1868년 영국 정부는 홍콩 조폐국을 폐쇄하고 은화 발행을 중단하였다.

영국 제국주의의 동남아시아 확장과 은화 재발행

홍콩만으로는 만족하지 못한 영국은 동남아시아 지역에서도 적극적으로 세력을 확장해 나갔다. 미얀마를 점령해 인도 제국에 편입시키고, 싱가포르와 말라카를 차례로 장악하였다. 또한 1895년에는 말레이반도를 보호령화해 말레이연방을 구성하고 이 지역에 대한 경제적 지배력을 공고히 하였다.

이 같은 제국주의적 확장은 현지 무역과 경제를 장악하기 위한 전략적인 목적에서 이루어졌으며, 이를 뒷받침할 화폐 체계가 필요해졌다. 이에 영국은 1895년부터 봄베이 조폐국에서 새로운 형태의 무역 은화를 다시 발행하기 시작하였다. 이 은화는 홍콩을 비롯한 싱가포르, 말라카, 페낭 등 해협식민지 지역에서 활발히 유통되었다.

20세기 초반 무역 은화의 절정과 사용 금지

영국은 1903년부터 본격적으로 해협식민지에서도 무역 은화를 공식 도입했고, 중국 본토와 홍콩을 중심으로 1935년까지 활발히 유통되었다. 그러나 1937년 8월 1일, 영국 정부는 자국 내 경제정책 변화와 국제 경제 환경의 급격한 변화로 인해 무역 은화의 유통과 사용을 전면 금지하였다.

총 2억 5천만 개 이상 발행된 영국 무역 은화는 앞면에 삼지창과 방패를 든 '브리타니아 여신'이 새겨져 있는데 이는 영국 제국의 권위와 위용을 상징했다. 뒷면에는 중국의 전통 문양과 함께 중국어 한자와 말레이어로 "일원(一圓)"이 표기한 것은 중국과 동남아시아 무역 시장을 명확히 겨냥한 디자인이었다.

　이러한 은화 디자인은 영국이 동아시아 및 동남아시아 지역에서 무역 주도권을 장악하고 경제적 영향력을 확대하려는 제국주의적 야심을 잘 보여주고 있다.

※ 영국 무역 은화(1867년): 26.9g, 은 90.0, 크기 38.0㎜

홍콩 조폐국에서 발행 초기 영국 무역 은화(1867년)

※ 영국 무역 은화(1867년): 26.9g, 은 90.0, 크기 39.0㎜

해협 식민지 및 중국 본토 유통용 영국 무역 은화(1908년)

아편 전쟁과 홍콩의 할양

영국의 무역 적자와 아편 밀매의 시작

18세기 후반 영국은 청나라와의 교역에서 심각한 무역 적자 문제를 겪고 있었다. 17세기부터 이미 영국은 세계 최대 차 소비국 중 하나였으며, 1인당 연간 평균 1.9kg의 차를 소비했다는 기록이 있다. 19세기 들어서면서 영국에서 소비되는 차는 대부분 홍차였고, 일상에서 보편적인 음료로 자리 잡았다. 홍차는 17세기 중반부터 18세기 초반까지 높은 가격 때문에, 상류층이나 부자들이 소비했지만, 18세기 후반부터 가격이 저렴해지면서 서민층까지 폭넓게 확산하기 시작하였다.

영국은 중국으로부터 막대한 양의 차(茶)를 수입했는데, 그 대가로 막대한 양의 은(銀)을 지급해야 했다. 18세기 후반 영국 동인도회사는 연간 1,200만 파운드의 차를 수입했으며, 1810년에는 그 규모가 약 2,700만 파운드에 이르렀다.

이는 당시 은괴 무게로 환산하면 약 2,890톤에 해당하는 규모였다. 영국은 산업혁명을 겪으면서 귀금속 부족 현상에 시달리고 있었고, 이 문제를 해결할 방법을 찾기 시작했다.

결국 영국은 인도의 아편을 청나라에 밀매하는 방법을 선택하게 되었다. 1776년 이후 인도산 아편은 급격히 청나라에 유입되었으며, 1839년경에는 청나라 전체 수입품의 절반 이상을 아편이 차지할 정도로 큰 문제가 되었다. 아편의 확산은 심각한 사회 문제를 초래했고, 중독으로 인해 청나라의 경제와 사회 질서는 급속히 무너지기 시작했다.

아편 전쟁의 발발과 청나라의 패배

심각한 사회적 위기에 직면한 청나라는 1839년 임칙서를 광저우에 보내 아편 밀수를 강력히 단속했다. 임칙서는 광저우에서 아편 2만 상자 이상을 압수하고 소각했는데, 이를 구실로 영국은 전쟁을 개시하였다. 이 전쟁은 제1차 아편 전쟁으로 1840년부터 1842년까지 벌어졌다.

전쟁은 최신 무기와 철갑 증기선으로 무장한 영국군의 압도적 승리로 끝났고, 1842년 8월 29일, 영국과 청나라는 난징조약을 체결했다. 난징조약 제3조에는 "홍콩섬을 영국에 할양하고 영국 법률하에 둔다"는 내용이 포함되었으며, 이에 따라 홍콩은 공식적으로 영국의 식민지가 되었다.

아편 전쟁 당시 영국 해군에 의해 파괴되는 중국 정크선(Edward Duncan, 1843년).
강력한 영국 해군의 포격으로 중국의 전통 정크선이 침몰하고 있으며,
이는 청나라가 겪은 군사적 열세와 제국주의적 침략의 상징적 장면이다.

홍콩의 전략적 중요성과 영국의 야심

19세기 중엽까지 홍콩은 청나라 변방의 작은 어촌에 불과했다. 그러나 영국에게는 대형 선박이 정박할 수 있는 천혜의 항구이자, 중국 본토 및 동남아시아 지역과 연결되는 전략적 요충지였다.

영국은 홍콩을 군사 및 경제의 중심지로 발전시키며 아시아 무역의 중심으로 키웠다. 그 결과 홍콩은 세계적인 무역 도시이자 국제 금융의 중심지로 성장하며, 이후 동아시아 무역에서 가장 중요한 항구로 떠올랐다.

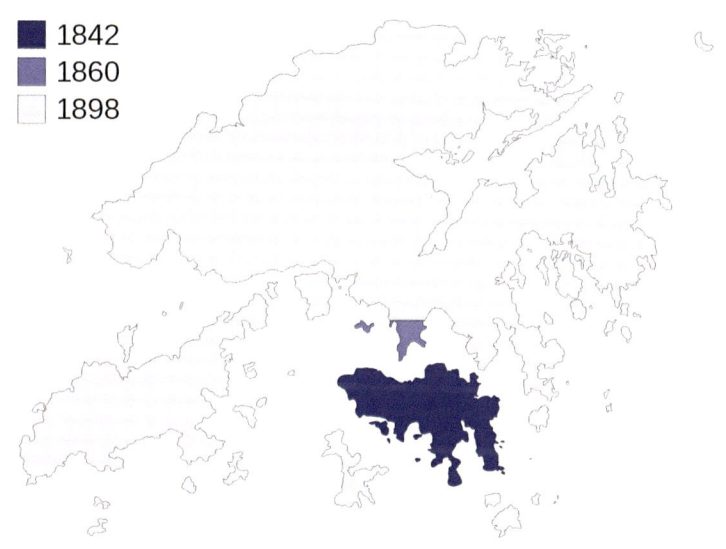

19세기 영국 제국주의에 의해 할양된 홍콩 지도
(1842년, 1860년, 1898년 세 단계에 걸친 영국 영토 확장을 색으로 구분)

청나라의 몰락과 제국주의 시대의 시작

제1차 아편 전쟁에서 드러난 청나라의 약점은 서구 열강들이 아시아에서 더 큰 이권을 얻기 위한 추가 침략을 부추겼다. 영국과 프랑스는 1856년부터 1860년까지 제2차 아편 전쟁을 일으켜 청나라를 더욱 굴복시켰다. 결국 청나라는 더 많은 항구를 개방하고, 불평등한 조약들을 체결하면서 '반(半)식민지' 상태로 전락하게 되었다. 홍콩의 할양은 청나라의 몰락과 서구 제국주의 침략의 시작을 알리는 상징적 사건이었다.

해협 식민지 무역 은화와 말라카 해협

제국주의 시대, 바닷길이 지배력을 결정하다

19세기 제국주의 열강들이 세계 곳곳에 식민지를 확장하는 과정에서 해협과 운하, 항구는 그들의 핵심 전략적 요소였다. 특히 말라카 해협은 말레이반도와 인도네시아의 수마트라섬 사이에 위치하여 동서양 무역을 연결하는 중요한 통로였다. 유럽 열강에게 이 해협은 무역 경쟁력을 확보하기 위한 필수 항로였으며, 이를 지배하는 것이 곧 아시아 경제의 중심을 장악하는 길이었다.

현대의 말라카 해협 지도.
동아시아와 유럽, 중동 간의 해상 무역로에서 가장 전략적인 위치를 차지하는 주요 항로이다.

해협 식민지의 형성과 영국의 식민 지배

해협 식민지(Straits Settlements)는 영국이 아시아 무역을 장악하기 위해 전략적으로 관리했던 지역으로, 오늘날의 싱가포르, 말레이시아의 페낭, 딘딩, 말라카 등을 포함했다. 1786년, 영국은 페낭섬에 국왕 조지 3세의 이름을 딴 도시 '조지타운'을 세우며 이 지역을 본격적으로 지배하기 시작했고, 이후 페낭은 해협 식민지의 중심지로 발전하였다.

19세기 초반에는 영국 동인도 회사가 이 지역을 관리했으나, 1867년부터는 영국 정부가 직접 관리하는 왕령 식민지로 전환되어 더욱 강력한 통치를 받게 되었다. 풍부한 천연자원, 특히 고무 생산지로서 경제적 가치가 높았던 말레이반도는 영국의 식민 지배하에 무역과 자원 착취의 중심지가 되었다.

해협 식민지와 홍콩에서 사용된 동전과 당시 국제 환율 정보를 나타낸 엽서
(19세기 말~20세기 초반)

해협 식민지 무역 은화의 등장과 확산

영국은 해협 식민지에서 효과적인 무역 거래를 위해 독특한 형태의 무역 은화를 발행했다. 이 은화는 영어뿐 아니라 한자와 말레이어가 함께 새겨져 있어 동남아시아, 중국, 말레이 등 아시아 전역의 상인들이 손쉽게 사용할 수 있었다. 1907년과 1920년에 발행된 해협 식민지 무역 은화는 당시 영국 왕의 초상이 앞면에 새겨져 있었고, 뒷면에는 다양한 언어와 독특한 디자인이 들어가 있다.

※ 해협 식민지 무역 은화(1907년): 중량 20.2g, 은 90.0, 크기 34.3㎜
※ 해협 식민지 무역 은화(1920년): 중량 16.8g, 은 90.0, 크기 34.1㎜

해협 식민지 무역 은화((1907년, 1920년).
앞면에는 영국 국왕 초상, 뒷면에는 한자·아랍어·영어가 새겨져 있다.

해협 식민지의 변화와 해체

1886년 크리스마스섬과 코코스 제도를 포함하며 더욱 확장된 해협식민지는 제2차 세계대전 동안 일본군의 점령으로 큰 변화를 겪게 되었나. 전쟁이 끝난 후인 1946년, 싱가포르는 별도의 식민지로 분리되었고, 나머지 지역은 말라야 연합에 편입되면서 해협 식민지는 공식적으로 해체되었다.

영국 동인도 회사와 대영제국의 확장

동양을 향한 유럽의 도전, 대항해 시대

15세기 후반 유럽은 바다를 통한 새로운 길을 찾아 나서며 '대항해 시대'를 열었다. 항로 개척과 신대륙 발견 경쟁에서 가장 앞섰던 국가는 포르투갈과 스페인이었다. 포르투갈의 엔히크 왕자는 아프리카 서해안을 따라 신항로를 개척했고, 뒤이어 스페인, 네덜란드, 영국 등이 아시아에 진출하여 적극적으로 해상 무역 경쟁을 벌였다.

특히 네덜란드는 인도네시아의 몰루카 제도에서 후추, 육두구, 정향 같은 고가의 향신료를 독점적으로 유럽에 수출하며 막대한 이익을 얻었다. 네덜란드가 무역을 독점하는 상황에서 위기를 느낀 영국은 자국의 무역로를 개척하고 독자적인 경쟁력을 확보하려는 방안을 모색하였다.

1797년 영국 남부 스핏헤드에 정박 중인 영국 동인도 회사의 함대를 묘사한 수채화 작품. 당시 동인도 회사의 해상력과 영향력을 보여준다.

영국 동인도 회사의 탄생과 세계 무역의 중심지로 성장

영국은 무역의 독점권을 가진 대규모 민간 회사를 통해 아시아 진출을 본격화했다. 1600년 12월 31일, 영국 여왕 엘리자베스 1세는 왕실 칙령을 통해 "영국 동인도 회사(East India Company, EIC)"의 설립을 허가하였다.

동인도회사는 차, 향신료, 면직물, 도자기 등의 무역 독점권을 가지고 홍콩, 싱가포르, 봄베이(현 뭄바이), 캘커타 등 주요 무역항과 도시를 건설하며 영국 제국주의 확장의 선봉 역할을 하였다. 민간 회사임에도 불구하고 자체적인 군사력을 갖추었으며, 17세기에서 19세기 초까지 전 세계 무역의 상당 부분을 차지할 만큼 막대한 경제적 영향력을 행사하였다.

영국 런던에 있는 동인도 회사 본부(Thomas Hosmer Shepherd, 1817년).
동인도회사의 웅장한 신고전주의 양식의 건물과 바삐 움직이는 도시 풍경은
당시 런던의 번영과 제국주의의 상징적 면모를 보여준다.

동인도 회사의 경제적 지배와 화폐 주조권

영국의 아시아 식민지화를 이끌던 동인도 회사는 경제적 지배력을 높이기 위해 자체적으로 화폐를 발행할 권리를 얻었다. 1677년 찰스 2세는 동인도 회사의 영향력을 인정하면서 영국령 인도 지역에서 화폐 주조권을 부여하였다. 그 결과 봄베이와 캘커타 등 주요 도시에 영국식 조폐국이 설립되었고, 이곳에서 발행된 화폐는 영국의 경제적 영향력을 더욱 확대하는 도구로 활용되었다.

1835년 발행된 '하프 안나' 동화와 1840년 발행된 '1루피' 은화는 동인도 회사가 인도에서 행사한 경제적 통제의 상징적 사례로 남아 있다.

동인도 회사가 인도 식민지에서 발행한 Half Anna 동화와 One Rupee 은화(1835년, 1840년)

동인도 회사령 인도, 인도 식민 지배와 수탈의 시대

동인도회사는 1757년 플라시 전투에서 뱅골의 지역 세력을 격파하며 뱅골 지역의 실질적인 통치권을 확보했다. 이후 1858년까지 약 100년간 "동인도 회사령 인도"로 불리는 독자적인 식민지 통치를 시행하였다. 이 시기에 회사는 뱅골, 마드라스, 봄베이 등 주요 도시를 중심으로 지역을 장악하고, 현지인으로 구성된 군대(세포이, Sepoy)를 동원하여 영국의 식민 지배를 유지하였다. 또한 무역 독점과 강제적인 화폐개혁을 통해 경제적 수탈을 극대화하였다.

그러나 1857년, 동인도 회사의 가혹한 식민 지배에 저항하여 세포이 대반란이 발생했다. 이 사건을 계기로 동인도 회사의 직접적인 지배는 막을 내렸고, 1858년부터는 영국 정부가 인도를 직접 통치하면서 동인도 회사는 공식적으로 해체되었다. 이로써 동인도 회사는 해체되었지만, 대영제국의 인도 지배는 더욱 강력하게 본격화하였다.

러시아 루블 은화와 극동 지역의 역사

러시아의 상징, 쌍두 독수리의 기원

러시아 루블 은화에는 러시아의 권위를 상징하는 쌍두 독수리가 새겨져 있다. 이 쌍두 독수리는 15세기 후반 모스크바 공국의 이반 3세가 비잔틴 제국의 계승자를 자처하면서 처음으로 러시아의 공식 국장으로 사용되기 시작하였다. 이 문양은 두 개의 머리로 동쪽(아시아)과 서쪽(유럽)을 바라보고 있어 러시아가 아시아와 유럽을 아우르는 강대국임을 상징적으로 표현하고 있다.

소비에트 연방 시기(1922~1991년) 동안 쌍두 독수리 문장은 공산주의 이념과 맞지 않아 폐지되었으나, 1991년 러시아 연방이 출범하면서 다시 국가의 공식 국장으로 채택되었다.

15세기 후반(추정 연도 1489년)에 제작된 이반 3세의 인장. 러시아의 상징인 쌍두 독수리와 용을 무찌르는 성 게오르기우스의 모습이 새겨져 있다.

러시아 루블, 동아시아 지역으로의 진출

러시아의 공식 화폐인 루블(Rouble)은 14세기부터 현재까지 꾸준히 사용되고 있는 화폐다. 루블 은화가 본격적으로 동아시아 지역에서 유통된 것은 19세기 중반 이후로, 이 시기 러시아가 부동항 확보를 목표로 극동지역으로 남하한 시기와 겹친다.

당시 러시아는 청나라가 아편 전쟁(1840~1842년)으로 인해 영국과 프랑스와의 외교적 갈등에 처하자, 중재를 명분으로 영향력을 확대했다. 러시아는 이 기회를 이용해 1858년 5월 28일 아이훈조약과 1860년 10월 24일 베이징조약을 통해 청으로부터 약 100만㎢에 달하는 방대한 영토를 확보하였다. 이 지역은 오늘날 연해주 및 아무르주 일대로, 한반도의 약 5배에 달하는 면적이었다.

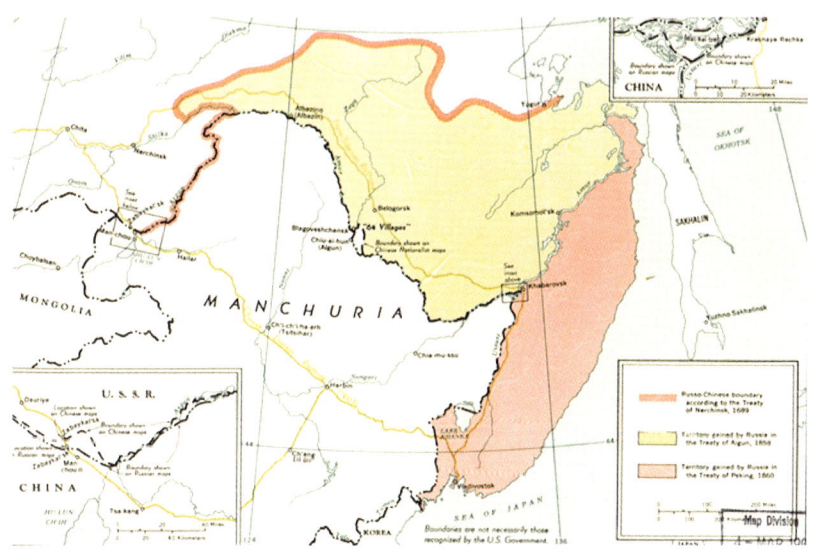

러시아 극동 팽창 지도 (1858년 아이훈조약과 1860년 베이징조약),
청나라로부터 러시아가 거대한 영토를 획득한 과정을 보여주는 지도

러시아는 이 지역에 거주하던 한족과 만주족을 배척하고, 러시아인과 조선족의 이주를 적극 장려하여 식민지화를 추진했다. 그러나 1937년 스탈린 정권은 일본과의 충돌을 우려하여 연해주에 거주하던 조선족을 중앙아시아 지역으로 강제 이주시켰다. 이러한 조치는 조선족이 일본의 간첩 활동에 연루될 가능성이 있다는 명분 아래 이루어졌으며, 약 17만 명의 조선족이 카자흐스탄과 우즈베키스탄 등지로 이주당했다.

조선과 만주에서 유통된 러시아 루블 은화

19세기 말, 러시아 루블 은화는 조선과 만주에서 주요한 거래 화폐로 자리 잡았다. 그 가운데 조선의 개항지였던 부산과 원산, 연해주의 중심 도시였던 블라디보스토크와 하바롭스크, 그리고 만주 지역의 교역 거점에서 루블 은화는 중요한 결제 수단이었다. 이 시기 유통된 루블 은화의 양은 약 20만 루블로 추정된다.

당시 러시아에서 발행된 대표적인 루블 은화로는 알렉산드르 2세 루블 은화와 니콜라이 2세 루블 은화가 있다. 하지만 러일 전쟁(1904~1905)에서 러시아가 일본에 패배한 이후, 동아시아 지역에서 러시아의 영향력은 급격히 약화하였고, 1908년을 기점으로 조선 내 루블 은화의 유통은 중단되었다. 이후, 이 지역에서 일본이 주도권을 잡으면서 새로운 정치적·경제적 질서가 형성되었다.

※ 러시아 1루블 은화(1878년): 중량 20.7g, 은 86.8, 크기 35.5㎜

※ 러시아 1루블 은화(1913년): 중량 20.0g, 은 90.0, 크기 33.6㎜

러시아 1루블 은화(1878년 알렉산드르 2세, 1913년 니콜라이 2세)

러일 전쟁과 조선, 일본의 한반도 패권 장악

러일 전쟁의 시작과 열강의 이해관계

1904년 2월 8일, 일본은 만주의 뤼순항에 정박한 러시아 극동 함대를 기습하며 러일 전쟁이 시작되었다. 다음 날 조선의 제물포항에서도 러시아 군함에 대한 공격이 이어졌다. 일본이 전쟁을 일으킨 이유는 청일전쟁(1894~1895) 승리 이후 얻은 동아시아 패권을 유지하고 러시아의 극동 진출을 저지하기 위함이었다. 이 과정에서 일본은 러시아의 팽창을 우려하던 영국과 미국의 간접적인 지원을 받아 전쟁을 유리하게 이끌 수 있었다.

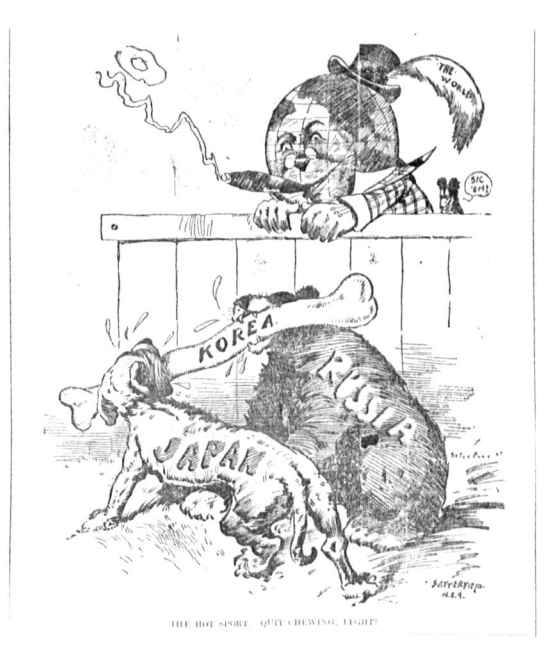

1904년 러일 전쟁 풍자만화 (Bob Satterfield 작품)
일본과 러시아 두 마리 개가 'Korea' 뼈다귀를 두고 싸우는 모습을 풍자한 정치만화

일본의 연이은 승리와 러시아의 위기

 1905년 1월 1일 일본군이 뤼순 요새를 점령하고, 5월 27~28일 쓰시마 해전에서 도고 헤이하치로 제독이 이끄는 일본 함대가 러시아 발트 함대를 전멸시키면서 일본의 승리는 확실시되었다. 1905년 1월 22일 '피의 일요일 사건'으로 러시아 전역에서 반정부 시위와 총파업 등 내부 혼란으로 러시아는 더 이상 전쟁을 지속할 수 없었다. 결국 미국의 중재로 1905년 9월 5일 포츠머스에서 강화조약이 체결되었고, 이로써 일본은 공식적으로 한반도 지배권과 남만주 철도 부설권, 랴오둥반도 조차권, 사할린 남부 영토 등을 얻었다.

1905년 러일 전쟁 당시 쓰시마 해전의 모습.
일본 화가 도조 쇼타로의 작품으로 격렬한 전투 상황을 생생히 묘사하고 있다.

러일 전쟁 이후 일본의 조선 지배 강화

러일 전쟁 초기, 고종은 중립을 선언했지만, 일본은 이를 무시하고 군대를 서울에 주둔시키며 용산 지역을 군사 기지로 만들었다. 1904년, 일본은 러일 전쟁 발발 직후 대한제국과 '한일의정서'를 강제로 체결하여 군사적으로 조선을 장악하고, 이를 통해 정치·외교적 영향력을 확대해 나갔다. 이러한 상황에서 1905년 2월, 일본은 동해상에서 러시아 함대 감시를 명목으로 독도를 '다케시마'로 명명하여 시마네현에 편입시키는 조치를 단행하였다. 이러한 일련의 조치들은 일본의 제국주의적 팽창 정책의 일환으로, 대한제국의 주권을 침해하고 영토를 침탈하는 행위로 평가된다.

경제적 식민지화, 화폐정리사업의 시작

일본은 포츠머스조약 이후 더욱 조선의 외교권을 제한하며 식민지화에 박차를 가했다. 1904년 조선의 조폐 업무를 일본 오사카 조폐국에 강제로 이관했고, 1905년 '을사늑약'으로 외교권을 박탈하였다. 일본은 1905년부터 1909년까지 화폐정리사업을 통해 조선의 기존 화폐를 폐지하고 일본 엔화를 강제 유통하며, 경제적 식민지화를 완성했다.

러일 전쟁은 단지 일본과 러시아 간의 지역적 전쟁이 아니라 조선의 운명을 결정한 중대한 사건이었다. 이 전쟁을 계기로 일본은 국제적으로 조선에 대한 지배권을 인정받았고, 1910년 한일병합으로 이어지며 조선은 일본 제국주의의 완전한 식민지가 되었다.

1905년 포츠머스 강화조약 체결을 기념하여 제작된 엽서.
러시아의 니콜라이 2세와 중재자인 미국 대통령 루스벨트, 일본의 메이지 천황 초상이 담겨 있다.

필리핀 은화 1페소

스페인의 식민 지배와 가톨릭 전파

필리핀은 16세기 이후 약 300년간 스페인의 식민 지배를 받았다. 1571년 스페인은 필리핀을 정식으로 식민지화하면서 가톨릭을 적극적으로 전파했고, 이 영향으로 오늘날 필리핀 국민의 80% 이상이 가톨릭 신자가 되었다. 스페인의 식민지 통치는 행정, 종교, 문화 등 필리핀 사회 전반에 깊은 흔적을 남겼다.

그러나 19세기 초, 나폴레옹 전쟁(1803~1815)으로 스페인의 국력이 약해지면서 필리핀 지배력도 흔들리기 시작했다. 결국 19세기 말 신흥 강국으로 떠오른 미국과의 갈등은 스페인의 필리핀 지배에 결정적인 타격을 주었다.

미국의 등장과 스페인 제국의 쇠퇴

18세기 말 미국이 영국으로부터 독립하여 최초의 근대 민주주의 국가가 되면서, 미국 독립 혁명은 중남미 지역 국가들에 큰 영향을 미쳤다. 그 결과 19세기 초 라틴아메리카 대부분의 스페인 식민지가 독립을 선언했으나, 쿠바와 필리핀은 여전히 스페인의 식민 지배하에 있었다.

1898년 2월, 쿠바의 아바나 항에 정박 중이던 미국 해군의 전함 USS 메인호가 원인 불명의 폭발로 침몰하는 사건이 발생했다. 미국은 이 사건을 스페인의 공격으로 규정하고 즉각 선전포고하면서 미서전쟁이 시작되었다.

전쟁 초기인 1898년 5월, 미국 해군이 필리핀 마닐라만 해전에서 대승을 거두며 필리핀 점령의 기틀을 마련했고, 이어 6월 괌을 무력으로 점령했다. 7월 산티아고 해전에서 또 한 번 승리한 미국은 푸에르토리코까지 장악하며 스페인 제국의 몰락을 가속화했다. 결국 같은 해 8월 스페인은 항복을 선언하고 아메리카 대륙에서 완전히 철수하면서 오랜 해양 제국의 지위를 상실했다.

1898년 7월 3일 미국과 스페인 간 벌어진 산티아고 해전의 장면을 묘사한 그림. 이 전투는 미서 전쟁에서 중요한 승리로 기록되었다. (미국 의회도서관 소장)

파리조약과 미국의 새로운 제국주의 등장

미서전쟁이 끝난 후 1898년 12월 10일, 미국과 스페인은 파리조약을 체결했다. 이 조약을 통해 스페인은 필리핀, 괌, 푸에르토리코를 미국에 할양했고, 쿠바는 공식적으로 독립이 인정되었지만, 실질적으로는 미국의 보호령 상태가 되었다.

이로써 미국은 태평양과 아시아 지역으로 본격 진출하며 새로운 제국주의 열강으로 떠올랐다. 이는 미국 역사상 처음으로 아시아와 태평양 지역에서 식민지를 확보한 사건으로, 이후 미국이 국제 무대에서 주요 제국주의 강대국으로 성장하는 출발점이 되었다.

스페인의 몰락과 아프리카 식민지 잔존

미서전쟁의 결과 스페인은 대부분의 해외 식민지를 잃고, 아프리카의 적도 기니, 서사하라, 모로코 일부만을 유지하며 유럽의 이류 국가로 전락하게 되었다. 미서전쟁은 미국의 신흥 제국주의 등장을 알리는 상징적 사건이었으며, 스페인 제국의 붕괴를 통해 세계사에 중대한 전환점을 마련했다.

필리핀의 독립 선언과 미국의 점령

스페인의 패배와 혼란을 틈타 1898년 6월 12일, 필리핀은 에밀리오 아기날도의 주도로 독립을 선언했다. 그러나 미국은 독립을 인정하지 않고 필리핀을 강제 점령하였다. 결국 1899년부터 1902년까지 벌어진 미국~필리핀 전쟁 끝에 필리핀의 독립 시도는 좌절되었고, 필리핀은 1946년 7월 4일에야 비로소 완전한 독립을 되찾았다.

필리핀의 독립운동 역사에서 초기 독립운동을 이끈 호세 리살과 무장 독립운동을 주도했던 보니파시오는 서로 다른 방식으로 필리핀의 독립을 위해 헌신하였으며, 그들의 업적은 오늘날까지 필리핀 국민에게 깊은 존경을 받고 있다.

엉클 샘이 필리핀을 발판 삼아 중국 시장에 상품을 판매하는 장면을 풍자하고 있는 삽화
(1900년 4월 21일, 『저지 매거진』)

미국 식민 통치의 상징, 필리핀 페소 은화

미국은 필리핀을 식민지로 편입한 이후, 현지에 미국식 행정제도와 교육을 도입하며 본격적인 식민 통치를 시작했다. 특히 경제적 지배를 강화하기 위해 1903년부터 1912년까지 자체 화폐인 1페소 은화를 발행하였다.

이 필리핀 1페소 은화는 크게 초기형(대형)과 후기형(소형)으로 구분된다. 초기형 은화는 주로 중국과의 무역에서 사용될 목적으로 제작되어 아시아 무역 시장에서도 널리 유통되었다. 그러나 후기에 발행된 은화는 은 함량과 중량이 감소하면서 시장에서 신뢰를 잃었고, 필리핀 현지에서도 제대로 인정받지 못했다.

당시 필리핀 경제는 미국의 엄격한 통제 아래 놓였고, 필리핀 페소 은화는 미국의 식민 지배를 상징하는 화폐가 되었다. 필리핀은 1946년 독립하기 전까지 미국 경제권의 일부로 편입되어 있었다.

※ **필리핀 1페소 은화(대형): 중량 25.9g, 은 90.0, 크기 38.0㎜**
※ **필리핀 1페소 은화(소형): 중량 20.0g, 은 80.0, 크기 35.0㎜**

필리핀 1페소 은화(1909년). 미국의 식민 통치를 상징하는 필리핀 은화

마닐라 갤리온 무역, 세계를 연결한 은(銀)의 항로

신대륙 은광, 세계 경제를 흔들다

신대륙 발견 이후, 아메리카에서 채굴된 막대한 양의 은은 세계 경제를 완전히 바꾸어 놓았다. 특히 1545년 볼리비아 포토시와 1546년 멕시코 사카테카스에서 발견된 대규모 은광은 스페인 제국에 막대한 부를 안겨주었다. 1570년대 은과 수은을 이용한 아말감 제련법이 확산하였고 멕시코의 과나후아토 등 새로운 광산들이 속속 개발되었다. 이로 인해 아메리카는 당시 세계 은 공급량의 약 80%를 차지하는 주요 생산지로 부상했다. 특히 과나후아토의 라 발렌시아나 광산은 세계적으로 가장 수익성이 높은 은광 중 하나였다.

마닐라 갤리온 무역의 탄생

스페인은 필리핀을 식민지로 확보한 1571년부터 마닐라를 아시아~아메리카 간 무역의 거점으로 삼았다. 멕시코의 아카풀코와 필리핀 마닐라 사이를 오가는 갤리온선은 태평양을 횡단하며 아메리카의 은과 동아시아의 비단, 도자기, 향신료 등을 교환했다. 이 무역망의 핵심은 은을 중심으로 하는 글로벌 교역이었다. 마닐라 갤리온 무역의 흐름은 아래와 같다.

멕시코 → 마닐라	아메리카에서 채굴한 은을 아시아로 수송
마닐라 → 중국 및 일본	은으로 중국과 일본의 비단, 도자기, 향신료를 구매
마닐라 → 멕시코	동아시아 물품을 스페인령 아메리카로 운송
멕시코 → 스페인	아시아의 물품을 유럽 본토로 수출

이러한 구조 덕분에 멕시코에서 생산된 은의 약 3분의 1이 마닐라를 통해 동아시아로 흘러 들어갔다. 특히 중국에서는 스페인 은화가 주요 화폐로 자리 잡으며 경제 전반에 영향을 미쳤다.

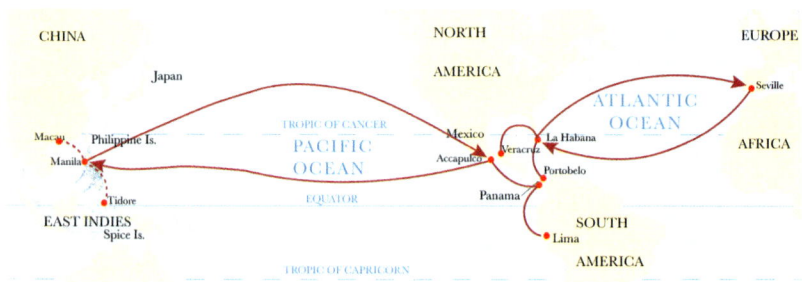

16세기 스페인의 갤리온 무역 항로(스페인령 아메리카에서 은을 싣고 마닐라로 이동해 중국·일본 상품과 교환한 태평양 무역 항로를 보여주는 지도)

마닐라 갤리온선(Galleon), 태평양을 가로지르던 거대한 무역선

마닐라 갤리온 무역에는 1,500~2,000톤급의 대형 범선이 사용되었으며, 이러한 배들은 '마닐라 갤리온선'이라 불렸다. 이 무역은 아시아와 아메리카, 나아가 유럽까지 연결하는 최초의 글로벌 무역 네트워크로 자리 잡았으며, 250년 이상 이어지다가 1815년 멕시코 독립 이후 점차 쇠퇴하였다.

마닐라 갤리온 무역은 단순한 식민지 무역을 넘어서 아메리카, 유럽, 아시아 간의 경제적 교류를 촉진했다. 이 과정에서 세계 경제는 더욱 긴밀히 연결되었으며, 글로벌화의 초기 형태를 이루게 되었다.

16세기 스페인 무역선 갤리온(Cornelis Verbeeck 작품).
태평양을 가로지르며 아메리카의 은과 동아시아의 비단, 도자기를 교환하던 대형 무역선

멕시코 은화, 8레알과 1페소

스페인의 멕시코 식민 지배와 은화 주조

1521년, 스페인의 정복으로 멕시코는 약 300년간 스페인 식민 통치를 받았다. 이 시기 스페인은 멕시코에 주요 건축물을 세우고, 1535년에는 멕시코 조폐국을 설립하여 현지에서 채굴된 은으로 직접 은화를 제조하기 시작했다.

스페인이 이처럼 은화 생산에 힘을 기울인 이유는 당시 아메리카에서 채굴되는 막대한 은 자원 때문이었다. 특히 볼리비아 포토시와 멕시코 사카테카스에서 생산된 은은 세계 은 공급량의 대부분을 차지했으며, 국제 무역에서 중요한 결제 수단으로 사용되었다. 스페인은 '페소(Peso)'라는 단위의 은화(8레알 은화)를 대량으로 주조하였으며, 이 은화는 신대륙뿐만 아니라 아시아와의 무역에서 중요한 결제 수단으로 자리 잡았다.

※ 멕시코 8레알 은화(1882년): 중량 27.0g, 은 90.0, 크기 38.9㎜
※ 멕시코 1페소 은화(1899년): 중량 27.0g, 은 90.0, 크기 38.5㎜

8레알(1882년)과 1페소(1899년) 은화,
동아시아 무역과 국제 결제 수단으로 널리 사용된 멕시코 은화

스페인의 멕시코 식민 지배와 은광 개발의 시작

16세기 스페인은 멕시코 지역을 점령하면서 아즈텍 제국의 수도였던 테노치티틀란을 정복하고, 본격적인 식민 착취에 나섰다. 특히 이 시기 은광 개발이 스페인 경제정책의 핵심이었으며, 이를 중심으로 주요 도시들이 세워졌다. 과나후아토(Guanajuato)는 이런 배경 속에서 형성된 대표적인 도시로, 당시 식민 착취의 전초 기지이자 주요 거점이었다.

스페인은 막대한 은 생산을 관리하고 효율적인 착취를 위해 1535년, 멕시코 최초의 조폐국을 세웠다. 이곳에서 만들어진 은화(1페소)는 스페인의 식민지 통치뿐 아니라 국제 무역에서도 중요한 역할을 했다. 특히 중국에서는 이 은화를 '응양은(應洋銀)'이라 불렀고, 아시아 전역에서 널리 통용되며 국제 교역의 중심이 되었다.

과나후아토 도시 전경과 인접한 광산,
16세기부터 은광 개발로 번영했던 멕시코의 역사적인 도시이다.

은광 개발과 '실버 루트'의 형성

1546년 사카테카스, 1548년 과나후아토에서 대규모 은광이 발견되면서 멕시코는 스페인 제국의 가장 풍요로운 식민지로 떠올랐다. 특히 과나후아토는 엄청난 양의 은을 생산하여, 18~19세기에는 세계 은 생산량의 상당 부분을 담당할 정도로 중요한 도시였다.

이 지역에서 채굴된 은을 유럽과 아시아로, 효율적으로 운송하기 위해 스페인은 2,400km에 이르는 '실버 루트(Silver Route)'라는 대규모 도로망을 구축했다. 이 교역로는 스페인의 경제를 떠받치는 중추 역할을 했으며, 과나후아토는 무역과 상업의 중심지로 성장하며 번영을 누렸다.

스페인의 부를 축적한 국제 무역의 중심지

과나후아토에서 생산된 은은 유럽과 아시아 간의 국제 무역에서 가장 중요한 통화 역할을 했다. 특히 중국을 중심으로 한 아시아 무역에서 이 은화는 핵심적인 결제 수단이었다. 중국에서는 스페인 은화를 통해 은본위 경제 체제가 자리 잡았으며, 유럽의 부 축적과 세계 경제 체제 형성에 결정적인 영향을 주었다.

멕시코의 독립과 국제 통화로서의 은화

1821년 멕시코가 스페인으로부터 독립하면서 스페인 은화 생산이 중단되었으나, 멕시코는 여전히 스페인 은화와 동일한 규격의 은화를 계속 주조했다. 독립 후에도 순도 90%, 27.22g의 중량을 유지하며 국제 무역 결제 화폐로 꾸준히 사용되었다. 이에 따라 멕시코 은화는 자연스럽게 스페인 은화의 역할을 대체하며 유럽과 아시아 무역의 중심 화폐로 자리 잡았다.

동아시아 시장과 멕시코 은화의 영향력

19세기 멕시코 은화는 청나라, 일본, 조선 등 동아시아 시장에서 널리 사용되었다. 청나라에서는 관세 및 세금 지급에도 공식적인 화폐로 인정받았으며, 일본과 조선에서도 무역 결제 수단으로 유통되었다. 하지만 19세기 후반부터 위조 은화가 증가하면서 멕시코 은화의 신뢰도가 떨어졌고, 일본에서 일원(円) 은화를 자체 발행하면서 그 유통이 점차 감소하였다. 특히 조선에서도 일본의 영향력 확대로 인해 멕시코 은화는 점점 자취를 감추었다.

광저우와 주강을 배경으로 다양한 국가의 배가 정박하고 있는 1855년경의 국제 무역항의 풍경. 당시 광저우는 서양과 중국의 무역이 활발히 이루어진 중요한 항구였다.

멕시코 은화의 특징, '흠집의 비밀'

멕시코 은화(8레알, 1페소)의 표면에는 독특한 흠집과 각인이 흔히 발견된다. 이는 당시 중국 환전상들이 은화의 진위를 확인하기 위해 표면을 긁거나 '차푸(Chop mark)'라는 작은 도장을 찍었기 때문이다. 은화의 순도와 진품 여부를 확인하기 위한 이 방식은 국제적으로 멕시코 은화의 신뢰도를 나타내는 기준으로 작용하였다. 오늘날에도 이러한 각인은 멕시코 은화의 진품 여부를 구분하는 중요한 역사적 흔적으로 남아 있다.

멕시코 은화가 세계 경제에 미친 영향

멕시코 은화는 단순히 화폐의 기능을 넘어, 19세기 국제 무역의 중심 통화로 기능하며 글로벌 경제 네트워크 구축에 큰 역할을 했다. 특히 아시아와 아메리카를 연결한 무역 통화로 사용되었으며, 근대 경제에서 국제 결제 수단으로 중요한 의미를 지녔다. 그러나 19세기 후반부터 일본과 서구 열강들이 자체 무역 은화를 발행하면서 그 영향력이 축소되었고, 역사 속으로 점차 사라지게 되었다.

뱀을 물고 있는 독수리, 멕시코의 상징

독립의 상징, 멕시코 국장의 탄생

멕시코는 1821년 9월 스페인으로부터 독립을 쟁취한 후, 같은 해 11월 2일 최초의 공식 국장(Coat of Arms)을 제정하였다. 국장 중앙에는 뱀을 발톱으로 잡고 입으로 물고 있는 독수리가 선인장 위에 자리하고 있으며, 그 아래에는 물결무늬가 그려져 있다. 국장의 양쪽을 장식하고 있는 참나무 가지와 월계수 가지는 각각 힘과 독립, 승리와 영광을 상징한다.

멕시코 국장(1823~1864년, 현재). 멕시코의 국장은 아즈텍 전설에 바탕을 둔 독수리와 뱀의 상징을 담고 있다.

아즈텍 제국의 건국 신화

멕시코 국장의 상징은 아즈텍 제국의 건국 신화에서 유래했다. 전설에 따르면 아즈텍의 전쟁신 우이칠로포치틀리가 "독수리가 선인장 위에서 뱀을 물고 있는 곳에 나라를 세우라"는 계시를 내렸다. 이를 믿고 이동하던 아즈텍 사람들은 마침내 "독수리가 뱀을 물고 있는" 광경을 텍스코코 호수의 한 섬에서 발견하고, 그곳에 수도인 "테노치티틀란"을 건설하였다. 테노치티틀란은 호수 위의 인공 섬에 세워진 도시로, 당시 아메리카 대륙에서 가장 뛰어난 도시 계획과 건축 기술을 자랑했다.

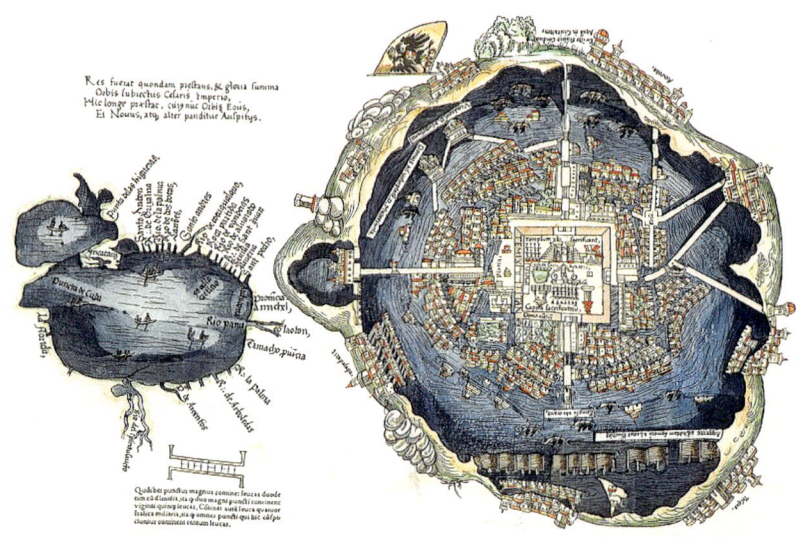

아즈텍 제국 수도 테노치티틀란의 지도(1524년).
호수 위에 세워진 도시로 오늘날 멕시코시티의 기원이 된 곳이다.

스페인의 정복과 멕시코시티의 탄생

1521년 에르난 코르테스가 이끄는 스페인 군대가 아즈텍 제국을 정복한 후, 스페인은 테노치티틀란의 텍스코코 호수를 메우고 그 자리에 현재의 멕시코시티를 세웠다. 그러나 독립 후 멕시코는 자신의 역사적 정체성을 되찾기 위해 아즈텍 건국 신화를 국장의 상징으로 채택하였다.

멕시코 국장의 상징적 의미

독수리는 태양과 하늘을 상징하며, 멕시코 민족의 용맹함과 자유를 나타낸다. 뱀은 대지와 물을 의미하며 자연과 인간의 조화를 표현한다. 독수리가 앉아 있는 선인장은 멕시코인의 끈질기고 강인한 생명력을 상징하며, 물결무늬는 테노치티틀란이 호수 위에 세워졌던 역사를 나타낸다. 참나무와 월계수는 멕시코의 독립과 국가적 영광을 강조한다.

현대 멕시코에서 국장의 역할

오늘날 멕시코의 국장에 그려진 "뱀을 물고 있는 독수리"는 멕시코인의 민족적 자부심과 독립 정신을 상징하는 주요 이미지로 자리 잡고 있다. 멕시코의 국기는 물론 화폐, 공식 문서, 정부 건물과 기념비 등에서 흔히 볼 수 있으며, 멕시코인의 민족적 자부심과 역사를 상징하는 중요한 국가 문장으로 자리매김하고 있다.

청나라 광서원보

청나라의 경제와 화폐 제도

17세기에서 18세기 중반까지, 청나라는 세계에서 가장 부유한 경제 대국이었다. 풍부한 농산물과 공산품을 바탕으로 활발한 국내외 교역을 유지했지만, 19세기에 들어서면서 유럽 국가들의 침략으로 위기에 처했다. 특히 아편 전쟁(1840~1842, 1856~1860)에서 영국에 패배한 후 주요 항구들을 강제로 개방하고 홍콩을 내주면서, 중국 경제는 반(半)식민지 상태로 빠르게 추락하였다.

이 당시 청나라 화폐 시스템은 복잡한 이중 구조로 운영되었다. 구리로 만들어진 동전이 일상 거래에서 사용되었고, 은괴는 세금 납부와 대규모 무역 거래에 주로 쓰였다. 그러나 이런 방식은 국가적 표준이 없었고, 지역마다 무게나 순도가 다른 은괴가 사용되었기 때문에 화폐의 가치는 매우 불안정했다.

청나라에서 은괴의 역할

청나라는 유럽과 달리 은화가 공식적으로 발행되지 않았다. 대신, 해외에서 무역을 통해 들어온 외국 은화들을 녹여서 은괴로 만들거나, 일정한 무게로 잘라 사용하는 방식을 택했다. 당시 스페인과 멕시코의 은화는 국제 무역에서 신뢰받는 통화로 널리 쓰였으며, 청나라에서도 무역 결제 수단으로 널리 통용되었다.

1843년 《일러스트리르테 차이퉁》에 수록된 중국 전통 은괴(sycee)의 모습이 담긴 삽화. 시스는 청나라 시기까지 사용된 주괴 형태의 은화로, 무게 단위인 '량(兩)'에 따라 다양한 크기와 형태로 주조되었으며, 주로 무역과 고액 거래에 사용되었다.

광서원보의 등장

19세기 말, 국제 무역에서 자국 화폐의 경쟁력을 확보하기 위해 청나라 중앙정부는 스페인과 멕시코 은화를 모방한 새로운 은화 '광서원보(光緒元寶)'를 발행하였다. 광서원보 중에서 가장 대표적인 것은 7전 2분(七錢二分)짜리로, 은 함량 90%, 중량 26.86g으로 국제 무역에서 사용하는 다른 은화들과 거의 같은 규격으로 제작되었다.

하지만 광서원보는 이미 시장에서 강한 신뢰를 얻고 있던 스페인과 멕시코의 은화를 완전히 대체하지 못했다. 더욱이 19세기 후반, 청나라의 정치적 불안정과 지속적인 군사적 패배로 인해 청나라 화폐의 신뢰도는 더욱 하락하였다.

※ 청나라 광서원보 은화: 중량 26.0~26.9g, 은 90.0, 크기 39.0㎜

청나라 광서원보(Kiangnan Province & Hupeh Province),
청나라가 스페인·멕시코 은화를 대체하기 위해 발행한 은화

경제적 쇠퇴와 광서원보의 운명

청일전쟁(1894~1895)에서 패배한 청나라는 일본에 막대한 배상금 지급으로 인해 극심한 재정난을 겪었으며, 이 과정에서 광서원보의 신뢰성과 가치는 더욱 하락하였다. 당시 배상금은 일본이 제정한 '일본 엔'을 중심으로 지급되었으며, 이는 광서원보와 같은 청나라 화폐의 가치 급락을 더욱 심화시키는 요인이 되었다.

결국, 광서원보는 기대했던 무역 화폐의 역할을 제대로 수행하지 못한 채, 청나라 경제 몰락의 상징이 되고 말았다. 이런 혼란 속에서 1911년 신해혁명이 일어나 청나라가 멸망하면서 광서원보는 자연스럽게 역사 속으로 사라졌다.

이후 중국은 근대적인 금융 시스템을 갖추기 위한 화폐 개혁을 추진하게 되며, 광서원보는 청나라의 경제적 혼란과 몰락을 상징하는 화폐로 남게 되었다.

각인(Chop mark) 은화, 동아시아 무역의 신뢰

은화와 함께한 동아시아 무역

19세기 후반부터 20세기 초까지 동아시아 지역은 세계 각국의 은화가 활발히 유통되는 국제 무역의 중심지였다. 당시 청나라와 일본, 조선에서는 스페인, 멕시코, 일본 등 다양한 나라의 은화가 사용되었지만, 문제는 이 은화들의 순도와 중량이 제각각이었다는 점이다. 이에 따라 은화의 품질을 검증하는 것이 무역에서 매우 중요한 과제로 떠올랐다.

각인(Chop mark)의 등장 배경

특히 동아시아 무역 시장에는 위조된 은화와 품질이 낮은 은화가 대량으로 유입되어 시장의 혼란이 커졌다. 이런 문제를 해결하기 위해 중국 상인들과 환전상들이 외국에서 들어오는 은화의 신뢰성을 보증하기 위한 특별한 방법을 고안했는데, 바로 은화 표면에 각인(Chop mark)을 새기는 방식이었다.

이 각인은 신뢰할 수 있는 상인이나 환전상들이 은화의 순도와 가치를 직접 감정하고 인정한다는 뜻으로 사용된 일종의 '품질 인증 도장'이었다. 각인이 새겨진 은화는 시장에서 신뢰할 수 있는 결제 수단으로 인정받았고, 이러한 각인 은화는 거래 과정에서 신뢰를 확보하는 역할을 담당했다.

각인(Chopmark)이 새겨진 일본 일원 은화, 멕시코 8레알 은화, 캄보디아 티칼 은화. 이러한 각인은 외국 주화가 지역 상인들의 신뢰를 얻기 위해 유통 과정에서 찍힌 것으로, 국제 무역을 보여주는 흔적이다.

각인된 은화의 신뢰와 부작용

초기에는 무역상들 사이에서 은화에 각인을 새기는 관행이 화폐의 신뢰성을 높이는 데 효과적이었다. 20세기 초 환전업자가 은괴와 동전을 분류하고 저울로 무게를 재며 환전 업무를 수행하던 당시에는 다양한 외국 통화와 중국 전통 화폐가 혼용되어, 환전은 매우 중요한 상업 활동 중 하나였다. 그러나 시간이 흐르면서 각인이 지나치게 많아지자, 은화가 심하게 손상되어 무게가 줄고, 실제 가치가 하락하는 부작용이 발생했다. 결국 이러한 문제로 인해 시장에서는 각인 제도가 점차 쇠퇴하기 시작했다.

20세기 들어 국제 금융 시스템의 변화와 함께 각인의 사용은 자연스럽게 중단되었다.

조선 닷량, 조선의 근대 화폐 개혁

개항과 일본의 압박

1875년 발생한 운요호 사건은 일본이 조선에 강압적으로 개항을 요구하는 중요한 계기가 되었다. 결국 조선은 1876년 강화도조약(조일수호조규)을 체결하여 부산(1876년), 원산(1880년), 제물포(1883년) 등 주요 항구를 순차적으로 개방하였다. 일본은 개항을 계기로 조선 경제에 깊숙이 개입하기 시작하였고, 조선은 본격적인 근대 국제 무역 체제에 편입되었다.

1900년대 초, 제물포(현 인천항)의 항구 풍경. 항만 일대에 정박한 다양한 선박들과 유럽식 건물들이 당시 개항장의 국제적 분위기와 조선의 근대화 과정을 보여준다.

조선 경제의 변화와 화폐 문제

개항 초기, 조선 시장에서는 일본 엔화와 멕시코 은화, 중국의 은괴가 함께 사용되었다. 그러나 조선의 상인과 일반인들은 여전히 전통적인 동전(상평통보 등)을 더 선호했다. 당시 가장 많이 유통된 화폐가 조선의 동전이었다. 오스트리아 여행가 헤세~바르텍은 『조선, 1894년 여름』이라는 여행기에서 조선의 화폐 사정을 이렇게 묘사했다. 당시 6킬로그램에 달하는 엽전 6천 개가 1달러에 불과했으며, 고가의 물건을 사려면 짐꾼을 고용해 돈을 실어 날라야 했다고 한다. 조선 정부의 무분별한 엽전 주조와 공급 과잉은 화폐의 가치를 떨어뜨렸고, 시장에서의 물가가 급등하는 인플레이션 현상이 발생했다.

시간이 지나면서 외국과 무역이 활발해지자 개항장을 중심으로 근대적인

로버트 던 미국 종군기자가 환전한 엽전 더미.
1904년 러일 전쟁 취재차 조선을 방문한 로버트 던이 150달러로 환전한 엽전으로
당시 대한제국이 처한 경제 현실을 단적으로 보여준다.
이 사진은 1904년 6월 4일 미국 주간지 Collier's에 실렸다.

화폐 체계의 필요성이 제기되었고, 조선 정부는 1892년 신식화폐발행장정을 공포하여 은본위제를 채택하기 시작했다.

닷량 은화의 등장과 목적

조선 정부는 개항장과 무역 시장에서 우위를 점한 일본의 일원(円) 은화와 경쟁하기 위해 독자적인 화폐, 즉 닷량(五兩) 은화를 1894년에 발행하였다. 이는 조선 경제의 자립성과 화폐 주권을 유지하기 위한 중요한 선택이었다.

그러나 닷량 은화는 생산량이 충분하지 않았고, 새로 발행된 신화폐와 기존 구화폐 간의 교환 비율 또한 명확히 설정되지 않아 시장에서 원활히 유통되지 못했다.

닷량 은화의 디자인은 당시 널리 쓰이던 일본 은화와 청나라 광서원보와 거의 동일한 규격으로 제작되었다. 은화 뒷면에는 중앙에 용 문양이 새겨져 있으며, 그 둘레에는 "大朝鮮 開國五百一年"(조선 개국 501년), "닷량"(화폐 단위), "416.5 YANG. 900"(무게와 순도) 등이 표기되어 있다. 중량은 416.5그레인(약 26.96g), 순도는 은 90%로, 국제적으로 통용되는 규격으로 제작되었다.

※ 조선 닷량 은화: 중량 26.9g, 은 90.0, 크기 38.6㎜

조선 닷량 은화(1894년). 조선에서 일본 은화에 맞서 근대적 화폐 체계를 구축하기 위해 발행한 은화로, '五兩(닷량)'이라는 명칭과 함께 용 문양이 새겨져 있다.

닷량 은화의 한계

그러나 닷량 은화의 발행량이 너무 적었고, 이미 일본 엔화가 시장에서 강력한 신뢰를 얻고 있었기에 조선의 닷량 은화는 실질적 통용에 실패하고 말았다. 결국 1894년 발행된 닷량 은화는 더 이상 추가로 제작되지 못하고 시장에서 점점 사라졌다. 이후 일본은 조선 경제에 더욱 적극적으로 개입하여 자국 화폐의 사용을 확대하였고, 결국 조선의 화폐 주권 회복 노력은 좌절되었다. 이는 이후 일본의 식민지 지배 과정에서 조선 경제가 완전히 일본에 종속되는 결과를 낳았다.

오얏꽃과 조선 왕조의 상징

오얏꽃 문양은 조선 왕실을 상징하는 대표적인 문양이다. 이는 조선을 세운 전주 이씨의 성(姓)에서 유래했으며, 왕실을 나타내는 꽃으로써 왕족을 상징적으로 드러내는 의미로 사용되었다. 다만 조선 시대에는 공식적인 국가 문장이나 왕실 문장으로 지정되지 않고 주로 은연중에 왕실의 상징으로 여겨졌다.

조선은 19세기 말 개항을 맞으면서 서구 열강과 공식적인 외교 관계를 맺기 시작했다. 1882년 조미수호통상조약을 계기로 태극기가 등장하면서 조선의 대표 상징으로 자리 잡았고, 오얏꽃은 왕실 전용의 상징으로 구분되기 시작했다.

대한제국의 국장 이화문(오얏꽃).
황실을 상징하는 오얏꽃은 대한제국의
황권과 자주성을 상징하며,
대한제국의 공식 문장과 관복,
문시 등에 사용되었다.

대한제국과 오얏꽃 문장의 공식화

1897년 고종이 대한제국을 선포하면서, 오얏꽃 문양은 대한제국 황실의 공식 문장으로 채택되었다. 이후 오얏꽃 문양은 각종 화폐, 우표, 건축물에 공식적으로 새겨졌다. 대표적으로 조선 닷량 은화와 반원 은화, 오푼 동화의 뒷면에는 오얏꽃과 오얏나무 가지 문양이 들어갔고, 창덕궁 인정전과 덕수궁 석조전 같은 황실 건축물에도 사용되었다.

오얏꽃 문양은 조선 왕실과 대한제국 황실의 역사를 상징적으로 나타내는 중요한 역사적 유산으로 남아 있으며, 궁궐 및 역사적 유물에서 찾아볼 수 있다.

반원 은화(왼쪽)와 오푼 동화(오른쪽)에 새겨진 오얏꽃 문양.
두 동전 모두 대한제국의 상징인 오얏꽃(李花) 문양이 새겨져 있다.

동서양의 용(龍), 화폐 문양으로 살펴본 상징의 차이

동서양의 서로 다른 용에 대한 인식

서양에서 용(Dragon)은 주로 악을 상징하며, 인간에게 해를 끼치는 무서운 괴물로 묘사되었다. 대표적으로 영국의 크라운 은화에는 성 게오르기우스가 용을 무찌르는 모습이 새겨져 있으며, 이는 용이 악을 대표하는 존재로서 인식되었음을 잘 나타내준다.

반면, 동아시아에서는 용을 하늘과 물을 다스리는 신성한 존재로 여기며 권력과 행운의 상징으로 숭상했다. 한국과 중국, 일본에서 용은 긴 몸과 큰 뿔, 여의주, 비늘 등 고유한 특징을 갖추고 있으며, 구름과 비를 조종하며 풍년과 평화를 가져오는 신적 존재로 인식되었다.

조선 왕조에서 용의 상징적 의미

조선 시대에 용은 왕의 권력을 나타내는 핵심 상징이었다. 왕의 얼굴을 '용안(龍顔)', 왕의 자리를 '용상(龍床)', 왕의 의복을 '용포(龍袍)'라고 부르는 등, 왕권을 용과 밀접하게 연결하였다. 또한 왕의 인장을 '어보(御寶)'라 하여 용 문양을 새겼으며, 이러한 용의 이미지는 왕실의 절대적 권위를 상징했다. 특히 농업 중심 사회였던 조선에서 용은 비와 구름을 조정하는 존재로, 풍년과 직결되는 매우 중요한 신화 같은 존재였다.

일본 근대화 과정에서의 용 문양 도입

일본에서는 메이지유신(1868년) 이후 서양식 화폐 제도를 도입하면서 새로운 은화 디자인을 결정할 때 초기에 서양처럼 군주의 초상을 사용하려 하였다. 하지만 군주의 초상이 마모되는 것이 불경스럽다고 판단하여 대신 동양의 전통적 상징물인 용을 선택하여 무역 은화와 근대적인 은화에 사용하였다. 이렇게 선택된 용은 권위와 힘을 나타내며 무역 화폐에 적합한 이미지로 간주되었다.

일본 제국이 발행한 용 문양의 1원(円) 은화. 전면에는 용이 중앙에 배치되어 있으며, 후면에는 국화 문장과 군국주의 상징성이 강조된 디자인이다.

한·중·일 은화에 공통으로 등장한 용

동아시아의 한중일 3국 모두 은화에 용 문양을 활용하였다. 조선은 닷냥 은화에, 중국은 광서원보에, 일본은 무역 은화와 일원(円) 은화에 용 문양을 새겼다. 이렇게 동아시아 주요국이 공통적으로 용을 화폐 문양으로 사용한 것은 용의 문화적 위상과 공통된 동아시아 문화권을 상징적으로 나타내는 특징적 현상이었다.

조선의 화폐 발행권 박탈과 일본 용 문양의 침투

그러나 러일 전쟁(1904~1905년)에서 일본이 승리한 후, 조선의 상황은 크게 달라졌다. 1905년 일본은 을사늑약을 통해 조선의 외교권과 화폐 발행권을 강제로 박탈하였다. 이후 조선에서 유통된 화폐는 일본 오사카 조폐국에서 제조되었으며, 십전 은화, 이십전 은화, 반원 은화에는 일본식 용 문양이 새겨졌다. 이것은 단순한 문양 변경을 넘어, 경제적 주권 상실과 일본 제국주의의 지배를 상징하는 역사적 사건으로 기록되었다.

화폐 속의 용 문양은 단순한 예술적 장식이 아니라, 동서양의 문화적 차이와 역사적 사건들을 생생히 드러내는 상징으로 남아 있다.

조선, 청나라, 일본 은화에서 발행한 은화에 새겨진 용 문양 비교

2장

19~20세기 미국과 유럽의 근대 은화

미국, 유럽 국가와 크라운 근대 은화

국제 무역을 위한 표준 화폐의 탄생

18세기부터 19세기 후반까지 유럽은 활발한 국제 무역과 식민지 교역을 통해 경제적으로 번성했다. 이 시기 국가 간 무역에서 가장 중요했던 요소는 서로 다른 국가 간 거래에서도 가치를 인정받을 수 있는 '표준화된 화폐'였다. 대표적으로 스페인이 발행한 '8레알 은화'(스페인 달러)는 뛰어난 신뢰성과 안정성 덕분에 당시 국제 무역의 기준 화폐로 자리 잡았고, 이는 곧 다른 유럽 국가들이 비슷한 크기와 중량의 크라운 크기 은화를 제작하는 표준이 되었다.

영국, 프랑스, 스페인, 네덜란드, 오스트리아를 비롯한 유럽 주요 국가들

※ 스페인 8레알 은화(1778년): 중량 27.07g, 은 90.3, 크기 39.0mm

1778년 멕시코시티 조폐국에서 발행한 스페인 8레알 은화.
앞면에는 스페인 국왕 카를로스 3세의 초상과 발행 연도가,
뒷면에는 왕실 문장이 새겨져 있으며, 전 세계 무역에서 널리 사용된 대표적인 은화이다.

은 국제 무역 결제를 원활히 하기 위해 이 표준을 적극적으로 받아들였고, 스페인 달러와 유사한 크라운 크기 은화를 발행하면서 국제 상거래를 더욱 수월하게 만들었다.

은화의 경제적 신뢰성과 안정성 확보

당시 은은 금에 비해 상대적으로 풍부한 공급량을 가지고 있었으며, 가격 또한 금보다 변동 폭이 작아 경제적 안정성을 보장하는 귀금속으로 널리 사용되었다. 특히 유럽 국가들은 이처럼 은이 가진 신뢰성을 이용하여 자국 경제의 안정을 도모하는 한편, 국내외 결제 수단으로서의 신뢰성을 확보할 목적으로 크라운 크기의 은화를 적극적으로 발행하였다.

유럽의 산업혁명과 경제적 번영

18세기 중반 이후, 유럽은 산업혁명과 함께 급속한 경제적 성장을 경험했다. 공업과 상업이 활성화되면서 표준화된 크기의 은화가 필요했다. 이러한 요구에 따라 크라운 은화는 산업혁명으로 성장한 유럽 경제에서 중대형 거래, 임금 지급 및 사업 결제 등의 용도로 널리 사용되었다. 당시의 은화는 실질적인 귀금속 가치를 지녔기 때문에 일반 시민들 역시 이를 저축하거나 자산으로서 보관하는 용도로 선호했다.

또한 영국을 비롯한 유럽 국가들은 크라운 은화에 군주의 초상을 새겨 국가의 권위를 나타내고, 군주의 즉위, 결혼 등 국가적 행사를 기념하는 용도로 특별히 제작하기도 했다. 이렇게 발행된 크라운 은화는 단순한 경제적 기능을 넘어 국가적 상징으로서의 의미를 지니게 되었다.

제국주의와 식민지 경제에서의 활용

유럽 열강들이 제국주의 정책을 펼치며 세계 각지에 식민지를 확보한 19세기 말부터 20세기 초까지, 크라운 크기 은화는 식민지 경제에서도 중요한 결제 수단으로 자리 잡았다. 제국주의 국가들은 식민지와의 교역을 촉진하고 경제적 지배력을 강화하기 위해 표준화된 은화를 식민지 시장에서도 유통했다.

대표적으로 영국의 크라운 은화와 프랑스의 5프랑 은화는 국제적인 신뢰성을 바탕으로 아시아, 아프리카, 아메리카의 식민지 무역과 현지 거래에 널리 사용되었다. 크라운 크기 은화의 발행 목적은 각국의 역사적 배경과 경제적 필요성에 따라 조금씩 차이가 있었으나, 공통적으로는 국제 무역에서의 표준화와 경제적 신뢰성을 확보하려는 목적이 가장 크다고 볼 수 있다.

이 책의 2장에서는 19세기 말부터 20세기 초까지 미국과 유럽에서 발행된 다양한 크라운 크기의 은화를 중심으로, 이들이 당시 유럽 경제와 식민지 무역에 어떤 영향을 미쳤는지 들여다본다.

미국 달러의 탄생과 세계 기축통화로의 성장

미국 달러의 기원과 초기 사용

미국이 1776년 영국으로부터 독립하기 이전 북미 대륙에서는 다양한 유럽 주화가 유통되고 있었다. 그중에서도 가장 널리 사용된 화폐는 스페인의 달러(페소, 8레알 은화)였다. 독립 이후 미국은 경제적 독립성을 확보하기 위해 자체적인 화폐 체계를 구축할 필요성을 느꼈다. 이에 따라 초대 재무장관 알렉산더 해밀턴의 제안으로 1791년에 미합중국 제1은행이 설립되었으며, 1792년 4월 2일 미국 의회는 공식적으로 미국 달러를 법정화폐로 지정하는 화폐 주조법을 제정하였다.

최초의 미국 달러 은화 제작

미국은 공식적으로 1792년에 화폐의 가치와 기준을 확정했지만, 실제 달러 은화를 처음 제작한 것은 1794년이었다. 최초의 달러는 당시 유통되던 스페인 달러를 모방한 형태였으며, 의도적으로 달러라는 단위를 표기하지 않았다. 이는 사람들이 자연스럽게 기존에 널리 쓰이던 스페인 달러와 미국 달러의 가치를 동일하게 받아들이도록 하기 위함이었다. 당시 정해진 은화의 기본 단위는 순은 24.1g을 함유하고, 금화(10달러)는 순금 16g을 포함하며, 금과 은의 교환 비율은 15:1로 설정되었다.

※ 미국 최초의 달러 은화(1794년): 중량 27.0g, 은 89.2, 크기 39.1㎜

미국 최초의 달러 은화(1794년), 스페인 8레알 은화를 모델로 제작된 미국의 첫 달러 은화

달러($) 기호의 탄생 배경

달러를 나타내는 기호($)의 유래에 대해서는 여러 가지 설이 있지만, 가장 널리 인정받는 가설은 스페인 달러를 기록할 때 사용된 'Ps'가 필기체로 겹치며 자연스럽게 '$' 형태로 변화했다는 것이다. 이 기호는 이후 미국 달러를 상징하는 공식 표기로 자리 잡았으며, 현재 많은 국가에서 화폐를 표기할 때 비슷한 방식을 채택하고 있다.

국제 통화로서 달러의 성장 과정

미국은 독립 이후에도 한동안 스페인 달러의 사용이 지속되었지만, 미국 달러가 본격적으로 국제적인 위상을 얻은 계기는 영토 확장과 전쟁을 통한 경제적 성장 덕분이었다. 1803년 루이지애나 매입, 1819년 플로리다 매입, 그리고 1848년 멕시코와의 전쟁을 통해 캘리포니아와 텍사스 등을 병합하면서 미국 내 금과 은의 채굴량이 급격히 증가했다. 또한 1861~1865년 남북전쟁 이후 미국 경제는 급속히 발전하며 세계 경제에서 중요한 역할을 차지하기 시작하였다.

세계 기축통화로 자리 잡은 미국 달러

미국 달러가 명실상부한 세계 기축통화로 자리 잡게 된 결정적인 계기는 제1차 세계대전(1914~1918년)과 제2차 세계대전(1939~1945년)이었다. 제1차 세계대전을 거치며 미국은 세계 최대 채무국에서 최대 채권국으로 전환되었고, 제2차 세계대전 당시 미국 본토는 전쟁의 피해를 입지 않으면서 군수 물자 공급을 통해 막대한 경제적 이익을 얻었다. 전쟁이 끝난 후 미국은 전 세계 금 보유량의 70% 이상을 차지하게 되었고, 1944년 브레튼우즈 협정을 통해 금과 달러를 연동하는 금본위제를 채택하였다. 이를 통해 달러는 사실상 세계의 기축통화가 되었고, 현재까지 미국 달러는 국제 금융과 무역의 핵심 화폐로 자리 잡고 있다.

미국 근대 은화의 상징, 모건 달러

모건 달러의 역사적 배경과 등장

1878년에 첫 발행된 모건 달러(Morgan Dollar)는 미국 근대 은화를 대표하는 상징적인 존재이다. 미국은 1794년 '실버 달러(Silver Dollar)'를 최초로 주조한 이후 디자인의 변화에 따라 Flowing Hair, Draped Bust, Liberty Seated, Trade Dollar 등 여러 종류의 은화를 발행했다. 하지만 그중에서도 1878년부터 1921년까지 6억 개 넘게 발행된 모건 달러는 가장 널리 알려진 근대 은화로, 근대 미국 화폐사의 정점으로 꼽힌다.

※ *미국 모건 달러 은화: 중량 26.7g, 은 90.0, 크기 38.1㎜

모건 달러(1887년), 미국 경제 성장과 근대화를 상징하는 대표적 은화

모건 달러의 수집 가치와 디자인의 특징

모건 달러의 디자인은 미국 조폐국의 조각가 조지 T. 모건에 의해 탄생했다. 은화의 앞면에는 프리기아 모자를 쓴 자유의 여신(Liberty)이 새겨져 미국의 자유와 민주주의를 상징하고 있다. 뒷면에는 날개를 펼친 독수리가 올리브 가지와 13개의 화살을 잡고 있다. 여기서 독수리는 미국의 국력을 나타내며, 올리브 가지는 평화를, 화살은 독립 당시의 13개 주의 결속을 상징한다.

모건 달러는 발행된 조폐국과 연도에 따라 수집 가치가 크게 달라진다. 특히 발행량이 적었던 1893년부터 1895년 사이의 모건 달러는 희소성이 높아, 보존 상태에 따라 상당히 높은 가격에 거래된다. 카슨시티(Carson City) 조폐국에서 발행된 1889년 CC 모건 달러와 같은 희귀한 종류는 수집가들 사이에서 높은 가치를 지닌다. 현재도 모건 달러는 근대 미국 주화 컬렉션의 대표적인 아이템으로 전 세계 수집가들의 큰 관심을 받고 있다.

모건 달러의 조폐국(Mint) 표식

모건 달러는 주화가 발행된 조폐국을 나타내는 민트 마크(Mint Mark)가 있다. 민트 마크는 뒷면의 "ONE DOLLAR" 문구와 올리브 가지 사이에 위치하며 다음과 같은 종류가 있다.

"O"는 뉴올리언스, "CC"는 카슨시티, "S"는 샌프란시스코, "D"는 덴버, 표식이 없는 것은 필라델피아 조폐국에서 발행한 것이다.

각 민트 마크는 발행량과 역사적 배경에 따라 수집가들에게 특별한 의미를 지닌다. 모건 달러는 단순히 미국 화폐의 일부가 아니라, 미국의 경제 성장과 근대화를 상징하는 역사적 가치를 지니고 있다.

1897년, 뉴올리언스 미국 조폐국(주화 제조 부서에서 새로 주조된 모건 달러를 무게 측정하고 수량을 확인하는 작업 모습)

모건 달러 탄생의 배경, 금과 은의 역학 관계

골드러시는 미국 화폐 역사에서도 중요한 사건이었다. 캘리포니아에서 대량의 금이 채굴되자 금값은 하락하였고, 상대적으로 은의 가치가 상승하는 현상이 나타났다. 그러나 1859년, 네바다주에서 대규모 은광이 발견되면서 다시 은의 가격은 급락하였다.

미국 정부는 이처럼 은의 가격이 급락하자, 경제적 균형을 맞추고 서부 지역 경제를 활성화하기 위해 1878년 '블랜드-앨리슨 법(Bland-Allison Act)'을 제정하여 은을 적극적으로 화폐로 활용하기 시작했다. 이때 등장한 것이 바로 모건 달러였다. 모건 달러는 대량으로 채굴된 은을 소화하면서 동시에 국가 경제에서 은이 차지하는 역할을 확대하고자 하는 의도가 담겨 있었다.

이처럼 골드러시는 단순한 금광 발견 이상의 의미를 지니며 미국 경제 전반과 화폐 제도의 변화까지 가져온 사건이다.

1910년대 미국 재무부 금고에 보관된 모건 달러 자루. 워싱턴 D.C.의 미국 재무부 금고에 쌓여 있는 모건 달러 자루들을 담은 1910년대 엽서 이미지. 각각의 자루에는 약 1,000개의 은화가 담겨 있었으며, 이 사진은 CoinWeek에서 컬러화하였다.

은괴로 녹여서 영국에 판매된 모건 달러

1918년 제정된 피트만 법(Pittman Act)은 제1차 세계대전 중 영국의 은 수요를 충족시키기 위해 미국이 약 2억 7천만 개의 모건 달러를 은괴로 녹여서 영국에 판매하도록 허용한 법령이다. 이는 미국 통화 역사상 가장 대규모의 은화 파괴 사례로 기록되며, 이후 1921년에 일부가 다시 모건 달러로 재주조되었다.

피트만 법에 따라 대량의 모건 달러가 사라졌는데, 특히 초기에 발행된 많은 모건 달러가 녹여진 바람에 현재 일부 연도와 조폐국의 모건 달러가 매우 희귀해진 것이다.

평화를 상징하는 미국 근대 은화, 피스 달러

피스 달러의 탄생과 평화의 염원

피스 달러(Peace Dollar)는 제1차 세계대전(1914~1918년)의 종전을 기념하고, 앞으로의 평화를 염원하는 의미로 1921년부터 발행된 미국의 1달러 은화이다. 당시 세계는 전쟁의 참혹한 기억에서 벗어나 평화의 메시지를 간절히 바랐고, 이러한 시대적 분위기 속에서 이 특별한 은화가 만들어졌다.

1928년까지 발행된 피스 달러는 잠시 중단되었으나, 1929년 세계 경제를 강타한 대공황으로 인해 은 가격이 급락하자 미국 정부가 경제적 위기에 처한 은광 업자들을 지원하기 위해 1934년과 1935년 두 차례에 걸쳐 약 700만 개 규모를 추가 발행하였다.

※ 미국 피스 달러 은화: 중량 26.7g, 은 90.0, 크기 38.1㎜

피스 달러(1925년), 제1차 세계대전의 종전을 기념해 발행된 미국 은화

피스 달러 디자인에 담긴 의미

피스 달러는 이탈리아 출신의 디자이너 앤소니 드 프란시스에 의해 디자인되었다. 앞면의 자유의 여신(Liberty)의 초상은 그의 부인 테레사를 모델로 삼아 제작되었다. 이는 평화와 자유를 상징하는 전쟁 후 미국 사회가 지향했던 가치를 표현하고 있다.

은화의 뒷면에는 독수리가 올리브 가지 위에 서 있는 모습이 새겨져 있는데, 이는 미국이 전쟁을 끝내고 마침내 평화를 가져왔음을 상징적으로 나타낸다. 독수리 아래 새겨진 "PEACE"라는 문구는 전쟁의 상처를 딛고 새로운 시대를 향한 평화의 염원을 더욱 강조한다.

모건 달러와 피스 달러, 무엇이 다른가

미국 근대 은화의 대표 주자인 모건 달러가 미국의 서부 개척과 골드러시 이후 은의 활용도를 높이기 위해 발행된 은화라면, 피스 달러는 철저히 제1차 세계대전 후의 시대정신인 평화를 상징하기 위해 탄생한 은화이다.

특히 흥미로운 점은 1921년 한 해 동안 두 은화가 동시에 발행된 유일한 해였다는 것이다. 모건 달러의 마지막 해이자 피스 달러가 최초 발행된 해로, 이는 미국 화폐 역사상 동일 연도에 두 종류의 대형 은화가 공존한 유일한 시기이다.

경제 위기 속에 재발행된 피스 달러

피스 달러는 미국이 발행한 마지막 대형 크라운 크기(38.1㎜) 은화로, 1935년 이후 이러한 크기의 은화 발행은 중단되었다. 이후 1964년 한 차례 피스 달러를 다시 발행하려는 시도가 있었으나, 당시 미국의 은 보유량 감소와 재정적 부담으로 인해 이 계획은 최종적으로 취소되고 말았다.

1934년과 1935년에 있었던 피스 달러의 재발행은 경제 대공황 이후의 미국 정부의 은 광산 지원책의 일환이었다. 폭락한 은 가격을 회복시키기 위해 한정적으로 은화를 다시 발행함으로써 경제 회복을 촉진하려던 목적이었다.

역사적 가치를 지닌 은화

피스 달러는 단순한 화폐 그 이상의 역사적 가치를 지닌 은화로 평가받고 있다. 제1차 세계대전 후 미국이 평화를 기념하기 위해 특별히 발행한 기념물과도 같기 때문이다.

오늘날 피스 달러는 수집가들에게 여전히 사랑받는 미국의 근대 은화 중 하나로, 초기에 발행된 1921년과 희소성이 높은 1928년 발행분은 수집가들 사이에서 높은 가치로 거래되고 있다.

미국의 얼굴, 엉클 샘과 컬럼비아

엉클 샘의 탄생, 새뮤얼 윌슨과 U.S.의 만남

엉클 샘(Uncle Sam)은 미국을 상징하는 의인화된 인물로, 프랑스의 마리안, 영국의 브리타니아와 마찬가지로 한 나라를 대표하는 국가적 상징이다. 이 명칭은 1812년 미영전쟁 때부터 사용된 것으로, 1961년 미국 의회에서 공식적으로 인정받았다.

엉클 샘이라는 이름은 뉴욕주 트로이에서 식품을 납품하던 새뮤얼 윌슨에서 유래되었다. 당시 미군에 공급되는 식품 상자에는 미국을 의미하는 'U.S.(United States)'라는 표기가 있었는데, 군인들은 이를 공급자 새뮤얼 윌슨의 이름과 연결시켜 "Uncle Sam"이라 농담처럼 부르기 시작했다. 이 표현이 대중 사이에 널리 퍼지며 자연스럽게 미국을 상징하는 말로 자리 잡았다.

제1차 세계대전과 엉클 샘의 활약

엉클 샘이 대중에게 본격적으로 알려진 계기는 제1차 세계대전(1914~1918년) 당시 미국의 참전(1917년)이었다. 미국의 화가 제임스 몽고메리 플래그가 제작한 유명한 모병 포스터 "I WANT YOU FOR U.S. ARMY"에서 엉클 샘은 사람들을 직접 가리키며 강렬하게 입대를 독려하였다. 특히 이 포스터는 플래그 본인이 자신의 얼굴을 모델로 하여 그린 것으로 알려져 있으며, 강렬한 메시지 덕분에 미국 국민의 애국심을 효과적으로 고취했다.

엉클 샘이 입고 있는 흰 수염과 푸른색 상의, 붉은색 줄무늬 바지는 미국 국기인 성조기의 색상을 그대로 반영하고 있다. 이후 엉클 샘은 제2차 세계대전(1939~1945년)을 포함해 다양한 전쟁과 국가적 위기 상황에서 미국인의 단합과 희생정신을 상징하는 아이콘으로 자리매김했다.

제1차 세계대전 참전을 독려하는 엉클 샘 포스터(1917년),
"I WANT YOU"라는 강렬한 문구와 함께 미국인을 향해 참전을 촉구한 역사적 포스터

컬럼비아(Columbia)에서 자유의 여신상까지, 국가적 상징의 변화

미국을 상징하는 또 다른 중요한 인물로는 여성적 이미지의 컬럼비아가 있다. 컬럼비아는 크리스토퍼 콜럼버스의 이름에서 유래된 것으로, 18세기부터 19세기까지 미국을 대표하는 상징으로 널리 활용되었다. 그러나 1886년 뉴욕에 자유의 여신상이 세워진 후로 컬럼비아의 역할과 비중은 서서히 줄어들었다.

이러한 국가적 의인화는 미국의 주화와 지폐에서도 찾아볼 수 있다. 근대의 대표적인 달러 은화인 모건 달러와 피스 달러에도 자유의 여신이 새겨져 있는데, 이는 단순한 통화로서의 기능을 넘어 미국이 추구하는 '자유와 독립'이라는 가치를 강조하였다.

성조기를 들고 미국의 이상을 상징하는 컬럼비아(Paul Stahr, 1917년). 1917년, 제1차 세계대전 시기 미국의 자유·민주주의 이상을 시각적으로 표현한 포스터 이미지이다.

엉클 샘, 오늘날 미국의 상징

오늘날 엉클 샘은 미국 정부를 상징하는 용어로도 자주 쓰인다. 예를 들어 "엉클 샘이 세금을 징수한다"라는 표현은 미국 정부에 세금을 내는 상황을 의미한다. 동시에 엉클 샘은 정부 정책이나 미국 공공기관을 비판하고 풍자할 때 자주 사용되며, 국가 권력을 상징하는 캐릭터로서의 양면적인 성격을 가지고 있다.

이처럼 엉클 샘은 단순한 캐릭터를 넘어 미국 정부와 국민 사이의 관계를 상징적으로 표현하는 수단이자, 미국 문화의 다양하고 복잡한 면모를 보여주는 중요한 문화적 상징으로 자리 잡았다.

미국 최초의 기념주화, 근대와 현대

미국 기념주화의 시작, 콜럼버스 기념 은화

미국의 기념주화는 비교적 짧은 역사에도 불구하고 다양한 종류와 방대한 발행량을 자랑하며, 전 세계 수집가들이 애호하는 인기 주화 중 하나로 자리 잡았다. 미국 최초의 공식적인 기념주화는 1892년과 1893년에 발행된 콜럼버스 기념 은화로, 시카고에서 열린 세계박람회를 기념하기 위해 특별히 제작되었다.

1892년은 크리스토퍼 콜럼버스가 아메리카 대륙을 발견한 지 400주년이 되는 역사적 해였다. 이를 기념하여 미국 정부는 특별한 기념 은화를 제작했는데, 이 은화는 미국 최초의 근대 기념주화로 기록되었다. 주화 앞면에는 콜럼버스의 초상이, 뒷면에는 콜럼버스가 대서양을 건너던 산타마리아호가 아름답게 묘사되어 있다.

※ 미국 최초의 근대 기념주화(1892년): 중량 12.5g, 은 90.0, 크기 30.6㎜

미국 최초의 근대 기념주화(1892년), 콜럼버스 세계박람회를 기념한 최초의 미국 기념 은화

미국 기념주화의 발전, 근대에서 현대까지

미국의 기념주화 역사는 크게 '근대 기념주화(1892~1954년)'와 '현대 기념주화(1982년-현재)'로 구분된다. 근대 기념주화는 콜럼버스 기념 은화를 시작으로 팬 아메리칸 박람회(1901년), 루이지애나 박람회(1903년), 샌프란시스코 박람회(1915년) 등 여러 역사적 행사를 기념하여 제작되었다. 1920년대부터 1950년대까지는 독립운동과 주요 전쟁 승리를 기념한 주화들도 발행되었다.

1982년, 현대 기념주화의 부활

현대 기념주화는 1982년 조지 워싱턴 탄생 250주년 기념주화로 다시 시작되었다. 조지 워싱턴(1732~1799년)은 미국 독립 전쟁의 지도자이자 초대 대통령으로, 미국 역사에서 가장 존경받는 인물 중 한 명이다. 이 하프 달러 주화는 90%의 은으로 제작되었으며, 앞면에는 조지 워싱턴의 초상, 뒷면에는 워싱턴의 저택인 마운트 버넌이 정교하게 묘사되었다. 이 기념주화는 대

※ 미국 최초의 현대 기념주화(1892년): 중량 12.5g, 은 90.0, 크기 30.6mm

미국 최초의 현대 기념주화(1982년),
조지 워싱턴 탄생 250주년을 기념한 현대 기념 하프 달러

중의 큰 호응을 얻으면서, 이후 미국 조폐국(US Mint)은 대통령, 역사적 사건, 올림픽 등 다양한 주제의 기념주화를 꾸준하게 제작할 수 있는 기반을 마련하게 되었다.

IN GOD WE TRUST

us 어원과 최초 등장

 1864년 4월 22일, 남북전쟁 중 '우리는 하나님을 믿는다(In God We trust)'라는 문구가 미국 주화(2센트 동전)에 처음으로 등장하였다. 이 문구는 1814년 작사된 미국 국가 『The Star-Spangled Banner』 4절의 마지막 부분에 등장하는 유사한 표현 "And this be our motto—'In God is our trust."에서 영감을 얻어 만들어졌다.

 이후 1850년대~1860년대, 노예제 확산을 둘러싼 북부와 남부의 갈등이 격화되고 남북전쟁(1861~1865년)으로 국가 내부의 위기와 갈등이 극에 달하던 때였다. 이런 혼란 속에서 미국 사회는 도덕적 통합과 종교적 경건함을 강조하는 분위기가 형성되었고, "IN GOD WE TRUST"라는 표현이 더욱 주목받게 되었다.

1864년 미국 2센트 동전(2 Cent Coin, 1864) 미국 역사상 최초로 "IN GOD WE TRUST" 문구가 새겨진 동전으로, 남북전쟁 당시 미국 북부의 종교적 통합과 국가적 결속을 강조하기 위해 발행되었다.

남북전쟁과 화폐 문구의 도입

남북전쟁 동안 북부에서는 국가적 위기 속에서 종교적 결속을 강화하려는 움직임이 있었으며, 기독교 단체들과 목회자들이 재무부에 "하나님에 대한 신뢰를 화폐에 새겨야 한다"고 청원을 제기하였다.

당시 재무장관이었던 세이먼 P. 체이스는 이를 받아들여 1863년에 조폐국에 지시하였고, 그 결과 1864년부터 미국 2센트 동전에 "IN GOD WE TRUST" 문구가 새겨지게 되었다. 이후 1908년 모든 금화와 은 달러, 하프 달러, 쿼터 달러 등으로 확대 적용되었으며, 1909년 페니, 1916년 다임에도 이 문구가 추가되었다.

"IN GOD WE TRUST"가 새겨진 미국 하프달러(50센트) 은화
(왼쪽부터 워킹리버티 하프달러, 프랭클린 하프달러, 케네디 하프달러)

국가 표어 지정과 지폐 적용

1956년 미국 의회는 "IN GOD WE TRUST"를 공식적인 미국의 국가 표어로 지정하였고, 이듬해인 1957년부터는 최초로 지폐에도 이 문구가 인쇄되었다.

이후 이 문구는 미국에서 발행하는 모든 동전과 지폐에 포함되었으며, 오늘날 미국 사회와 역사, 정치, 문화 전반에 깊이 뿌리내린 상징적 표현으로 자리를 잡았다.

영국 1크라운 은화의 역사

산업혁명과 은화 제조 기술의 발전

18세기 후반 영국에서 시작된 산업혁명은 단지 기술과 산업 분야만이 아니라 금융과 화폐 체계에도 커다란 변화를 불러왔다. 증기기관을 활용한 기계식 제조 방식은 광산 채굴뿐 아니라 화폐의 대량생산을 가능하게 했고, 일정한 중량과 순도를 가진 은화와 금화가 빠르게 만들어졌다. 이렇게 만들어진 은화와 금화는 영국을 넘어 유럽 전체, 더 나아가 아시아와 아메리카 대륙까지 전파되어 국제 무역에서 주요 결제 수단으로 자리 잡았다.

산업 혁명의 상징, 소호 매뉴팩처리(1773년) 매튜 볼턴이 설립한 공장 단지로, 소호 민트(Soho Mint)를 포함한 동전·메달 제작 시설과 금속 공예품 및 기계 제조시설이 위치해 있다.

금본위제도 채택과 은화의 가치 하락

대항해 시대 이후 남미에서 막대한 양의 은이 유럽으로 유입되면서, 점차 금과 은의 가치 격차가 벌어지기 시작했다. 1816년, 영국은 공식적으로 금본위제도를 채택하며 화폐 가치를 금에 고정하게 되었다. 이는 당시 세계 최대의 제국으로서 경제 패권을 장악한 영국이 자국 화폐의 안정성을 확보하고 국제 무역에서 우위를 점하기 위한 전략이었다. 이후 유럽 각국도 점차 영국을 따라 금본위제도를 선택하면서, 은화의 역할과 가치는 자연스레 축소되기 시작했다.

영국 화폐 체계에서의 크라운 은화

영국 화폐 체계에서 '크라운(Crown)'은 영국 파운드 스털링(Pound Sterling)의 세부 화폐 단위 중 하나로, 라틴어로 왕관을 뜻하는 'Corona'에서 유래했다. 크라운 은화는 직경 약 38㎜, 무게 약 28g, 순도 92.5%(스털링 실버)로 제작된 대형 은화였다. 16세기부터 20세기까지 오랜 역사를 지닌 이 은화는 영국의 국내 경제뿐 아니라 국제 무역에서도 중요한 역할을 했다.

영국 왕실은 이 크라운 은화에 군주의 초상과 왕실의 전통적 상징을 새겨, 화폐를 통한 국가적 권위를 나타냈다. 특히 은화의 뒷면에 자주 등장한 '성 게오르기우스가 용을 무찌르는 모습'은 영국의 힘과 승리를 상징하는 대표적인 이미지로 자리 잡았다.

국내 경제에서의 크라운 은화의 역할

크라운 은화는 주로 대규모 상업 거래와 사업 결제에서 중요한 결제 수단으로 사용되었으며, 산업혁명 시기 많은 노동자의 임금 지급에도 쓰였다. 이 시기 은화는 실질적인 귀금속 가치를 가지고 있었기 때문에, 서민들은 급여나 저축, 자산 보관의 용도로 이를 널리 선호했다.

또한 크라운 은화는 단순한 경제적 도구를 넘어서 국가적 상징으로도 사용되었다. 군주의 즉위, 결혼, 왕실의 특별한 행사 등 국가적인 기념행사를 축하하는 기념주화로도 발행되어 시민들 사이에서 큰 인기를 끌었다.

국제 무역에서의 크라운 은화의 역할

영국이 세계 무역의 중심지로 성장하면서, 크라운 은화는 국제적으로도 중요한 결제 수단이 되었다. 뛰어난 순도와 일정한 중량, 그리고 영국의 강력한 경제력 덕분에 유럽뿐 아니라 아프리카, 인도, 중동 등 영국의 식민지와 무역 국가들 사이에서 신뢰받는 화폐로 자리 잡았다.

해외 무역상들은 안정성과 신뢰성을 이유로 크라운 은화를 선호했으며, 크라운 은화는 자연스럽게 국제 무역에서 범용적인 통화로 사용되었다. 영국 식민지였던 아프리카와 인도, 중동 지역에서는 무역 거래뿐 아니라 일상적 결제에서도 크라운 은화가 통용되며 영국의 경제적 영향력을 상징적으로 보여주었다.

19세기 대표적 크라운 은화

19세기 영국에서 발행된 대표적인 크라운 은화로는 조지 3세, 조지 4세, 빅토리아 영 헤드, 주빌리 헤드, 빅토리아 올드 헤드, 에드워드 7세 등이 있다. 이들 은화는 각 시대의 영국 왕실과 정치, 경제적 상황을 반영하는 것으로서, 군주의 초상과 세부적인 디자인이 시대에 따라 달라져 있다.

※ 영국 1크라운 은화: 중량 28.28g, 은 92.5, 크기 37.6㎜

1크라운 은화(조지 3세, 1819년)   1크라운 은화(조지 4세, 1822년)

1크라운 은화(빅토리아, 1844년)   1크라운 은화(주빌리헤드, 1887년)

1크라운 은화(빅토리아, 1900년)   1크라운 은화(에드워드 7세, 1902년)

영국의 상징, 수호성인 성 게오르기우스와 사자의 상징성

영국 크라운 은화의 상징, 성 게오르기우스

영국 크라운 은화의 가장 대표적인 도안은 성 게오르기우스(Saint George)가 용을 무찌르는 모습이다. 이 도안은 19세기부터 영국의 화폐에서 자주 사용되었으며, 특히 소버린 금화와 크라운 은화에 새겨져 영국을 대표하는 국가 상징으로 자리 잡았다.

성 게오르기우스는 기독교 전설 속 인물로, 악의 상징인 용과 싸워 승리하는 용감한 기사의 모습으로 묘사된다. 전설에 따르면, 한 왕국의 백성들이 용에게 제물을 바쳐야 했고, 마침내 왕의 딸까지 희생될 위기에 처했을 때 성 게오르기우스가 나타나 용을 물리치고 공주와 왕국을 구했다. 이 전설은 기독교적 세계관 속에서 선이 악을 이긴다는 도덕적 가치를 강조하는

성 게오르기우스가 용(Paolo Uccello, 1430년), 성 게오르기우스가 용을 무찌르는 중세 기독교의 상징적 장면

이야기로 알려져 있다.

서양과 동양의 용에 대한 다른 관점

서양에서는 용을 악과 혼돈의 상징으로 묘사하는 것이 일반적이다. 중세 유럽에서는 용이 악마의 상징으로 간주되었고, 성 게오르기우스가 용을 처치하는 모습은 선한 신앙의 승리를 의미하였다. 이와 달리 동양 문화권에서는 용이 황제의 권력과 자연의 신성한 힘을 상징하는 긍정적인 존재로 여겨지고 있다. 특히 중국과 한국에서는 용이 길상과 번영의 상징으로 자주 등장하며, 황실과 권력을 대표하는 상징으로 사용되었다.

청나라 황실 문양(청색 용과 붉은 해), 1889년 제정된 청나라 국기에 등장했던 황실 상징 도안으로, 힘과 권위를 상징하는 오조룡을 표현하고 있다.

성 게오르기우스의 문화적 영향

성 게오르기우스는 잉글랜드뿐만 아니라 조지아, 러시아, 이탈리아의 제노바 등 여러 지역에서 수호성인으로 존경받고 있다. 영국 크라운 은화와 소버린 금화에서 성 게오르기우스가 용을 무찌르는 도안은 단순한 장식이 아닌 국가적 자부심과 역사적 승리를 상징하는 중요한 이미지로 현재까지도 영국 화폐에 등장하고 있다.

유럽 문장의 탄생과 역사적 배경

중세 유럽에서 문장은 군주와 귀족들이 자신들의 권위와 가문을 상징적으로 표현하기 위해 사용하기 시작했다. 특히 전쟁터에서 아군과 적군을 구분하기 위해 방패에 특정 문양을 새긴 것이 문장의 기원으로 알려져 있다. 로마군 역시 '아퀼라'(Aquila)라는 독수리 문양을 사용했지만, 이는 중세의 문장으로 이어지지 않았다. 오늘날 우리가 알고 있는 문장의 개념은 중세 유럽의 기사들로부터 시작되었다.

리처드 1세와 사자 문장의 등장

영국 왕실 문장에서 가장 상징석인 동물은 단언 사자다. 사자가 잉글랜드 왕실 문장에 자리 잡게 된 결정석 계기는 '사사왕'으로 불린 리처드 1세(1157~1199년)였다. 리처드 1세는 십자군 전쟁에서 용맹함을 발휘하며 자신의 상징으로 사자를 선택했고, 이로써 사자는 영국 왕실의 공식적인 문장으로 자리매김했다. 이후 잉글랜드 왕실 문장에는 세 마리의 사자가 등장하여 군주의 용맹과 권위를 상징하게 되었다.

영국 왕가의 문장(1198년~1340년 사용), 잉글랜드를 상징하는 사자가 등장한 왕실 국장

유럽 전역에 퍼진 사자의 문장

리처드 1세의 영향으로 사자는 잉글랜드를 넘어 유럽 여러 나라에서도 왕권과 권위를 상징하는 문양으로 채택되었다. 스웨덴, 노르웨이, 벨기에, 네덜란드, 덴마크 등 유럽 여러 국가의 문장에서 사자를 찾아볼 수 있다. 특히 영국 왕실 문장에서는 사자가 '램펀트(Rampant)' 자세로 묘사되는데, 이는 뒷발로 서서 앞발을 들고 있는 용맹한 자세로, 전투력과 왕권의 힘을 상징한다.

고대 문명 속 사자의 의미

사자는 유럽뿐만 아니라 고대 로마 시대부터 힘과 권위, 용맹함을 상징하는 대표적인 이미지였다. 로마 제국에서는 사자를 황제의 위엄을 나타내는 동물로 여겨 동전, 조각, 그리고 다양한 상징물에 새겨 넣었다. 로마 동전(AD 288-290)에 새겨진 사자 역시 로마 황제의 권위와 제국의 힘을 상징하는 역할을 했다. 고대 이집트에서는 피라미드를 수호하는 '스핑크스'가 사자의 형상을 띠었으며, 권위와 신성함을 표현했다. 또한 그리스 신화에서는 헤라클레스가 처치해야 했던 '네메아의 사자' 전설이 유명한데, 이 이야기는 용맹함과 영웅적 승리를 나타내는 중요한 상징으로 자리 잡았다.

사자가 새겨진 로마 동전(AD 288-290), 고대 로마 시대에도 권위와 신성함을 상징했던 사자가 새겨져 있다.

문장 속 사자의 다양한 자세와 상징

유럽의 문장에서 사자는 각각의 자세에 따라 다른 상징적 의미를 지닌다. 램펀트(뒷다리로 서고 앞다리를 들어 올린 사자)는 공격성과 용맹함을 나타내며, 세이언트(앉은 자세)는 신중함과 경계를 상징한다. 또한 패시언트(걸어가는 자세)는 왕권의 지속성을, 쿠샹트(엎드려 있는 자세)는 방어와 보호를 의미한다.

이처럼 문장에서 사자의 자세는 군주가 어떤 덕목을 강조하고자 하는지를 보여주는 중요한 상징이다. 유럽 문장에서 사자는 시대와 문화를 초월해 지속적으로 권위와 용맹을 나타내는 강력한 이미지로 자리 잡았다.

프랑스 은화 5프랑의 역사

프랑스 혁명과 근대적 통화 체계의 시작

1789년 7월 14일 바스티유 감옥 습격을 계기로 촉발된 프랑스 혁명은 유럽 전역의 정치·경제·사회에 커다란 변화를 가져왔다. 혁명은 절대왕정의 종말을 고하며 공화국 체제를 탄생시켰고, 구체제와 관련된 복잡하고 혼란스러운 화폐 체계를 근본적으로 개혁할 필요성이 제기되었다.

1795년 혁명 정부는 근대적이고 표준화된 통화 체계를 마련하기 위해 프랑(franc)을 공식적인 국가 통화로 채택했다. 이때 등장한 것이 최초의 5프랑 은화로, 직경 약 38㎜, 무게 약 25g, 은 순도 90%의 크고 묵직한 크라운 크기 은화였다. 초기 은화에는 고대 신화에서 가져온 헤라클레스와 함께 자유와 정의의 모습을 담아 혁명 정신을 시각적으로 표현하였다.

프랑스 1공화국 시기(1802~1803년)에 발행된 5프랑 은화와 1875년에 발행된 5프랑 은화. 헤라클레스가 자유와 정의를 상징하는 여신과 함께 등장한다.

나폴레옹과 5프랑 은화의 변화

혁명 이후 등장한 나폴레옹 1세는 1804년 황제로 즉위하며 다시 제정 체제로 복귀했다. 나폴레옹은 국가의 통합과 권력 강화를 목표로, 자신의 초상을 5프랑 은화에 담아 화폐를 정치적 상징으로 적극 활용하였다. 나폴레옹의 초상이 담긴 은화는 프랑스의 강력한 제국적 이미지와 정치적 메시지를 전달하는 주요한 수단이 되었다.

1815년 나폴레옹 몰락 이후 부르봉 왕가가 복귀하며 왕정복고 시대가 시작되었다. 이 시기 5프랑 은화에는 루이 18세와 샤를 10세 등 부르봉 왕가의 초상이 새겨져, 왕정복고의 정통성을 강조했다. 이후 루이 필리프 왕정과 제2공화정 시대에도 각각 새로운 지도자의 초상이 등장하면서 5프랑 은화는 프랑스의 정치적 변화와 이념을 반영하는 상징물이 되었다.

1804년, 파리 노트르담 대성당에서 나폴레옹 1세 황제의 즉위식과 조제핀 황후의 대관식
(1805~1807년 사이 Jacques-Louis David 작품)

금본위제 도입과 은화 중심 통화 체제의 쇠퇴

19세기 후반, 국제 금융 질서는 은화에서 금화 중심으로 이동했다. 특히 1816년 영국이 금본위제를 공식 채택하고 국제 금융의 중심으로 자리 잡자, 프랑스를 포함한 다른 유럽 국가들도 이에 영향을 받았다.

프랑스는 1865년 이탈리아, 벨기에, 스위스와 함께 라틴통화동맹을 결성하여 은화의 표준화 및 국제적 사용을 추진했지만, 결국 1876년 금본위제를 채택하며 은화 발행이 크게 줄었다. 이후 1879년에는 라틴통화동맹의 핵심 화폐였던 5프랑 은화 발행을 중단하고, 본격적으로 금 중심의 국제적 금융 시스템에 참여하게 되었다.

프랑스 5프랑 은화의 가치와 역할

1795년 혁명기부터 1870년대까지 발행된 5프랑 은화는 프랑스 혁명과 나폴레옹 시대, 왕정복고와 제2공화정 등 프랑스 역사의 주요 전환점을 상징적으로 담고 있다. 특히 헤라클레스와 자유·정의 여신의 도안, 나폴레옹과 여러 왕의 초상 등 다양한 디자인은 프랑스의 역사적 전통과 가치를 나타내고 있다.

이 은화들은 정치적 상징뿐만 아니라 경제적 안정성과 신뢰성을 가진 결제 수단으로 사용되었다. 프랑스 시민들은 5프랑 은화를 경제 활동과 저축의 주요 수단으로 신뢰했으며, 화폐의 안정성과 가치가 오랜 기간 유지되었다.

19세기 내내 프랑스의 경제적·정치적 영향력이 유럽과 전 세계에서 커지면서, 5프랑 은화는 국제 무역에서도 널리 사용되었다. 특히 지중해와 중동, 북아프리카 지역에서는 신뢰할 수 있는 주요 결제 수단이었다.

프랑스의 북아프리카 식민지(튀니지, 알제리, 모로코 등)에서는 현지 경제에서 핵심적인 통화로 사용되었고, 이들 국가가 나중에 독립하여 자체적인 통화를 발행할 때도 5프랑 은화를 기준으로 삼았다. 이는 프랑스의 경제적 영향력이 북아프리카 지역에서 얼마나 강력했는지를 잘 보여주는 사례이다.

19세기 프랑스의 대표적 크라운 은화

19세기 프랑스에서 발행된 대표적인 크라운 은화로는 나폴레옹 1세, 루이 18세, 샤를 10세, 루이 필리프 왕의 초상뿐만 아니라 혁명의 여신 마리안, 농업과 풍요를 상징하는 세레스 여신, 헤라클레스와 같은 신화적 상징들이 있다.

※ **프랑스 5프랑 은화: 중량 25.0g, 은 90.0, 크기 37.0㎜**

나폴레옹 초상이 새겨진 5프랑 은화(1803년, 1811년)

루이 18세 초상이 새겨진 5프랑 은화(1815년, 1821년).
뒷면에는 왕실 문장인 백합 문장과 왕관이 새겨져 있다. 이 은화는 루이 18세 시기의 상징적인 화폐로, 군주의 권위와 부르봉 왕가의 정통성을 보여준다.

루이 필리프 1세 초상이 새겨진 5프랑 은화(1844년, 1830년, 1844년)

5프랑 은화(세레스 여신, 1851년)　　　　5프랑 은화(루이스 나폴레옹, 1852년)

나폴레옹 3세 초상이 새겨진 5프랑 은화(1855년, 1869년)

백합과 프랑스 문장의 변화

백합, 프랑스 왕실의 상징

유럽에서 백합은 순결, 풍요, 권위와 통치권을 상징하는 꽃으로 오랫동안 사랑받아 왔다. 특히 파란색과 함께 사용된 백합은 성모 마리아를 상징하는 대표적 이미지로 자리 잡았다. 프랑스 왕실에서 백합이 공식적인 왕가의 상징으로 사용된 계기는 루이 7세(재위: 1137~1180년)의 시대였다.

1166년, 루이 7세는 백합과 성모 마리아의 상징을 결합하여 프랑스 왕실을 대표하는 공식 문양으로 삼았으며, 이후 백합은 수백 년 동안 프랑스 왕권과 정통성을 나타내는 중요한 상징이 되었다.

왕가의 비극과 백합의 채택 배경

프랑스 왕실에서 백합 문장을 공식적으로 도입하게 된 배경에는 비극적인 사건이 있다. 1131년 10월 13일, 프랑스 왕 루이 6세(뚱보 왕)의 맏아들인 '젊은 왕' 필리프는 파리 근교에서 말을 타고 달리던 중 갑자기 돼지가 나타나면서 일어난 낙마 사고로 세상을 떠났다. 당시 유럽에서 돼지는 부정과 불결을 상징하는 동물이었기 때문에, 왕세자의 죽음은 매우 불길하고 불명예스러운 사건으로 받아들여졌다.

젊은 프랑스 왕 필리프가 사냥 중 멧돼지의 공격을 받아 목숨을 잃는 모습을 묘사한 중세 삽화(1311년, 영국 도서관 소장)

루이 7세의 통치와 백합 문장의 공식화

루이 7세의 재위 기간은 프랑스 역사에서 어두운 시기로 기억된다. 그는 제2차 십자군 원정에서 실패하였으며, 영토 확장을 두고 잉글랜드와의 긴 전쟁으로 어려움을 겪었다. 게다가 아키텐의 엘레오노르와의 이혼 후 그녀가 잉글랜드 왕 헨리 2세와 재혼함으로써 프랑스 왕실의 광대한 영토를 잃는 큰 손실을 입었다. 이러한 위기 속에서 루이 7세는 형의 비극적 죽음으로 생긴 왕가의 불명예를 씻고 왕권의 정당성을 회복하기 위해 백합 문장을 도입했다.

백합의 신성한 이미지와 파란색을 결합한 왕실 문장은 왕권의 순결함과 성스러운 권위를 나타냈으며, 왕실의 위신을 회복하는 상징적 역할을 했다.

프랑스 왕 루이 7세의 초상화. 루이 7세는 백합을 프랑스 왕실의 공식 문장으로 채택한 인물로, 그림에서도 백합 문양이 그려진 왕관과 왕복을 착용한 모습으로 묘사되어 있다.

프랑스 은화에 새겨진 백합

백합은 이후 프랑스 왕실의 공식 문장으로써 사용되었으며, 루이 18세, 샤를 10세, 루이 필리프 등 프랑스 왕들이 발행한 5프랑 은화에도 백합 문양이 새겨졌다. 이는 과거의 비극과 불명예를 극복하고 프랑스 왕조의 정통성과 위엄을 강조하려는 의도를 담고 있었다. 프랑스 왕가의 상징인 백합은 장식적 의미를 넘어, 왕실의 신성성과 권위, 그리고 역사적 정통성을 나타내는 대표적인 이미지로 자리 잡았다.

문장 역사의 전환점, 프랑스 혁명

1789년 바스티유 감옥 습격으로 본격화한 프랑스 혁명은 유럽 역사상 최초로 절대왕정과 귀족 중심의 권력을 시민이 무너뜨린 획기적인 사건이었다. 혁명 과정에서 시민들은 자유와 평등을 외치며 봉기했고, 절대 군주였던 루이 16세와 왕비 마리 앙투아네트를 단두대에 세웠다.

이 혁명은 유럽 전역에 자유와 민주주의라는 혁명적 가치를 확산시켰다. 그러나 절대왕정을 타도한 프랑스 시민들은 불과 15년 후인 1804년 나폴레옹을 황제로 추대하며 다시 절대 권력을 받아들이는 역설적 상황을 맞았다. 이는 당시의 혼란스러운 정치적 상황과 함께 강력한 지도자를 원하는 민중의 심리를 잘 반영하는 대목이다.

프랑스 혁명의 시작을 알리는 바스티유 감옥 습격 사건을 묘사한 작품 (장 피에르 우엘, 1789년)

자유·평등·박애의 정신

프랑스 혁명에서 시민들이 내건 대표적인 구호는 '자유·평등·박애'였다. 하지만 이 구호는 처음부터 명확한 이념으로 정립된 것이 아니었다. 나폴레옹이 실각한 이후 제3공화국 시기(1870~1940년)에 들어서야 비로소 공식적인 국가 이념으로 채택되었으며, 오늘날까지도 프랑스를 대표하는 국가 이념으로 자리 잡고 있다.

자유의 여신 '마리안'의 등장과 상징

프랑스의 국가적 상징으로 유명한 마리안(Marianne)은 혁명의 정신을 의인화한 여성의 형상이다. 이 상징적 존재가 구체적으로 이미지화된 결정적인 계기는 외젠 들라크루아의 명작 『민중을 이끄는 자유의 여신』(1830년)이었다. 이 그림에서 마리안은 프리기아 모자를 쓰고 삼색기를 들며 민중을 이끄는 혁명의 선봉으로 묘사되었다.

흥미로운 점은 이 그림이 우리가 흔히 알고 있는 1789년 프랑스 혁명을 그린 것이 아니라, 1830년 샤를 10세를 폐위한 7월 혁명을 배경으로 했다는 점이다. 마리안의 이미지는 고대 로마의 자유 여신 리베르타스(Libertas)를 모티브로 삼았으며, 혁명 이후 프랑스 공화국의 공식적인 상징으로 자리 잡았다. 현재 프랑스의 공공기관, 동전, 우표, 메달 등 마리안의 모습을 찾아볼 수 있다.

1830년 7월 혁명을 상징하는 대표적 작품인 외젠 들라크루아의 『민중을 이끄는 자유의 여신』

삼색기의 탄생과 의미

프랑스 국기의 기원도 프랑스 혁명과 깊은 관련이 있다. 푸른색(자유), 흰색(평등), 빨간색(박애)으로 구성된 삼색기는 혁명 당시 처음 사용되었으며, 이 삼색의 조합은 이후 여러 나라의 국기를 만드는 데 영향을 주었다.

프랑스 혁명 당시인 1795년 발행된 5프랑 은화에도 '자유·평등·박애'의 구호가 새겨져 있으며, 이를 통해 혁명 정신을 화폐에 담으려는 당시의 강력한 의지를 엿볼 수 있다.

프랑스 혁명기 삼색기 (1790-1794). 1794년 국민공회가 공식 승인한 최초의 프랑스 국기로, 오늘날 프랑스 국기의 기원이다.

문장의 파괴와 새로운 상징의 확립

프랑스 혁명 기간 중 귀족의 문장은 철저히 파괴되었다. 왕과 귀족의 모든 상징이 제거되었으며, 이 영향으로 프랑스는 지금까지도 공식적인 국가 문장을 사용하지 않는 나라로 남아 있다. 이는 왕실 문장을 유지하는 영국, 독일, 러시아 등 다른 유럽의 나라들과 대비되는 특징이다. 대신 법적 문서를 인증하는 용도로 사용하는 공화국 대문장을 사용한다.

러시아 은화 1루블의 역사

루블의 기원과 초기 러시아의 화폐 사용

중세 초기 러시아는 자체적인 은 생산이 부족해, 서유럽이나 중동에서 수입한 은화를 그대로 유통하거나 은괴 형태로 거래하였다. 당시에는 큰 은괴를 무게에 따라 일정한 크기로 잘라서 화폐처럼 사용했는데, 이렇게 은괴를 자르는 행동을 러시아어로 '루비티(рубить, rubit)'라고 불렀다. 여기서 유래한 단어가 '루블(рубль, Rouble)'이며, 14세기부터 러시아에서 공식적인 화폐 단위로 정착하게 되었다.

표트르 대제의 개혁과 루블 주화의 탄생

러시아가 근대적인 유럽 국가로 성장한 시기는 표트르 1세(재위: 1682~1725년) 시대였다. 표트르 대제는 서구식 개혁과 근대화를 추진하면서 러시아 최초로 표준화된 루블 은화를 발행했다. 이 시기 루블 은화는 은 순도와 중량을 명확히 규정하여, 러시아 화폐 제도의 근대적 기초를 마련했다. 또한 표트르 대제는 세계 최초로 화폐 단위를 십진법으로 개편하여 1루블을 100코펙(Kopecks)으로 나누는 혁신적인 결정을 내렸고, 이것이 현재까지 이어지는 러시아 화폐 체계의 근간이 되었다. 표트르 대제 시대의 루블 은화는 당시 러시아의 급격한 근대화를 상징하는 동시에, 러시아가 유럽 국가들과 대등한 경제적 지위를 확보하기 위한 전략적 수단이었다.

1723년 러시아 제정 루블화 (표트르 1세 시대) 1723년에 발행된 이 1루블 은화는
표트르 대제의 문장이 새겨진 초기 근대 러시아 화폐이다.
은화에는 "새로운 화폐, 1루블"이라는 문구가 새겨져 있으며, 중량은 약 28.25g이다.

19세기 러시아의 경제적 위기와 은화의 가치 하락

러시아는 18세기 이후 유럽 주요 국가들이 산업혁명으로 근대화되었음에도 불구하고 봉건적 농노제가 유지하며 전제적 국가체제를 유지하였다. 특히 니콜라이 1세(재위: 1825~1855)는 남하정책을 추진하면서 1853년 크림전쟁을 벌였으나, 영국과 프랑스 등 연합군에게 패배하고 말았다. 이 전쟁의 결과 러시아는 경제적 어려움과 국제적 고립을 겪었고, 이는 대규모 개혁의 필요성을 인식하게 되는 계기가 되었다.

크림전쟁 이후 즉위한 알렉산드르 2세(재위: 1855~1881년)는 1861년 농노 해방 등 근대적 개혁을 단행했지만, 심각한 재정 위기로 인해 대량의 지폐가 발행되면서 루블 지폐의 가치는 급격히 하락하였다. 당시 은화 1루블의 가치는 지폐 3루블 이상에 거래될 정도였으며, 러시아 은화는 다른 유럽 국가들에 비해 은의 순도와 중량이 일정하지 않아 국제적으로 높은 신뢰를 얻지 못했다.

러시아 루블 은화의 시대적 변화와 종류

19세기와 20세기 초에 걸쳐 러시아에서 발행된 대표적인 루블 은화는 총 9종으로, 특히 알렉산드르 2세, 알렉산드르 3세, 그리고 마지막 황제인 니콜라이 2세 시대의 루블 은화가 유명하다. 이들 은화는 각각의 황제 초상과 함께 제국의 상징인 쌍두 독수리를 새겨, 러시아 제국의 위엄과 황제의 권력을 상징적으로 나타냈다.

그러나 1917년 러시아 혁명으로 제정 러시아가 무너지면서 루블 은화 시대도 함께 막을 내렸고, 이후 등장한 소비에트 체제에서는 지폐 중심의 화폐 체계가 정착되었다.

※ 1루블 은화(1810~1913년): 중량 20.0~20.7g, 은 86.8~90.0, 크기 33.6~35.5㎜

1루블 은화(니콜라이 1세, 1841년)   1루블 은화(알렉산드르 2세, 1878년)

1루블 은화(니콜라이 2세, 1912년)   1루블 은화(니콜라이 2세, 1913년)

러시아 제국의 상징, 쌍두 독수리와 로마노프 왕조

로마노프 왕조의 상징, 쌍두 독수리

러시아 제국을 통치한 로마노프 왕조(1613~1917년)의 공식 문장은 두 개의 머리를 가진 쌍두 독수리였다. 이는 러시아가 동양과 서양, 즉 동서로 뻗어 나가는 광활한 영토를 지배하고 있다는 의미를 지닌다.

쌍두 독수리의 각 머리는 각각 동쪽과 서쪽을 바라보고 있는데, 이는 러시아 제국이 지닌 지리적 위치와 동서 양쪽으로의 팽창 의지를 표현한 것이었다.

러시아 제국의 황제 권위를 상징하는 왕관

쌍두 독수리 문장 위에는 예카테리나 2세(재위: 1762~1796년) 시대에 만들어진 황제의 왕관이 얹혀 있다. 이는 황제의 절대적 권력과 러시아 제국의 웅장한 위상을 상징하며, 예카테리나 2세가 러시아 역사상 가장 위대한 통치자로 평가받는 사실을 반영한다. 그녀는 강력한 절대 군주제를 확립하여 러시아를 유럽 열강의 중심 국가로 도약시켰다. 이 시기의 왕관은 절대 군주의 강력한 권력을 보여주는 상징물이었으며, 이후에도 러시아 제국의 공식적인 상징으로 사용되었다.

러시아 제국 문장(1883년), 동로마제국의 계승을 자처한 러시아 제국의 상징으로 쌍두 독수리는 제국의 동서 영토 지배와 황제 권위를 나타낸다.

성 게오르기우스와 동로마제국의 계승 의식

쌍두 독수리의 중심부에는 성 게오르기우스가 용을 무찌르는 그림이 새겨져 있다. 성 게오르기우스는 기독교 전통에서 악과의 싸움에서 승리한 성인으로, 러시아에서는 용감함과 정의의 상징으로 숭배받고 있다. 성 게오르기우스는 또한 동로마제국(비잔틴 제국)의 수호성인이기도 하였으며, 러시아는 1453년 오스만 제국에 의해 멸망한 동로마제국의 정통 계승자를 자처했다. 성 게오르기우스의 이미지는 러시아 제국이 동로마제국의 정통성과 그리스 정교회의 권위를 계승했다는 자부심과 역사적 정통성을 나타낸다.

용을 무찌르는 성 게오르기우스(1425~1450년 안젤로스 아코탄도스 작품)
15세기 비잔틴 후기 스타일로 백마를 탄 성 게오르기우스가 창을 들어 용을 찌르는 장면은,
동방 정교 전통에서 널리 숭배되던 성인의 모습을 담고 있다.

러시아 화폐에 나타난 로마노프 왕조의 문장

로마노프 왕조 시기에 발행된 러시아의 루블 은화와 코펙 은화, 지폐에는 모두 이 쌍두 독수리 문장이 새겨졌다. 특히 니콜라이 1세(1825~1855년), 알렉산드르 2세(1855~1881년), 마지막 황제 니콜라이 2세(1894~1917년)의 시대에 발행된 화폐에서는 더욱 화려하고 정교한 디자인으로 나타났다. 이처럼 화폐에 새겨진 문장은 러시아 제국의 강력한 통치력과 국제적 위상을 강조하려는 의도를 엿볼 수 있다.

쌍두 독수리 문장은 러시아가 유럽과 아시아 두 대륙을 잇는 제국으로서의 위상과 동로마제국의 정통성을 계승한 역사적 의미를 담고 있어, 오늘날에도 러시아의 중요한 국가적 상징으로 자리 잡고 있다.

니콜라이 2세의 즉위와 러시아 제국의 위기

러시아의 마지막 황제 니콜라이 2세(1868~1918)는 1894년 로마노프 왕조의 14번째 황제로 즉위했다. 당시 러시아는 유럽 최대의 영토를 보유한 강대국이었지만, 산업화 지연과 농노제 폐지 후의 사회 혼란, 노동자들의 불만 등으로 내부적으로 심각한 위기에 처해 있었다.

니콜라이 2세는 즉위 초기 유럽 열강과의 관계를 유지하며 안정을 도모했으나, 1904년 러일전쟁 패배로 통치력이 크게 약화되었으며, 사회적 혼란과 경제적 어려움은 더욱 가속화되었다.

러시아 제국 니콜라이 2세 시대에 발행된 1루블 은화. 왼쪽에는 니콜라이 2세의 초상과 러시아 제국 문장이 새겨져 있으며, 오른쪽에는 로마노프 왕조 300주년을 기념해 미하일 로마노프와 니콜라이 2세의 초상이 함께 표현되어 있다.

피의 일요일 사건과 로마노프 왕조의 몰락

1905년 '피의 일요일 사건'에서 노동자들의 평화적 시위를 군대가 무력 진압하면서 민중들의 분노가 전국적으로 확산하였다. 결국 니콜라이 2세는 국회(두마)를 설립해 입헌군주제를 약속했지만, 곧 두마를 무력화하고 전제정치를 지속했다. 여기에 신비주의자 라스푸틴이 왕실과 정치에 개입하며 왕실의 신뢰를 크게 떨어뜨렸다.

제1차 세계대전(1914년)의 장기화로 러시아는 심각한 경제난과 식량난을 겪었으며, 결국 1917년 혁명으로 니콜라이 2세는 퇴위하게 되었다. 혁명 이후 권력을 잡은 볼셰비키는 1918년 7월 니콜라이 2세와 그의 가족을 처형하였으며, 이로써 300년 동안 지속된 로마노프 왕조는 막을 내렸다.

1905년 러시아 '피의 일요일' 사건을 묘사한 작품(1905년, 보이치에흐 코사크).
평화적으로 시위하던 시민들에게 군대가 무력 진압을 가하는 참혹한 순간을 표현하고 있으며, 이 사건은 이후 러시아 혁명의 도화선이 되었다.

독일제국 은화 3마르크와 5마르크

독일제국의 형성과 빌헬름 2세의 통치

독일제국(1871~1918년)은 22개 연방국과 3개의 자유시로 구성된 연방제 국가로, 그 중심에는 강력한 군사력을 지닌 프로이센 왕국이 있었다. 독일 통일 이전, 독일 지역은 신성 로마 제국의 붕괴 이후 크고 작은 독립국으로 분열되어 있었으나, 프로이센이 1866년 오스트리아와의 전쟁과 1870~1871년 프랑스-프로이센 전쟁에서 승리하며 독일 통일을 주도하였다.

1871년, 독일제국이 공식적으로 출범하면서 초대 황제(카이저)로 프로이센 국왕 빌헬름 1세가 즉위했다. 이후 비스마르크 수상의 지도하에 강대국으로 성장했다.

빌헬름 1세 이후 프리드리히 3세(99일 재위)에 이어 빌헬름 2세가 즉위했다.

빌헬름 2세(재위:1888~1918년)는 젊고 강력한 독일을 표방하며 해외 식민지 확대와 군사력 강화를 추진했지만, 1890년 비스마르크를 해임하면서 외교 정책에서 혼란을 초래했다. 그는 비스마르크의 프랑스를 고립시키는 정책을 중단하고 영국과의 해군력 경쟁을 벌이면서 독일의 외교적 고립을 심화시켰다.

독일제국의 황제(왼쪽부터 빌헬름 1세, 프리드리히 3세, 빌헬름 2세)

구분	독일 연방국
왕국	① 프로이센(황제국) ② 바이에른 ③ 작센 ④ 뷔르템베르크
대공국	① 올덴부르크 ② 헤센-다름슈타트 ③ 메클렌부르크 슈베린 ④ 바덴 ⑤ 작센-바이마르-아이제나흐 ⑥ 메클렌부르크-스트렐리츠
공국	① 안할트 ② 브라운슈바이크 ③ 작센-알텐부르크 ④ 작센-마이닝겐 ⑤ 작센-코부르크고타
소공국(후국)	① 리페 ② 샤움부르크리페 ③ 발데크, ④로 이스 게라 ⑤ 로이스 그라이츠 ⑥ 슈바르츠부르크-존더샤우젠 ⑦슈바르츠부르크-루돌슈타트
자유 도시 한자 도시	① 함부르크 ② 뤼베크 ③ 브레멘
제국령	알자스-로렌

독일제국의 확장과 제1차 세계대전

빌헬름 2세는 제국주의 정책을 강화하며 '세계정책'을 내세워 아프리카와 아시아 지역에 대한 식민지 확장을 시도하였다. 1890년대에는 중국 산둥반도의 칭다오를 조차하고, 태평양의 여러 섬을 점령했으며, 오스만제국과 협력하여 베를린-바그다드 철도를 추진하는 등 독일의 해외 영향력을 확대하였다.

그러나 이러한 팽창정책은 영국, 프랑스, 러시아와의 갈등을 심화시켜 결국 제1차 세계대전(1914~1918년)으로 이어졌다. 1914년 6월 사라예보 사건이 계기가 되어 전쟁이 시작되었고, 독일은 오스트리아-헝가리 제국과 함께 '삼국동맹'을 맺고, 영국, 프랑스, 러시아의 '삼국협상'과 맞서게 되었다.

전쟁의 장기화로 독일 경제가 심각하게 무너졌고, 결국 1918년 독일이 패전하면서 빌헬름 2세는 네덜란드로 망명했다. 이후 독일제국은 무너지고 바이마르 공화국이 세워졌으며, 마르크화 또한 심각한 인플레이션을 겪으며 변화가 불가피해졌다. 결국 독일은 새로운 화폐 제도를 도입했고, 제국 시기의 마르크 은화는 역사적인 기념물로 남게 되었다.

1871년 베르사유 궁전 거울의 방에서 프로이센 왕 빌헬름 1세가 독일제국의 황제로 선포되는 역사적인 순간을 묘사한 작품(Anton von Werner, 1885년)

독일제국의 상징, 3마르크와 5마르크 은화

독일이 통일되기 전까지 각 연방은 각자의 화폐를 사용하고 있었다. 그러나 1871년 독일제국 성립 후, 1873년 금본위제 기반의 통일 화폐인 마르크(Mark)를 공식 도입하였다. 마르크화는 독일 전체의 경제적 통합과 발전을 상징하는 화폐였다.

1874년부터 1918년까지 발행된 3마르크와 5마르크 은화는 독일의 통일과 근대화, 그리고 제국주의 시대를 상징하는 독일제국의 공식 화폐였다. 각 연방국에서 각기 다른 디자인을 사용했지만, 모든 은화의 뒷면에는 독일제국의 상징인 독수리가 새겨졌다.

1918년 제국이 붕괴하면서 더 이상 발행되지 않게 되었고, 이후 독일은 바이마르공화국 체제로 전환되며 새로운 화폐 체계를 채택하게 되었다.

※ 3마르크 은화: *중량 16.7g, 은 90.0, 크기 33.0㎜
※ 5마르크 은화: *중량 27.7g, 은 90.0, 크기 36.0~38.0㎜

독일제국 3마르크 은화(바이에른, 뷔르템베르크)

독일제국 5마르크 은화(함부르크, 프러시아)

독수리, 제국을 상징하는 권위와 힘의 문장

독수리, 권력과 신성을 연결하는 상징

독수리는 강력한 포식자이자 하늘의 지배자로, 고대 문명부터 힘, 권위, 그리고 신성을 상징하는 동물로 숭배되었다. 메소포타미아 문명에서는 하늘과 땅을 연결하는 신비로운 존재로 독수리를 묘사했고, 고대 이집트에서도 태양신 호루스를 독수리 형태로 표현하며 왕권의 신성한 권위를 상징했다. 그리스 신화에서는 신들의 왕인 제우스가 독수리와 동일시되면서 독수리는 최고의 권위와 신적인 힘을 나타내는 존재로 자리 잡았다.

로마 제국의 상징, 아퀼라

독수리가 권력의 상징으로 더욱 공고하게 자리 잡은 시기는 바로 로마 제국 시대였다. 기원전 100년경 로마의 집정관 마리우스는 로마군의 군단 상

독수리가 새겨진 로마 니카이아 동전(기원전 177-192), 이 동전은 로마 군단의 상징인 독수리 '아퀼라(Aquila)'를 담고 있어, 제국의 군사적 힘과 정통성을 표현하는 상징적 의미를 지닌다.

징을 독수리로 통일하고 이를 '아퀼라(Aquila)'라고 불렀다. 이후 아퀼라는 로마 군대의 자부심과 제국의 정통성을 상징하는 중요한 문양이 되었고, 로마의 영향력이 확대됨에 따라 독수리는 곧 로마제국 그 자체를 대표하는 상징이 되었다.

신성로마제국과 쌍두 독수리의 등장

중세 시기에 들어 신성로마제국은 로마제국의 계승을 주장하며 독수리 문양을 채택했는데, 여기서 등장한 것이 바로 쌍두 독수리였다. 두 개의 머리를 가진 독수리는 동로마제국(비잔틴 제국)과 서로마제국의 정통성을 모두 계승하고 있다는 의미를 지녔다.

19세기에 들어 나폴레옹은 프랑스 황제로 즉위하면서 로마제국의 전통과 권위를 계승했다고 주장하며 독수리를 공식 문장으로 삼았

독일제국 문장(1889~1918년), 신성로마제국의 상징 쌍두 독수리를 계승한 제국 문장이다.

다. 또한, 독일의 통일을 이룬 1871년 독일제국 역시 독수리를 국가적 권위와 힘의 상징으로 삼았다. 프로이센 국왕 빌헬름 1세의 대관식에서 독수리 문양은 독일제국의 군사력과 권위를 상징하며, 독일의 국가적 상징으로 자리 잡았다.

현대 독일의 국가 상징으로 이어진 독수리

제2차 세계대전 기간, 나치 독일에서는 하켄크로이츠를 움켜쥔 독수리가 등장하여 독일의 강력한 국가주의를 표현하였다. 그러나 전쟁이 끝나고 1950년 서독(독일 연방공화국)이 성립되면서 독수리는 민주적이고 평화로운 국가 정체성을 상징하는 새로운 형태로 재탄생했다.

이처럼 독수리는 고대 문명부터 현대 독일에 이르기까지 제국과 국가의 힘, 권력, 정통성을 상징하는 문양으로 활용되었다. 시대를 초월해 권위와 강력한 국가를 표현하는 데 독수리만큼 강렬하고 명확한 상징은 없었기에, 오늘날에도 독수리는 과거의 역사와 현재의 국가적 위상을 잇는 강력한 상징으로 남아 있다.

나치 독일제국의 국장(1935~1945)

바이마르 공화국(1928~1935년)과 독일 연방공화국(1950년~현재)의 국장

스위스 은화 5프랑의 역사

스위스 연방의 탄생과 독립 정신

스위스는 공식적으로 '헬베티아 연방'이라 불리며, 흔히 스위스 연방으로 알려져 있다. 그 역사는 1291년, 우리, 슈비츠, 운터발덴의 세 주가 상호 방어를 위해 연맹을 결성하면서 시작되었다. 이후 수백 년 동안 여러 주가 연맹에 참여하면서 오늘날의 스위스 연방으로 발전해 나갔다. 특히 1848년 연방헌법 제정은 느슨했던 연맹을 강력한 중앙집권적 국가체제로 탈바꿈시키는 중요한 전환점이 되었다.

스위스 국장의 탄생

스위스 국장은 빨간색 방패 위에 흰색 십자가가 그려진 형태로, 자유와 명예, 충성을 상징한다. 이 문양의 기원은 1291년으로 거슬러 올라가는데, 당시 스위스 연맹을 구성했던 우리(Uri), 슈비츠(Schwyz), 운터발덴(Unterwalden) 세 칸톤이 서로를 구분하기 위한 표식으로 흰색 십자가를 사용했던 것이 시초였다. 14세기 후

현재의 스위스 국장, 빨간색 방패에 그려진 흰색 십자가는 스위스의 독립과 중립, 연대의 상징이다.

반부터 흰색 십자가는 스위스 연방의 공식 상징으로 확고히 자리 잡았으며, 현재 스위스의 국기와 국장은 동일한 디자인을 유지하고 있다.

5프랑 은화와 스위스 국장

스위스의 5프랑 은화 뒷면에도 스위스 국장의 흰색 십자가가 새겨져 있으며, 이는 스위스의 독립 정신과 중립성을 상징적으로 보여준다. 유럽 역사 속에서 전쟁에 휘말리지 않고 중립을 유지한 스위스의 전통은 이 십자가 문양을 통해 국제 사회에 널리 알려지게 되었고, 지금까지도 국제 평화와 인도주의의 상징으로 남아 있다.

스위스 5프랑 은화1907년) 은화의 뒷면에는 월계수로 둘러싸인 스위스 국장이 새겨져 있으며, 중앙의 백색 십자가는 스위스의 영구 중립성과 독립 정신을 상징한다.

스위스 용병과 역사적 유산 '빈사의 사자상'

스위스는 중세 이후 강력한 용병 전통으로 유럽 내에서 명성을 얻었다. 그 용맹성과 충성심의 상징적 사건으로 1527년 바티칸을 수호하다가 전멸한 스위스 근위대 사건과 1792년 프랑스 혁명 당시 루이 16세를 끝까지 지키다 희생된 용병대 사건이 대표적이다.

이 용병들의 숭고한 희생정신을 기리기 위해 스위스 루체른에는 유명한 '빈사의 사자상'이 조각되어 있으며, 여기에는 'Helvetiorum Fidei ac Virtuti(스위스의 충성과 용기를 위하여)'라는 라틴어 문구가 새겨져 있다. 이 역사적인 상징은 1867년에 발행된 5프랑 슈팅 은화에도 등장하며, 스위스 민족의 용병 정신과 민족적 자긍심을 기념하고 있다.

루체른의 사자상 기념비, 프랑스 혁명 당시 희생된 스위스 용병들을 추모하기 위해 조각된 조형물로 '충성과 용기'를 상징한다.

5프랑 은화와 빌헬름 텔

스위스 5프랑 은화 중에서 특히 1922년부터 1928년 사이 발행된 은화의 앞면 인물은 많은 논란을 일으켰다. 국제적으로 널리 알려진 『World Coins』

도감은 이 인물을 스위스 민족 영웅 '빌헬름 텔(Wilhelm Tell)'로 표기하는 반면, 다른 화폐 도감인 『Numista』는 '목부(Herdsman)'로 표현하고 있다. 그러나 이 은화를 디자인한 스위스 조각가 Paul Burkhard는 '텔'이라는 이름을 직접 언급하지 않았고, 스위스 조폐국도 공식적으로 이 인물을 특정 인물이라는 설명을 피하고 있다. 빌헬름 텔은 스위스 독립 정신을 상징하는 인물로, 아들의 머리 위에 놓인 사과를 활로 명중시킨 전설적 영웅이다.

※ 스위스 5프랑 은화: 중량 25.0g, 은 90.0, 크기 37.0㎜

스위스 5프랑 은화(1923년)

라틴 통화동맹과 스위스 5프랑 은화

1865년 스위스는 프랑스를 중심으로 결성된 라틴 통화동맹(Latin Monetary Union)의 회원국이 되었다. 이 동맹은 유럽 여러 나라의 통화를 통합해 무역을 촉진하려는 목적으로 프랑스, 스위스, 벨기에, 이탈리아 등이 참여한 국제적 협약이었다. 동맹이 발행한 대표적인 크라운 크기의 은화로는 프랑스 5프랑, 스위스 5프랑, 벨기에 5프랑, 이탈리아 5리라 은화가 있다.

스위스 최초의 연방 화폐는 1850년에 처음 등장했으나, 당시 스위스 내 조폐시설 부족으로 인해 초기에는 파리와 스트라스부르크에서 주조되었다. 이후 1855년 9월 1일 베른에 스위스 최초의 조폐국이 설립되면서 독자적인 은화 생산이 시작되었다.

19세기 중반 이후부터 20세기 초반까지 발행된 스위스 5프랑 은화는 크게 세 가지 유형으로 나뉘며, 각각의 시대적 배경과 상징을 담고 있다.

최초로 발행된 1850년 연방 화폐에서부터 라틴 통화동맹 시기에 걸쳐 제작된 은화들은 프랑스와 유럽 국가들의 공통된 화폐 규격에 맞추어 제작되었다.

스위스 5프랑 은화(1851년), 이 은화는 라틴 통화동맹의 규격에 맞춰 제작되어, 프랑스·이탈리아·벨기에 등과 통용이 가능했던 유럽 통화 통합의 상징이기도 하다.

헬베티아 여신, 스위스의 상징

헬베티아라는 이름의 기원

스위스의 정식 명칭은 헬베티아 연방이며, 이는 일반적으로 스위스 연방으로 불린다. 영어로는 Switzerland, 독일어로 Schweiz, 프랑스어로 Suisse, 이탈리아어로는 Svizzera라고 부르며, 라틴어로는 'Helvetia'라 표기한다.

'헬베티아'라는 이름은 고대 로마 시대에 스위스 지역에 거주했던 켈트족의 일파인 '헬베티족'에서 유래하였다. 기원전 58년, 헬베티족은 율리우스 카이사르가 이끄는 로마 제국과의 전쟁에서 패배한 후 로마의 속주가 되었고, 이 지역은 점차 '헬베티아'라는 이름으로 자리 잡게 되었다.

헬베티아 여신의 탄생, 스위스의 국가 의인화

18세기 말과 19세기 초, 프랑스 혁명과 나폴레옹 전쟁의 여파로 유럽 각국에서는 새로운 국가적 위상을 확립할 필요성이 커지는 시기였다. 유럽 각국은 국가의 가치와 이상을 의인화한 상징적 인물을 창조하였고, 대표적으로 프랑스의 마리안, 영국의 브리타니아, 미국의 컬럼비아 등이 등장했다.

스위스 역시 국가적 통합과 중립성, 독립 국가로서의 위상을 공고히 하고자, 고대 헬베티족에서 유래한 헬베티아 여신을 국가적 상징으로 채택했다. 헬베티아 여신은 스위스가 오랜 역사 속에서 구축한 가치와 다양한 지역적,

문화적 요소가 조화를 이룬 연방국의 정신을 대표하게 되었다.

헬베티아를 찬양하는 신들(1726년, 베르나르 피카르 작품). 신화 속 신들이 스위스를 의인화한 여신 헬베티아에게 경배를 드리고 있으며, 배경에는 전설적인 스위스 영웅 빌헬름 텔이 아들의 머리 위 사과를 맞히는 장면이 묘사되어 있다.

헬베티아 여신의 모습과 상징성

헬베티아 여신은 일반적으로 창과 방패를 들고 긴 머리에 로브 형태의 드레스를 입은 모습으로 묘사된다. 그녀가 들고 있는 방패에는 스위스 국기의 백색 십자가가 그려져 있으며, 이는 스위스의 독립과 중립성을 나타낸다. 또한 창은 국민의 자유와 주권 수호를 상징하며, 머리 위의 별들은 스위스를 이루는 칸톤(주)들의 연합과 단결을 나타낸다.

1815년 빈 회의에서 스위스는 독립적 중립국으로 국제적으로 승인을 받았다. 나폴레옹 전쟁의 혼란 속에서 유럽 열강들은 스위스를 영구 중립국으로 지정해 전쟁의 영향에서 벗어나 독자적 정치 발전을 이룰 수 있도록 하였다. 이로써 스위스는 국제 정치에서 중립국으로 확고히 자리 잡게 되었다.

헬베티아 여신과 스위스 동전

헬베티아 여신의 이미지는 1850년부터 발행된 스위스의 공식적인 동전과 지폐, 우표, 정부 문서 등에 널리 사용되고 있다. 특히 스위스의 대표적인 은화인 5프랑 은화와 20프랑 금화의 앞면에도 헬베티아 여신의 초상이 새겨져 있어, 스위스의 독립성과 중립성을 상징적으로 보여주고 있다.

헬베티아 여신은 프랑스의 마리안, 영국의 브리타니아, 미국의 컬럼비아와 같이 국가적 상징을 여성의 모습으로 형상화한 대표적 예시 중 하나이다. 오늘날까지 다양한 문화와 언어, 지역적 특성을 가진 스위스를 하나로 묶는 통합적 상징으로서 중요한 역할을 하고 있다.

※ 스위스 2프랑 은화: 중량 10.0g, 은 83.5% 크기 27.4㎜

스위스 2프랑 은화(1955년) 헬베티아 여신이 창과 방패를 들고 서 있는 모습이 정면에 새겨져 있으며, 이는 스위스의 자유, 독립, 중립성을 상징한다.

스위스 은화, 슈팅 탈러의 역사와 상징

스위스 사격대회의 역사적 배경

스위스에서 개최된 사격대회는 단순한 스포츠 행사를 넘어 국가의 전통적 가치를 계승하고 국민의 방위 의식과 애국심을 고취하는 중요한 국가적 행사였다.

스위스는 중세 이후 독립과 중립을 지키기 위해 시민 개개인이 무장하고 군사 훈련을 받는 민병대 시스템을 유지해 왔다. 이 전통에 따라 스위스 남성들은 군 복무를 마친 후에도 개인적으로 소총을 소지하고 훈련에 참여하는 등 국가 방위를 책임지는 역할을 유지해 왔다.

1861년 스위스 스탠스(Stans)에서 열린 연방 사격대회의 축제 장면을 묘사한 삽화.

2장 19~20세기 미국과 유럽의 근대 은화 175

빌헬름 텔의 전설과 사격대회의 의미

스위스의 이러한 전통은 14세기 초 민족 영웅 빌헬름 텔(Wilhelm Tell)의 전설에서 찾을 수 있다. 빌헬름 텔은 오스트리아 합스부르크의 압제에 저항하여 자유를 상징하는 인물로 널리 알려져 있다. 전설에 따르면 그는 합스부르크 관리의 강요로 아들의 머리 위에 올려진 사과를 정확히 명중시키는 놀라운 사격 솜씨를 보여주었다. 이 일화는 스위스 국민에게 자유와 저항정신을 심어주는 중요한 사건이 되었다. 이러한 역사적 배경이 사격대회를 국가적 전통으로 발전시키는 중요한 계기가 되었다.

슈팅 탈러의 발행과 역사적 의미

스위스는 1848년 스위스 연방 국가 수립 이후부터 1885년까지 각 칸톤(州)에서 개최된 사격대회를 기념하여 특별한 은화인 슈팅 탈러(Shooting Thaler)를 연방 정부에서 발행하였다. 이 은화들은 15종이 발행되었으며 행사 후에도 법정 화폐로서 유통되었다. 슈팅 탈러는 단순한 기념주화를 넘어서, 스위스 국민의 자유정신과 군사적 전통을 상징하는 중요한 화폐이다.
  슈팅 탈러의 디자인은 정교하고 아름다우며, 스위스의 국가적 상징을 다양하게 담고 있다. 헬베티아 여신, 지역 영웅의 초상, 스위스의 방패와 십자가 등 다양한 문양이 새겨져 있다. 슈팅 탈러는 스위스의 역사적 전통과 민족정신을 상징적으로 담아낸 대표적인 기념 은화로, 현재까지도 기념주화로 발행되고 있다.

※ 슈팅 탈러 은화(대형): 중량 25.00g, 은 83.5, 크기 37.0㎜

※ 슈팅 탈러 은화(소형): 중량 15.00g, 은 83.5, 크기 31.0㎜

슈팅 탈러 은화(1855년, 1857년)

슈팅 탈러 은화(1859년, 1861년)

슈팅 탈러 은화(1863년, 1865년)

슈팅 탈러 은화(1867년, 1869년)

슈팅 탈러 은화(1872년, 1874년)

슈팅 탈러 은화(1876년, 1879년)

슈팅 탈러 은화(1881년, 1883년)

슈팅 탈러 은화(1885년)

슈팅 탈러 소형 은화(1934년, 1939년)

빌헬름 텔과 스위스 사격대회의 기원

사격대회의 역사적 배경

스위스에서 사격대회는 단순한 스포츠 경기가 아니라 국가적 전통이자 군사 훈련을 겸한 민족적 행사이다. 유럽의 중앙에 자리 잡은 스위스는 역사적으로 합스부르크 가문을 비롯한 주변 강대국들과 많은 갈등과 전쟁을 겪어왔다. 이런 환경 속에서 스위스인들은 민병대를 중심으로 한 자위적 군사력을 키우기 위해 사격 훈련을 중요하게 생각했고, 이것이 오늘날의 사격대회 전통으로 이어졌다.

자유와 독립 정신의 상징, 빌헬름 텔의 전설

스위스 사격대회의 기원은 스위스의 민족적 영웅 빌헬름 텔(Wilhelm Tell)과 깊은 관련이 있다. 그는 14세기 초 합스부르크 가문의 압제에 저항한 전설적 인물로 알려져 있으며, 특히 '사과와 석궁' 이야기가 유명하다.

전설에 따르면, 합스부르크 가문의 한 영주가 내린 부당한 요구를 빌헬름 텔이 거부하면서 이 이야기가 시작된다. 합스부르크 가문의 모자를 향해 경의를 표하지 않은 죄로, 아들의 머리 위에 놓인 사과를 명중시켜야 하는 시험에 놓인다. 80보 거리에서 빌헬름 텔이 쏜 화살은 정확히 사과를 꿰뚫었고, 이후 그는 스위스 독립운동의 상징적인 존재가 되었다.

(활을 쏘는 빌헬름 텔과 산악 풍경(Joos de Momper the Younger 작품), 스위스의 전설적 영웅 빌헬름 텔이 아들의 머리 위에 놓인 사과를 향해 활을 쏘는 장면)

전설과 역사적 사실의 경계

사실 빌헬름 텔이 실제 인물이 아니라는 주장도 있다. 16세기 스위스 역사가 에기디우스 치우디는 빌헬름 텔을 가상의 인물로 기록했지만, 15세기부터 스위스에서 구전되어 내려온 이야기라는 견해도 많다. 독일의 극작가 프리드리히 실러는 이 이야기를 희곡으로 각색해 빌헬름 텔의 전설을 전 세계에 널리 알리는 데 결정적인 역할을 했다.

빌헬름 텔의 실존 여부와 상관없이 이 이야기는 스위스인의 민족적 자부심과 자유 정신을 대표하는 중요한 전설이 되었다. 이러한 배경 속에서 스위스 사격대회 역시 자유의 가치를 대표하는 국가적 상징으로 자리 잡았고, 빌헬름 텔은 스위스 국민의 강인한 정신과 자부심을 상징하는 인물이 되었다.

스위스는 빌헬름 텔과 관련된 전설을 기념하여 다양한 기념주화를 발행해 왔다. 특히 슈팅 탈러(Shooting Thaler)는 이러한 전통을 상징하는 대표적인 기념 은화이다. 흥미롭게도 빌헬름 텔의 전설과 스위스의 사격대회를 연관 지어 제작되었지만, 슈팅 탈러에는 빌헬름 텔의 초상이 등장하지 않는다. 슈팅 탈러는 이러한 전통을 대표하는 기념주화로서 스위스의 군사적 전통과 애국적 정신을 담고 있다.

스위스 25프랑 금화(1955년) 이 금화는 공식적으로 유통되지 않았지만, 스위스의 중립성과 역사적 전통을 상징하는 빌헬름 텔 디자인이 새겨져 있다.

오스트리아-헝가리 제국과 5코로나 은화의 역사

합스부르크 가문과 오스트리아 제국의 등장

오스트리아의 역사는 유럽의 명문 가문인 합스부르크(Habsburg) 가문의 역사와 긴밀히 연결되어 있다. 합스부르크 가문은 1278년부터 오스트리아 지역을 지배하며, 신성로마제국의 중심으로 유럽 정치에 커다란 영향력을 행사했다. 그러나 1804년, 나폴레옹 전쟁의 압력 속에서 신성로마제국이 붕괴하자, 당시 황제였던 프란츠 2세는 합스부르크 왕가의 위상과 권력을 유지하기 위해 새롭게 오스트리아 제국을 선포하였다.

합스부르크 가문의 위상과 유럽의 중심

합스부르크 백작 가문 문장(11세기), 합스부르크 가문의 초기 문장

합스부르크 가문은 메디치 가문, 부르봉 왕가와 함께 유럽 역사에서 가장 강력한 영향력을 행사했던 가문 중 하나이다. 약 600년 동안 신성로마제국 황제 자리를 독점하며 여러 유럽 국가의 왕을 배출하며 유럽 정치의 중심에 서 있었다. 이 가문의 대표적 인물로는 신성로마제

국 황제이자 스페인 국왕이었던 카를 5세, 오스트리아 여제 마리아 테레지아가 있다.

민족주의의 등장과 이중제국 체제 수립

19세기 중반, 유럽은 민족주의와 자유주의 운동이 급격히 확산하며 정치적, 사회적 혼란이 겪고 있었다. 오스트리아 제국 역시 1848년 혁명으로 내적 긴장과 정치적 갈등을 겪었는데, 헝가리 지역에서는 독립과 자치를 요구하는 민족운동이 격렬하게 전개되었다. 헝가리의 독립운동은 러시아 군대의 도움으로 간신히 진압되었지만, 내부 갈등과 민족적 긴장은 계속해서 커져만 갔다.

1867년 6월 8일 프란츠 요제프 1세와 엘리자베트 황후의 헝가리 대관식(Edmund Tull 19th 작품). 이 대관식은 오스트리아-헝가리 이중제국의 출범을 상징한다.

이후 오스트리아 제국은 1859년 이탈리아 독립 전쟁과 1866년 프로이센과의 전쟁에서 잇따라 패배하며 국제적 위상이 급격히 하락하였다. 이를 계기로 제국 내부의 민족 갈등을 해결하기 위해 1867년 역사적인 '대타협'이 이루어졌고, 오스트리아-헝가리 이중제국이 탄생하였다. 이로써 오스트리아와 헝가리는 외교와 군사 분야만을 공동으로 관리하며 각각 내정에서 자치권을 갖는 독특한 연방 형태의 국가로 전환되었다.

제1차 세계대전과 제국의 몰락

1914년 6월 28일, 오스트리아-헝가리 제국의 황태자 프란츠 페르디난트가 보스니아의 수도 사라예보에서 세르비아 민족주의자에 의해 암살당했다. 이 사건은 유럽 전체를 휩쓴 제1차 세계대전의 발발로 이어졌고, 오스트리아-헝가리 제국은 독일과 함께 동맹국 진영에 가담하였다. 그러나 연합국(영국·프랑스·미국 등)에 패배하며, 결국 1918년 제국은 완전히 해체되었고, 오스트리아, 헝가리, 체코슬로바키아 등 여러 민족국가로 분리되었다.

5코로나 은화의 발행과 경제적 의미

오스트리아-헝가리 제국은 1892년 화폐 체계를 정비하기 위해 새로운 통화 단위인 코로나(Krone)를 도입하였다. 이전에 사용하던 굴덴(Gulden)을 대체한 코로나는 오스트리아와 헝가리 두 지역에서 각기 다른 도안으로 주조되었지만, 제국 전체에서 동등한 가치를 가지고 통용되었다.

이 코로나 화폐 중에서 가장 대표적인 은화가 5코로나였다. 이 은화의 앞면에는 황제 프란츠 요제프 1세의 초상이 새겨져 있으며, 뒷면에는 제국의 상징인 쌍두 독수리 문장이 새겨져 있다. 5코로나 은화는 제국 경제의 안정성과 신뢰성을 나타내는 상징이었으며, 국제 무역에서도 사용되었다. 제국이 해체된 후 5코로나 은화는 오스트리아-헝가리 제국의 마지막 시기를 상징하는 화폐로 남아 있다.

※ 5코로나 은화: 중량 24.0g, 은 90.0, 크기 36.0㎜

월계관을 쓴 프란츠 요제프 1세 5코로나 은화(1900년)와 프란츠 요제프 1세 재위 60주년 기념 5코로나 은화(1908년)

1909년 오스트리아-헝가리 제국 프란츠 요제프 1세 5코로나 은화. 왼쪽은 Large head(대형 초상), 오른쪽은 Small head(소형 초상) 버전과 오스트리아 제국의 상징인 쌍두 독수리 문장을 담고 있다.

헝가리 은화 5코로나와
오스트리아-헝가리 제국

헝가리 독립의 역사

헝가리는 16세기부터 오스만 제국의 지배를 받았으며, 이후 합스부르크 왕가가 통치권을 행사했다. 헝가리 국민은 합스부르크 지배 아래에서도 독립을 향한 민족적 열망을 보였다.

특히 1703년 라코치 페렌츠 2세가 이끈 민족반란(라코치 독립 전쟁)과 1848년 헝가리 혁명은 민족의 자유와 자치를 위한 대표적인 독립운동이었다. 1848년 혁명은 초기에는 성공을 거두었으나, 러시아 제국의 개입으로 실패로 끝났다.

1867년의 대타협과 오스트리아-헝가리 이중제국의 탄생

헝가리는 지속적인 자치 요구와 내부적 긴장 끝에 1867년, 오스트리아와의 타협을 통해 '오스트리아-헝가리 제국'의 일원으로 자치권을 인정받았다. 이에 따라 외교와 군사 분야를 제외한 내정에서 독립된 정부를 구성하게 되었다. 이 시기 헝가리는 경제적 번영과 문화적 발전을 이루었으며, 수도 부다페스트가 유럽의 중심 도시로 성장하는 계기를 맞았다.

프란츠 요제프 1세는 1848년부터 1916년까지 68년이라는 긴 통치 기간 동안 제국을 통치하며 민족 갈등을 해소하기 위해 노력했으나 완전히 극복하지 못했다. 특히 1914년, 그의 조카 황태자 프란츠 페르디난트가 암살된 사라예보 사건은 제1차 세계대전 발발의 결정적 계기가 되었으며, 이 전쟁은 결국 제국의 해체로 이어졌다.

1918년 제1차 세계대전 패배로 오스트리아-헝가리 제국이 해체된 이후, 헝가리는 트리아농 조약을 통해 영토의 상당 부분을 상실했다. 이에 따라 헝가리는 내륙 국가로 축소되어 독자적인 국가로 재편되었다.

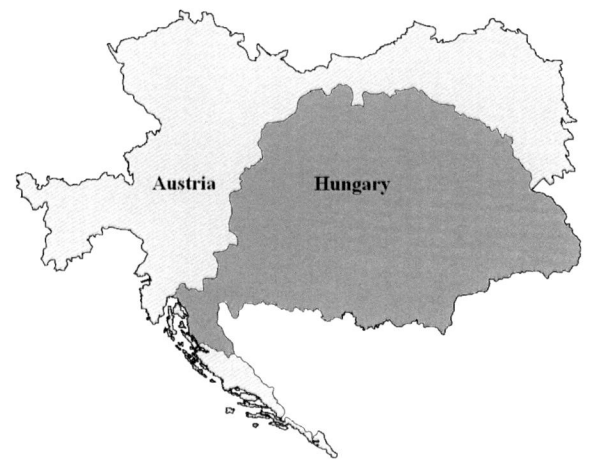

오스트리아-헝가리 이중제국의 구성 (1878년 보스니아 점령 이전),
1867년 대타협 이후 형성된 오스트리아-헝가리 제국의 두 주요 구성체를 보여준다.

프란츠 요제프 1세와 헝가리 5코로나 은화의 등장

이 시기에 발행된 헝가리 5코로나 은화는 오스트리아-헝가리 제국의 경제적 번영을 상징하는 화폐로 자리 잡았다. 헝가리에서 발행된 이 은화에는 당시 황제였던 프란츠 요제프 1세의 초상이 새겨져 있다. 이 은화는 오스트리아에서 발행된 같은 단위의 코로나 화폐와 동일한 가치로 통용되었으나, 헝가리만의 고유한 디자인을 통해 자국의 역사와 문화를 강조했다. 헝가리 5코로나 은화는 역사적 전환기의 경제와 정치를 반영하는 화폐로 평가받고 있다.

※ 5코로나 은화: 중량 24.0g, 은 90.0, 크기 36.0㎜

프란츠 요제프 1세 5코로나 은화(1900년, 1907년)

헝가리 국장과 성 이슈트반 왕관

헝가리 국장과 성 이슈트반 왕관, 헝가리의 영원한 상징

헝가리의 국장은 헝가리 민족의 기원인 아르파드 왕조를 상징하는 붉은색과 흰색의 가로줄 무늬가 중심을 이루고 있다. 국장 중앙에는 이 줄무늬 위로, 헝가리의 종교적, 국가적 상징을 나타내는 대주교 십자가가 새겨져 있다. 십자가 위로는 헝가리 역사상 가장 상징적인 성물인 '성 이슈트반 왕관'이 자리하고 있다. 이 왕관은 헝가리의 왕권과 국가의 독립성을 나타내는 중요한 상징물이다.

성 이슈트반 왕관은 1000년, 초대 국왕 성 이슈트반 1세가 대관식을 치를 때부터 사용되었다. 이후 왕관은 단순한 장식품이 아니라, 헝가리 왕권의 정통성과 독립성을 대표하는 상징으로 자리 잡았다.

헝가리 국상(1896~1915년), 아르파드 줄무늬와 성 이슈트반 왕관

왕관은 헝가리 역사 속에서 수많은 전쟁과 위기를 겪으면서도 국가의 존립과 민족의 자부심을 나타내는 소중한 유산으로 지켜졌다. 19세기 이후부터 헝가리의 공식 국장과 지폐, 주화에도 지속적으로 등장하며 국민의 민족적 자긍심을 고취하는 역할을 하고 있다.

기울어진 십자가의 미스터리

헝가리 국장에 등장하는 성 이슈트반 왕관 위의 십자가는 독특하게도 왼쪽으로 살짝 기울어져 있다. 초기에 그려진 기록에서는 정상적으로 서 있었던 이 십자가가 왜 기울어지게 되었는지에 대해서는 다양한 설이 존재한다. 가장 잘 알려진 설은 왕관을 보관하는 도중 십자가가 실수로 휘어졌으나, 성물로 여겨져 함부로 수리하지 않고 그대로 보존했다는 것이다. 또 다른 설로는 역사 속에서 왕관이 여러 번 유럽을 떠돌아다니는 과정에서 손상되었을 가능성이다.

이 십자가가 기울어진 정확한 원인은 아직도 미스터리로 남아 있다. 현재까지도 기울어진 십자가는 그대로 유지되며, 헝가리의 역사적 운명과 애환을 상징하는 특별한 의미를 지니고 있다.

현재 이 왕관은 헝가리 수도 부다페스트의 국회의사당에 보존되어 있으며, 헝가리 국민에게 독립과 민족적 자부심을 일깨우는 중요한 역할을 하고 있다.

이슈트반 왕관과 정상 십자가(1613년)와 기울어진 십자가(1792년)

마리아 테레지아 은화, 세계적 무역 화폐의 상징

마리아 테레지아, 왕위 계승과 전쟁의 승리

마리아 테레지아(1717~1780년)는 합스부르크 왕가 최초의 여성 통치자로, 18세기 오스트리아 역사에 큰 발자취를 남긴 개혁적인 지도자이다. 당시 '살리카법'으로 인해 여성은 왕위를 계승할 수 없었지만, 아버지 카를 6세는 1713년, 프라그마티체 산크치온을 제정하여 딸 마리아 테레지아의 왕위 계승을 보장하고자 했다.

1740년 카를 6세가 사망한 후 유럽의 여러 국가가 이를 인정하지 않아 오스트리아 왕위 계승 전쟁(1740~1748년)이 발발하였다. 위기에 처한 마리아 테레지아는 헝가리 귀족들의 지지를 얻어 군대를 강화했고, 슐리지엔을 잃었으나 왕가의 통치권을 지키는 데 성공했다.

개혁과 유산

마리아 테레지아는 계몽사상을 바탕으로 교육, 행정, 군사, 경제 등 다양한 분야에서 중앙집권적인 개혁을 추진했다. 그녀는 16명의 자녀를 두었으며, 이들을 유럽 각국 왕실과의 정략결혼을 통해 외교적 관계를 공고히 했다. 대표적으로 프랑스 왕비 마리 앙투아네트와 신성로마제국 황제 요제프

2세가 그녀의 자녀였다.

1765년 남편이 사망한 후 그녀는 깊은 충격을 받고 평생 상복을 입으며 권력을 점차 아들에게 넘겨주었다. 상복을 입은 모습은 마리아 테레지아 은화에서도 상복을 입은 여왕의 형상으로 남아 있다. 1780년 그녀가 사망한 후에도 강력한 통치력과 개혁 정신으로 유럽 역사의 중요한 인물로 평가받고 있다.

젊은 시절 마리아 테레지아 여제(Andreas Møller, 1727년)와
상복을 입은 마리아 테레지아 여제(Martin van Meytens, 1765년 이후)

마리아 테레지아 은화의 탄생

여제의 초상을 담은 마리아 테레지아 탈러 은화는 1746년 처음 발행된 이후 세계적인 무역 화폐로 자리 잡게 되었다.

마리아 테레지아 은화는 앞면에는 여제의 초상이, 뒷면에는 합스부르크 가문의 상징인 쌍두 독수리 문양이 새겨져 있다. 이 은화는 처음 발행된 이래 18세기부터 현대까지 여러 차례 재발행되면서 시대와 국경을 넘어 세계 각국의 상인들에게 널리 사용되었다.

1780년, 영원히 반복되는 연도

마리아 테레지아 은화의 흥미로운 특징 중 하나는 모든 은화에 새겨진 발행 연도가 1780년이라는 점이다. 1780년은 마리아 테레지아가 세상을 떠난 해로, 이후 발행된 모든 은화는 실제 발행 연도와 상관없이 이 연도를 계속 사용하고 있다. 이는 마리아 테레지아 은화의 전통을 보존하고 역사적 상징성을 강조하기 위한 특별한 조치였다.

다만 발행 연도는 같지만, 시대에 따라 미세한 디자인 차이가 존재한다. 예를 들어 여제의 초상과 옷 단추 형태, 쌍두 독수리의 날개 모양이 조금씩 변형되어 수집가들은 이러한 특징을 통해 시대별 은화를 구분하고 있다.

※ 마리아 테레지아 은화: 중량 28.06~28.82g, 은 83.3~87.5, 크기 40.0~42.0㎜

마리아 테레지아 은화(1765년, 2000년대)

세계로 퍼져 나간 은화, 국제 무역의 표준이 되다

마리아 테레지아 은화는 단순히 유럽에서만 사용된 것이 아니라 아프리카, 중동, 아시아 지역까지 광범위하게 퍼져 나갔다. 18세기부터 20세기 초까지 오스만 제국, 북아프리카, 중동의 상인들은 이 은화의 높은 신뢰성과 일정한 은의 순도 덕분에 국제 무역 거래에서 주요 결제 수단으로 선호하였다. 이 은화의 인기는 지역과 국경을 초월하여 국제 무역의 상징으로 자리 잡았다.

에리트리아 탈러와 에티오피아 비르 은화의 등장

19세기 말, 이탈리아는 아프리카 무역에서 강력한 신뢰를 얻고 있던 마리아 테레지아 탈러의 명성을 활용해 에리트리아 식민지에서 에리트리아 탈러를 발행했다. 이탈리아 식민 정부는 마리아 테레지아 탈러와 동일한 규격과 순도로 제작하여 동아프리카와 홍해 지역의 무역을 통제하고 경제적 지배력을 확립하려는 의도였다. 그러나 에리트리아 탈러의 무역 화폐로서의 시도는 큰 성공을 거두지 못했다. 현지 상인들과 주민들은 이미 오랜 기간 사용하며 신뢰와 국제적 명성을 얻은 마리아 테레지아 탈러를 더 선호했고, 에리트리아 탈러를 모방품으로 인식해 신뢰하지 않았다. 또한 발행량이 제한적이고 유통 범위도 좁았기 때문에 국제 무역망에서 자리 잡지 못하면서, 결국 마리아 테레지아 탈러의 지위를 대체하지 못했다.

에티오피아에서도 비슷한 상황이 전개되었다. 1894년 에티오피아의 국왕 메넬리크 2세는 자국의 공식 화폐인 '비르(Birr)' 은화를 도입하면서 마리아 테레지아 탈러의 영향력을 대체하려 했다. 하지만 현지 상인들과 주민들은 여전히 마리아 테레지아 탈러에 높은 신뢰를 보였고, 비르 은화의 정착은 순조롭지 못했다. 1900년 메넬리크 2세는 마리아 테레지아 탈러의 영향력을 극복하려 노력했지만, 현지 주민들과 상인들은 여전히 마리아 테레지아 탈러를 신뢰했고 비르 은화는 국제적 신뢰를 얻는 데 실패했다.

※ 에리트리아 은화: 중량 28.06g, 은 83.5, 크기 40.0㎜
※ 에티오피아 은화: 중량 28.8g, 은 87.5, 크기 42.0㎜

에리트리아 탈러 은화(1918년)   에티오피아 비르 은화(1895년)

시대를 초월한 마리아 테레지아의 영향력

마리아 테레지아 은화는 오늘날까지도 역사적, 경제적, 문화적으로 높은 가치를 지닌 주화로 평가받고 있다. 이 은화는 단순히 화폐라는 기능을 넘어 국제 무역과 역사적 상징으로 남았다. 18세기 유럽에서 시작하여 아프리카와 아시아의 시장에서까지 널리 인정받은 이 은화는 오늘날 수집가들에게 여전히 큰 인기를 얻고 있다.

이탈리아 은화 5리라, 통일된 이탈리아의 상징

이탈리아 은화 5리라(Lire), 통일 이탈리아의 상징

이탈리아는 고대 로마 시대에 서양 문명의 중심으로 번영했던 지역이었지만, 476년 서로마제국이 멸망한 이후 오랫동안 작은 도시국가들과 작은 왕국들로 분열되어 있었다. 중세부터 근대 초기까지, 이탈리아반도는 교황령, 베네치아 공화국, 나폴리 왕국 등 다양한 국가들이 경쟁하며 지배권을 다투던 복잡하고 혼란스러운 지역이었다. 이러한 오랜 분열 속에서도 이탈리아인들은 언젠가 통일된 국가를 이루고자 하는 민족적 열망을 품어왔다.

19세기 들어 유럽 전역에 민족주의 운동이 퍼지자, 이탈리아에서도 '리소르지멘토(Risorgimento)'라 불리는 민족주의 통일운동이 활발히 전개되었다. 통일의 중심에 선 것은 북부의 강력한 사르데냐 왕국이었다. 사르데냐의 왕 비토리오 에마누엘레 2세(재위 1861~1878)는 이탈리아 통일의 구심점으로 부상했고, 결국 1861년 이탈리아 왕국이 선포되며 반도의 대부분 지역이 통합되었다. 마침내 1870년 로마가 합병되어 1871년에 수도가 되면서, 통일된 이탈리아의 꿈이 실현되었다.

이탈리아 통일의 수역들(왼쪽부터 마치니, 가리발디, 카보우르, 비토리오 에마누엘레 2세)

이탈리아 통일을 상징하는 은화, 5리라

이탈리아 왕국은 통일 이후 화폐 제도를 정비하고, 통일의 상징으로 크라운 크기의 5리라(Lire) 은화를 발행하였다. 1876년에 발행된 5리라 은화 앞면에는 이탈리아 왕국의 초대 국왕 비토리오 에마누엘레 2세의 초상이 새겨져 있다. 1878년 비토리오 에마누엘레 2세 사망 후 왕위를 이어받은 아들 움베르토 1세(재위 1878~1900)의 초상이 1879년 이후 발행된 은화에 등장하였다.

이 은화들은 단지 화폐의 기능을 넘어, 오랜 세월 분열과 갈등을 겪어 온 이탈리아가 하나의 국가로 통합되었음을 상징하는 중요한 역사적 기념물로서 자리 잡았다. 은화에 새겨진 비토리오 에마누엘레 2세와 움베르토 1세의 초상은 이탈리아 통일을 위해 험난한 여정을 극복한 이탈리아 국민의 자부심과 그 시대의 열망을 담은 상징으로 남아 있다.

※ 5리라 은화: 중량 25.0g, 은 90.0, 크기 37.0㎜

비토리오 에마누엘레 2세 5리라 은화(1876년) & 움베르토 1세 5리라 은화(1879년)

이탈리아의 상징, 국장과 롬바르디아 철관

19세기 이탈리아 국장, 민족 통일의 상징

1870년 로마 병합으로 이탈리아 왕국이 통일을 완성한 이후, 국가는 통일된 국가적 위상을 보여줄 상징이 필요했다. 이를 위해 제정된 이탈리아 왕국의 국장은 이탈리아의 전통과 독립 의지를 나타내는 중요한 의미를 담고 있다. 특히 국장 상단에 있는 '이탈리아 별'은 오랜 역사를 지닌 문양으 로마 시대부터 전해 내려온 이탈리아의 독립 정신과 민족적 자부심을 나타내는 대표적인 상징이다. 흔히 공산주의의 상징으로 오해를 받기도 하지만, 이 별은 민족의 단결과 독립, 그리고 자유를 상징하는 중요한 의미를 담고 있다.

국장 속 사자 문양의 의미

이탈리아 국장 속에서 두 마리의 사자가 양쪽에서 방패를 지탱하고 있는 모습을 볼 수 있다. 서로 다른 방향을 바라보는 이 사자들의 모습은 오랫동안 동과 서로 나누어진 역사를 가진 나라가 하나의 국가로 통합된 것을 상징한다. 각각 다른 방향을 바라보는 사자들의 모습은 이탈리아 왕국의 균형과 강력한 통합을 나타내며, 국가적 보호와 안정의 의미도 담겨 있다.

이탈리아 왕국 국장(1870~1890년) 및 공화국 국장(1890~1946년)

롬바르디아 철관(Corona Ferrea)의 유래

이탈리아 국장의 중앙에 자리한 롬바르디아 철관은 중세 유럽 역사에서 특별한 의미를 지닌 유물이다. 이 왕관은 내부에 예수가 십자가에 못 박힐 때 사용된 못의 철 조각이 들어 있다는 전설로 인해 '철의 왕관'이라고도 불린다. 실제로 이 왕관은 북부 이탈리아 롬바르디아 지역에서 오랜 세월 보관된 성물이며, 신성로마제국 황제들의 대관식에서도 중요하게 사용되었다.

1805년 나폴레옹은 이 왕관을 직접 쓰면서 자신이 이탈리아를 다스릴 정통성을 가졌음을 보여주고자 했다. 이후 이 왕관은 19세기 합스부르크 왕가의 지배 기간에도 이탈리아의 민족적 독립과 통일 정신을 상징하는 중요한 상징물로 자리 잡았다.

롬바르디아 철관 (Iron Crown of Lombardy). 몬차 대성당에 보관된 이 왕관은 금과 보석으로 장식되어 있으며, 전설에 따르면 예수의 십자가 못에서 나온 철 조각이 들어 있다고 전해진다.

그리스 은화 5드라크마

그리스의 역사적 배경과 독립 투쟁

그리스는 발칸반도 남쪽에 있는 국가로, 서양 문명의 발상지이자 철학, 예술, 민주주의의 뿌리를 이룬 국가로 잘 알려져 있다. 고대 그리스는 서양 문명의 초석을 다졌으나, 이후 알렉산드로스 대왕의 마케도니아 왕국, 로마 제국, 오스만 제국 등 여러 세력의 지배를 받으며 긴 세월 동안 독립을 잃고 살아왔다.

19세기 초 유럽을 휩쓴 민족주의 운동은 그리스 민족의 독립 투쟁에도 큰 영향을 미쳤다. 1821년부터 시작된 독립 전쟁은 유럽 열강의 지원 속에 1829년에 종료되었고, 마침내 1830년 그리스는 독립 국가로 재탄생했다. 그리스 왕국의 탄생은 유럽 역사상 민족주의와 독립운동의 대표적인 성과 중 하나로 평가된다.

그리스의 화폐 기원과 전통

고대 그리스는 기원전 7~6세기에 이미 주화를 사용하며 화폐 문화의 기초를 개척했다. 초기 그리스 주화에는 사자, 부엉이, 거북이 등 각 도시국가를 상징하는 동물들이 새겨졌으며, 알렉산드로스 대왕 시대부터는 왕이나 신의 초상이 주요 도안으로 등장하기 시작했다. 특히 아테네는 아테나 여신과 부엉이를 새긴 테트라드라크마 은화를 발행하여 당시 지중해 무역에서 널리 사용되었다.

이러한 화폐 전통은 중세 비잔틴 제국을 거쳐 근대 그리스까지 이어져, 화폐는 단순히 경제적 거래 수단을 넘어 국가의 상징과 권위를 나타내는 수단으로 자리 잡았다.

아테네 은화 테트라드라크마(기원전 454~404년),
아테나 여신과 부엉이 문양이 새겨진 고대 그리스 대표 은화

근대 그리스 5드라크마 은화의 등장

근대 그리스에서 발행된 대표적인 은화가 바로 크라운 크기의 5드라크마(Drachmai) 은화이다. 이 은화는 그리스가 독립 국가로서의 위상을 확립하는 과정에서 중요한 상징이 되었다. 시대에 따라 다른 국왕의 초상과 국가적 상징이 등장하여 당시 그리스 왕국의 역사적 변화와 국가적 위상을 나타내고 있다.

※ 5드라크마 은화: 중량 25.0g, 은 90.0, 크기 37.0㎜

5드라크마 은화(George I, 1875년)　　　　5드라크마 은화(George, 1901년)

그리스 국장과 하얀 십자가의 역사적 상징

그리스 국장, 신화와 신앙을 담다

19세기부터 사용된 그리스 글뤽스부르크 왕가의 초기 국장에는 중앙 방패에 하얀 십자가가 있다. 그리고 양옆에는 그리스 신화의 대표적 영웅 헤라클레스가 사자의 가죽을 입고 방망이를 든 모습이 새겨져 있다. 헤라클레스가 들고 있는 방망이는 그가 무예를 배울 때 올리브 나무로 만든 것으로, 힘과 용기의 상징이다. 그가 입은 사자의 가죽은 네메아의 사자를 처치한 뒤 입게 된 것으로, 이는 승리와 불굴의 정신을 의미한다. 이처럼 초기 국장은 그리스의 고대 신화와 영웅적 전통을 강력히 반영한 것이다.

그리스 글뤽스부르크 왕가의 국장, 고대 신화의 영웅 헤라클레스를 통해
민족적 용기와 독립 정신을 강조한 군주 시대의 국장

현대 그리스 국장과 색의 상징성

1975년부터 사용되는 현재의 그리스 국장은 간결하면서도 상징성이 강한 형태로 구성되어 있다. 파란색과 하얀색은 그리스 국기의 색상을 그대로 반영한 것으로, 푸른 바다와 하늘을 의미하는 파란색과 자유와 독립을 나타내는 하얀색이 사용된다. 방패를 둘러싼 월계관은 승리와 명예를 상징하며, 이는 고대 올림픽에서 승자에게 수여된 월계관의 전통을 계승한 것이다.

그리스 국장(현재),
파란색 방패와 하얀 십자가,
월계관으로 구성된 간결한 문장

그리스 하면 떠오르는 대표적인 이미지는 산토리니섬의 파란 지붕과 하얀 벽이 있는 교회이다. 산토리니는 전설 속의 사라진 아틀란티스 대륙과 관련된 신비로운 곳이며, 이곳의 교회는 자연과 신앙의 완벽한 조화를 상징한다. 이 건축 양식은 단지 아름다움을 넘어, 그리스 문화와 정교회 신앙의 깊은 연관성을 보여주는 중요한 상징으로 자리 잡았다.

하얀 십자가, 그리스 정교회의 중심

그리스 국장과 국기에 등장하는 하얀 십자가는 기독교 국가로서 그리스의 정신을 상징한다. 그리스 국민의 약 90%가 그리스 정교회의 신자이며, 그리스 정교회는 국가의 전통과 문화 형성에 중대한 역할을 담당했다. 원래 십자가는 고대 로마에서는 형벌의 도구였지만, 예수 그리스도의 희생 이후 구원과 부활을 의미하는 중요한 상징이 되었다. 따라서 그리스 국장의 하얀 십자가는 신앙을 통한 민족적 단합과 희망을 나타낸다.

자연과 신앙의 결합, 유럽의 '기펠크로이츠'

유럽 지역에는 '기펠크로이츠(Gipfelkreuz)'라는 전통이 있는데, 이는 산 정상에 세우는 십자가를 의미한다. 주로 오스트리아, 스위스, 독일 등에서 볼 수 있으며, 인간이 자연을 경외하고 신앙을 통해 자연과 하나가 되려는 상징적 의미를 담고 있다. 그리스 국장 속 하얀 십자가 역시 자연과 인간, 신앙의 조화를 강조하는 유럽 기독교 문화의 연장선에 있다.

결국, 그리스 국장과 하얀 십자가는 단순히 국가 상징물 이상의 역사적, 문화적, 종교적 의미를 담고 있다. 헤라클레스의 이미지는 민족주의와 고대 신화의 연속성을 나타내며, 하얀 십자가와 파란색·하얀색의 조합은 민족적 통합과 독립, 그리고 깊은 신앙을 표현하는 그리스의 국가적 특색을 대표한다.

독일 알프스의 최고봉 추크슈피체 정상에 있는 기펠크로이츠(Gipfelkreuz).
정상의 십자가는 인간의 신앙심과 지연에 대한 존경을 나타내는 유럽 전통의 상징이다.

죽음과 노잣돈, 동서양을 잇는 저승의 풍습

고대 그리스 신화 속 저승으로 가는 길

고대 그리스인들은 사람이 죽으면 저승으로 향하는 긴 여정이 시작된다고 믿었다. 이 여정에서 망자는 '비통의 강'이라 불리는 아케론(Acheron)을 가장 먼저 만나게 된다. 아케론강을 건너려면 저승의 뱃사공 카론(Charon)의 도움을 받아야 하는데, 카론은 뱃삯을 받지 않으면 망자를 배에 태워주지 않았다. 이 때문에 망자는 카론에게 건넬 동전 한 닢을 준비해야만 했다.

카론의 배를 탄 망자는 다음으로 '시름의 강' 코키토스(Cocytus)를 지나 '불의 강' 플레게톤(Phlegethon)에 이른다. 계속해서 '망각의 강' 레테(Lethe)를 건너며 살아있을 때의 모든 기억을 잊게 되며, 마지막으로 '증오의 강' 스틱스(Styx)를 지나야 비로소 완전히 저승으로 들어갈 수 있었다.

장례 풍습으로 자리 잡은 동전

이런 신화적 믿음은 실제 장례 풍습에도 반영되었다. 기원전 5세기 무렵부터 망자의 입안이나 눈 위에 동전을 놓아주는 의식이 생겼고, 이 풍습은 로마 시대를 거쳐 유럽 전역으로 퍼져 나갔다. 영국, 폴란드, 이베리아반도의 무덤에서도 비슷한 형태의 장례 동전이 발견되었으며, 이러한 전통은 중세까지도 유지되었다.

저승길에 노잣돈 개념은 서양뿐만 아니라 동양에서도 널리 퍼져 있었다. 한반도의 신라와 가야의 고분에서는 당시 시장에서 사용되던 철(鐵)이 출토

된 바 있으며, 백제 무령왕릉에서는 중국의 화폐인 오수전(五銖錢)이 발견되었다. 이러한 유물은 망자가 저승에서도 경제 활동을 하거나 저승까지의 긴 여정에서 필요한 비용을 마련한다는 동서양 공통의 관념을 보여주는 사례이다.

슈루즈버리 보물(Shrewsbury Hoard), 기원후 4세기 중반에 묻힌 로마 청동화 9,315개가 담긴 토기 항아리로 2009년 영국 슈루즈버리 근처에서 발견(슈루즈버리 박물관 소장)

문학 속에 등장하는 저승의 돈

이러한 노잣돈의 개념은 문학 작품에도 등장하여 오늘날까지 이어지고 있다. 찰스 디킨스의 유명한 소설 『크리스마스 캐럴』에서는 주인공 스크루지가 친구의 장례식에서 시신의 눈 위에 올려진 동전까지 챙기는 장면이 나온다. 고대 유대 문화와 영국의 일부 지역에서도 망자의 눈 위에 동전 두 개를 놓는 풍습이 있었으며, 이는 망자가 저승까지 무사히 도착하기를 바라는 유족들의 염원을 나타낸다.

결국, 동서양 문화권을 막론하고 '저승길에 돈이 필요하다'는 개념은 공통으로 존재했다. 이는 죽음을 삶과 분리된 완전한 끝이 아닌, 또 다른 세상으로 향하는 긴 여행으로 보는 인간의 보편적 인식이 반영된 결과라고 할 수 있다. 동전을 통해 드러나는 이러한 관념은 죽음과 저승에 대한 인간의 보편적 믿음을 상징적으로 잘 보여주고 있다.

아케론강을 건너는 카론(Alexander Litovchenko, 1861년), 망자가 저승으로 가기 위해 뱃사공 카론에게 동전을 지불하고 아케론강을 건너는 장면

스페인 5페세타 은화, 제국의 흥망을 담다

스페인의 통일과 레콩키스타

스페인은 원래 여러 개의 왕국과 공국으로 분열되어 있었다. 그러나 1479년, 카스티야의 여왕 이사벨 1세와 아라곤의 왕 페르난도 2세가 결혼하면서 통일 스페인의 기반이 마련되었다. 이후 두 왕국은 가톨릭 세력을 중심으로 이슬람 세력을 이베리아반도에서 몰아내는 레콩키스타(국토회복운동)를 펼쳤고, 1492년 마침내 마지막 이슬람 왕국인 그라나다를 정복하여 완전한 통일을 이루었다.

그라나다의 항복(Francisco Pradilla y Ortiz, 1882년), 1492년, 나스르 왕조의 마지막 왕 보아브딜이 그라나다의 열쇠를 가톨릭 군주 이사벨 1세와 페르난도 2세에게 넘기는 장면

대항해시대, 스페인 제국의 전성기

통일된 스페인은 곧바로 해상 강국으로 도약했다. 이사벨 여왕의 후원을 받은 크리스토퍼 콜럼버스가 1492년 신대륙 아메리카를 발견하면서 본격적인 대항해시대가 열렸다. 이후 스페인은 중남미와 필리핀 등 광대한 식민지를 건설하여 막대한 부를 축적했다.

남아메리카 식민지에서 대규모 은광이 발견되면서 스페인은 세계 무역의 중심지로 부상했다. 특히 스페인 달러(8레알 은화)는 국제 무역의 핵심 기축통화가 되었으며, 세계적으로 사용되는 주요 무역 은화의 기준이 되었다.

종교적 갈등과 무적함대의 몰락

그러나 스페인의 종교적 배타성과 끝없는 전쟁은 스페인 제국 쇠퇴의 주원인이 되었다. 1492년 이후 무슬림과 유대인에 대한 강제 개종과 추방 정책은 사회적 혼란을 일으켰고, 1588년에는 영국과의 해전에서 스페인의 자랑이었던 '무적함대'가 크게 패배하면서 대서양의 지배권을 상실했다. 이 사건은 제국의 몰락을 가속하는 결정적 계기가 되었다.

이후 계속된 전쟁으로 스페인은 국력을 크게 소모했고, 18세기 초 스페인 왕위 계승 전쟁(1701~1714)으로 인해 더욱 쇠약해졌다. 나폴레옹 전쟁 이후인 19세기 초부터는 중남미 식민지들이 독립을 선언하며 제국의 규모가 급격히 축소되었다. 결국 1898년, 미서 전쟁에서 패배하며 쿠바, 푸에르토리코, 필리핀 등 주요 식민지를 상실하고 급속히 몰락했다.

스페인 5페세타 은화의 등장과 역사적 의의

19세기 중후반 스페인은 경제적 재정비를 위해 유럽 국가들과 협력하며 화폐 체계를 정비했다. 이 과정에서 1869년부터 발행된 스페인 5페세타 (Peseta) 은화는 라틴통화동맹에 가입한 스페인의 주요 화폐로 자리 잡았다. 이 은화는 프랑스 5프랑 은화와 크기와 중량, 은 함유량을 같게 만들어 국제적인 신뢰를 얻었다.

1870년부터 임시정부와 아마데오 1세, 알폰소 12세, 알폰소 13세의 치세를 거쳐 총 7종의 5페세타 은화가 발행되었으며, 왕조의 교체와 정치적 격변을 반영하고 있다. 이 은화는 스페인이 경제적 안정을 찾고 국제적 신뢰를 회복하기 위한 노력의 흔적으로 남아 있다.

※ 5페세타 은화: 중량 25.0g, 은 90.0, 크기 37.0㎜

1870년(임시정부) 5페세타 은화　　　1871년(아마데오 1세) 5페세타 은화

1875년(알폰소 12세) 5페세타 은화　　　1885년(알폰소 12세) 5페세타 은화

1889년(알폰소 13세) 5페세타 은화　　　　1893년(알폰소 13세) 5페세타 은화

1898년(알폰소 13세) 5페세타 은화

스페인 국장 속의 헤라클레스 기둥, 세상의 끝에서

스페인 국장 속의 헤라클레스 기둥

스페인의 국장을 살펴보면 양쪽으로 웅장한 두 개의 기둥이 눈에 들어온다. 바로 이 기둥이 고대부터 전해져 오는 유명한 '헤라클레스의 기둥'이다. 이는 지중해와 대서양을 연결하는 전략적 요충지인 지브롤터 해협을 상징하며, 오늘날까지도 강력한 역사적 의미를 담고 있다.

그리스 신화 속 헤라클레스와 기둥의 기원

그리스 신화에 등장하는 헤라클레스는 신들의 왕인 제우스의 아들이자 신화 속 가장 유명한 영웅이다. 헤라클레스는 자신이 저지른 죄를 씻기 위해 12가지의 어려운 임무를 수행하게 되는데, 그중 열 번째 임무가 서쪽 끝에 있는 괴물 게뤼오네스의 소 떼를 데려오는 일이었다. 이 임무를 수행하기 위해 헤라클레스는 서쪽으로 나아갔지만, 거대한 산맥이 그의 앞길을 막고 있었다.

헤라클레스는 자신의 몽둥이를 휘둘러 산맥을 둘로 나누었고, 이렇게 생겨난 협곡이 바로 지금의 지브롤터 해협이며, 양쪽으로 솟아오른 두 개의 바위산이 이후 '헤라클레스의 기둥'으로 불리게 되었다.

바다의 신 포세이돈과 헤라클레스 기둥(Willem Basse, 1913년),
고대 신화와 연결된 지브롤터 해협의 상징적 풍경

세상의 끝에서 새로운 시작으로

고대 지중해 국가들은 지브롤터 해협을 세상의 끝으로 믿었다. 당시 지구는 평평하며 그 너머에는 끝없는 바다와 미지의 위험만이 있다고 생각했기에, 헤라클레스 기둥은 금기의 영역으로 여겨졌다. 그래서 그곳은 '헤라클레스의 기둥'이라 불리며 라틴어로 "NON PLUS ULTRA(더 이상 넘어가지 말라)"라는 두려움을 상징하는 경고였다.

그러나 15세기 대항해시대가 열리며 이 금기의 경계는 도전의 상징으로 바뀌게 되었다. 스페인 왕 카를로스 1세(신성로마제국 황제 카를 5세)는 국가의 도전과 개척 정신을 고취하기 위해 이 표현을 'PLVS VLTRA(더 먼 곳으로)'로 바꾸었고, 이는 스페인의 국장에 헤라클레스의 기둥과 함께 새겨졌다. 이로써 헤라클레스 기둥은 더 이상 두려움의 끝이 아니라 도전과 개척, 그리고 새로운 시대의 시작을 상징하는 기념비가 되었다. 비록 현재 지브롤터 해협은 1714년 스페인 왕위 계승 전쟁 이후 영국에 귀속되어 영국령으로 남아있지만, 스페인 국장 속의 헤라클레스 기둥은 여전히 강력한 상징성을 유지하고 있다.

카를로스 1세 국장(1530~1556년), 중앙에는 합스부르크가 통치한 주요 영토의 문장이 결합되어 있으며, 이를 검은 쌍두 독수리가 받치고 있다. 양옆의 헤라클레스의 기둥에는 "Plus Ultra"라는 문구가 있다.

포르투갈 은화 1,000레이와 1에스쿠도

해상 제국 포르투갈의 탄생

포르투갈은 중세 말 지중해 무역에서 소외된 상황을 기회로 삼아, 새로운 해상 항로 개척에 적극적으로 나섰다. 1488년 바르톨로메우 디아스가 아프리카 최남단 희망봉을 발견했고, 1498년 바스쿠 다 가마가 이 희망봉을 돌아 인도까지의 항로를 성공적으로 개척하였다. 이로써 포르투갈은 동방 무역의 독점권을 확보하였으며, 리스본은 세계적인 무역 중심지로 크게 번영했다.

토르데시야스 조약과 포르투갈의 세계 식민지 건설

신항로 개척 경쟁이 치열해지자, 1494년 교황의 중재로 스페인과 포르투갈은 토르데시야스 조약을 체결하여 세계를 동서로 나누었다. 이 조약으로 포르투갈은 아시아, 아프리카, 브라질 지역에 광대한 식민지를 건설하며, 본격적인 해상 제국으로 성장했다.

특히 1509년 인도 디우 해전에서 승리한 포르투갈은 인도양에서 해상 패권을 확립하고 향신료 무역을 독점하며 막대한 부를 축적했다. 그러나 포르투갈 왕실의 사치스러운 소비와 비효율적인 식민지 경영으로 16세기 말부터 국력이 쇠퇴하기 시작했다.

설상가상으로 1580년 왕위 계승 문제로 스페인에 병합되어 60년간 이베리아 연합 체제하에 놓였다. 이 시기 포르투갈의 식민지들은 스페인의 적국이었던 네덜란드와 영국의 집중적인 공격을 받아 상당 부분을 상실했다. 1640년 복원 전쟁을 통해 독립을 회복했지만, 이미 네덜란드 동인도회사와 영국 동인도회사가 아시아 무역을 장악한 상태였으며, 포르투갈은 과거의 영광을 되찾을 수 없었다.

포르투갈은 한때 대서양과 인도양을 지배하며 최초의 글로벌 해상 제국으로 군림했지만, 과도한 확장과 효율적 통치 시스템의 부재로 급속히 몰락했다. 그러나 그들이 개척한 대서양과 인도양 항로는 세계사의 흐름을 바꾸는 데 중요한 역할을 했다.

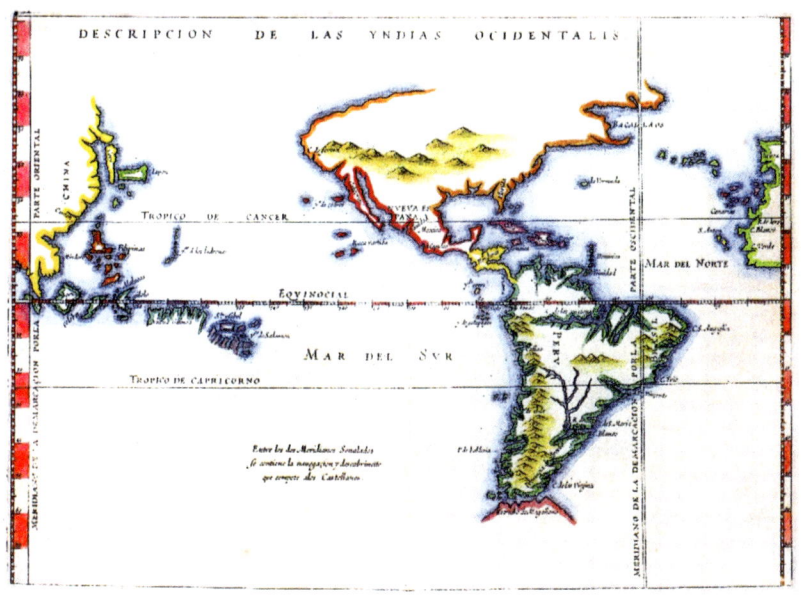

토르데시야스 조약의 경계선을 보여주는 지노(Antonio de Herrera, 1622년).
스페인에서 제작한 이 지도는 1494년 체결된 토르데시야스 조약에 따라 스페인과 포르투갈이 아메리카 대륙 및 아시아 지역을 분할하여 식민지화했던 경계선을 보여준다.

공화국 수립과 포르투갈 근대 은화의 등장

1910년 10월 5일 혁명으로 포르투갈은 왕정을 끝내고 공화국을 수립했다. 이 시기 포르투갈에서 발행된 대표적인 크라운 크기의 은화가 1000레이(Reis)와 1에스쿠도(Escudo)였다. 19세기 말 발행된 1000레이 은화는 왕정 말기의 상징으로 남았으며, 1910년 이후 등장한 1에스쿠도 은화는 공화국 수립을 기념하는 의미를 담고 있다. 이 은화들은 포르투갈의 역사적 변화와 해상 제국에서 공화국으로 전환되는 과정을 담고 있다.

※ 1,000레이 은화: 중량 25.0g, 은 91.7, 크기 37.0㎜
※ 1에스쿠도 은화: 중량 25.0g, 은 83.5, 크기 37.0㎜

카를로스 1세 1,000레이 은화(1898년, 1899년)

공화국 1에스쿠도 은화(1910년, 1915년)

포르투갈 국장, 방패에 새겨진 역사의 흔적

국장에 담긴 상징과 레콩키스타, 이슬람 지배로부터의 국토 회복

포르투갈의 국장 중앙에는 빨간색과 하얀색의 방패가 놓여 있고, 그 방패는 혼천의(Armillary Sphere)와 올리브 가지로 둘러싸여 있다. 방패 내부에는 5개의 작은 파란 방패와 함께 7개의 노란 성(Castles)이 새겨져 있는데, 이 문양들은 모두 포르투갈의 오랜 역사와 깊은 관련이 있다.

711년, 이베리아반도는 북아프리카에서 건너온 이슬람 세력의 침략을 받았다. 이후 약 800년 동안 스페인과 포르투갈은 이슬람 세력과 맞서 싸우면서 국토 회복운동인 '레콩키스타(Reconquista)'를 전개했다. 포르투갈은 1249년 알가르브 지방을 탈환하며 이베리아반도의 서부 지역에서 이슬람 세력을 완전히 몰아내는 데 성공했다. 스페인은 1492년 그라나다 함락을 끝으로 국토를 회복했다.

포르투갈 공화국의 국장(현재), 올리브 가지로 둘러싸인 이 국장은 포르투갈의 평화와 독립을 상징하며, 중앙의 방패는 고대 포르투갈 왕국의 전통 문장을 계승하고 있다.

아폰수 1세와 방패의 전설

포르투갈 국장에 새겨진 다섯 개의 작은 방패는 초대 국왕 아폰수 1세와 깊은 연관이 있다. 전설에 따르면 아폰수 1세는 1139년 오리케 전투를 앞두고 꿈속에서 십자가에 못 박힌 예수님의 환영을 보았다고 한다. 예수님의 성흔 5개를 본 그는 이것을 방패에 새기고 전장에 나섰고, 그 결과 오리케 전투에서 무어인 왕 5명을 물리치는 대승을 거두었다고 전해진다. 이 승리를 기념하여 방패 안에 작은 방패 다섯 개를 새겼다는 것이 현재 가장 널리

오리케 전투의 기적, 예수를 만난 아폰수 1세(R. Sich 1828년 작품). 전설에 따르면 예수의 성흔을 본 아폰수 1세는 이를 방패에 새기고 승리를 거두었다.

알려진 이야기다.

　방패를 둘러싼 7개의 노란 성(Castles)은 1249년 아폰수 3세가 알가르브 지방을 정복하면서 이슬람 세력으로부터 빼앗은 성들을 상징한다. 이로써 포르투갈은 국토 회복을 완성하였고, 이 일곱 개의 성 문양은 포르투갈 국장에 자리 잡아 독립과 승리의 상징으로 남게 되었다.

혼천의, 해상 제국 포르투갈의 상징

　포르투갈 국장의 배경을 이루는 혼천의(Armillary Sphere)는 포르투갈이 신항로 개척 시기 바다를 통해 세계를 탐험하고 항해하며 거대한 제국을 건설했던 역사를 나타낸다. 포르투갈은 바스쿠 다 가마와 같은 탐험가들을 배출하며 세계 곳곳에 식민지를 건설했고, 혼천의는 당시 항해술의 발달과 해상 강국의 영광을 상징하는 대표적인 문양으로 포르투갈 국장에 자리 잡았다.

　이처럼 포르투갈의 국장은 단순한 문양이 아니라, 오랜 시간 동안의 투쟁과 승리, 해양 강국으로서의 번영과 자부심이 담겨 있는 역사적 상징이다.

네덜란드 은화 2½휠던에 담긴 역사

네덜란드의 독립

15세기까지 네덜란드는 하나의 통일된 국가가 아니었다. 신성로마제국 아래서 여러 제후국과 주교령이 모인 연합체에 가까운 모습이었다.

그러나 16세기 이후 네덜란드는 강력한 스페인 합스부르크 왕가의 지배 아래 놓이게 되었다. 당시 네덜란드는 종교적 자유와 경제적 독립을 원했지만, 스페인의 가혹한 지배 정책은 네덜란드인들의 분노를 키웠다.

1568년, 마침내 네덜란드에서는 스페인의 억압에 저항하여 본격적인 독립 전쟁이 발발했다. 이후 약 80년간 지속된 격렬한 투쟁 끝에, 1581년 네덜란드는 스페인으로부터 독립을 선언하였다. 그러나 스페인은 네덜란드의 독립을 쉽게 인정하지 않았고, 전쟁은 장기화되었다. 전세를 바꾼 계기는 1588년 영국과 네덜란드가 연합하여 스페인의 무적함대를 격파한 사건이었다. 이 승리는 결국 1648년 베스트팔렌 조약에서 네덜란드의 독립을 공식 인정받는 결과로 이어졌다.

1648년 5월 15일 스페인-네덜란드 뮌스터 조약 비준(Gerard ter Borch, 1648년)
80년 전쟁을 종식한 평화조약의 비준 장면을 묘사한 작품이다.

네덜란드의 해양 제국 시대

독립 이후 네덜란드는 세계 해양 무역을 주도하는 강력한 경제 강국으로 부상했다. 1602년에 설립된 네덜란드 동인도회사(VOC)는 세계 최초의 주식회사였으며, 동남아시아 지역에서 향신료 무역을 독점하며 네덜란드가 17세기 황금기를 누리게 했다.

또한 네덜란드는 오스트레일리아와 뉴질랜드를 유럽인 중 최초로 발견하고 탐험했으며, 인도네시아 등지에 식민지를 건설하여 글로벌 무역 네트워크를 확장했다. 하지만 영국과의 치열한 해상 경쟁 속에서 점차 해상 패권을 잃으며 18세기 이후 쇠퇴의 길을 걷게 되었다.

세계 최초의 주식회사 VOC

네덜란드 동인도회사(VOC)는 1602년 3월 20일 네덜란드 상인들이 동남아시아 향신료 무역 독점을 목적으로 설립한 세계 최초의 주식회사다. VOC는 네덜란드 정부로부터 희망봉 동쪽에서 환태평양 지역까지 독점적인 무역권을 확보하고, 향신료 무역과 함께 아시아와의 활발한 교류를 주도했다.

VOC가 성공할 수 있었던 요인 중 하나는 철저히 상업적 이윤 추구에 집중한 전략이었다. 당시 포르투갈과 스페인은 무역과 기독교 선교를 병행하며 현지의 반발을 샀지만, VOC는 종교적 목적 없이 순수하게 무역에만 집중하여 비교적 지역 주민들의 저항을 덜 받고 무역망을 확대할 수 있었다.

네덜란드의 대표적인 군주와 은화, 2½휠던

네덜란드 왕국의 대표적인 여성 군주로는 빌헬미나 여왕(재위 1890~1948년)과 그녀의 딸 율리아나 여왕(재위 1948~1980년)이 있다. 빌헬미나 여왕은 제1·2차 세계대전 동안 네덜란드를 이끈 강력한 통치력으로 국민의 존경을 받았다.

네덜란드 왕국에서 발행된 대표적인 크라운 크기의 은화로는 2½휠던(Gulden) 은화가 있다. 이 은화는 당시 네덜란드의 해상 강국으로서의 경제적 번영과 국가적 자부심을 반영하고 있다.

※ 2½휠던 은화: 중량 25.0g, 은 94.5, 크기 38.0㎜

2½휠던 은화(1846년)　　　　　　2½휠던 은화(1857년)

2½휠던 은화(1931년)

사자의 문장으로 보는 네덜란드와 스리랑카의 역사

유럽의 권위를 상징하는 네덜란드 국장의 사자

네덜란드의 국장에는 사자가 중요한 상징으로 등장한다. 중앙에는 칼을 든 사자가 그려져 있으며, 방패의 좌우에도 두 마리의 사자가 위치해 왕실의 권위와 용맹을 나타낸다. 사자는 중세 이후 유럽의 많은 국가에서 군주와 국가의 힘을 상징하는 동물로 널리 사용됐으며, 네덜란드 역시 이러한 유럽적 전통을 이어가고 있다.

네덜란드 국장. 방패 양쪽을 두 마리의 사자가 지탱하고 있고, 아래에는 프랑스어로
"Je Maintiendrai" (나는 지키겠다)라는 왕실 표어가 적혀 있다.
이는 오라녜 가문의 충성을 상징하는 문구다.

스리랑카의 사자 문장, 네덜란드의 영향인가?

17세기 네덜란드 동인도회사는 스리랑카를 식민지로 지배한 역사가 있다. 하지만 스리랑카의 국기와 국장에 나타난 칼을 든 사자는 네덜란드의 영향에서 비롯된 것이 아니라 고대 스리랑카의 전통에서 비롯된 것이다.

스리랑카 인구 대부분을 차지하는 싱할라족의 명칭인 '싱할라(Sinhala)'는 산스크리트어로 '사자'를 의미하는 '싱하(Sinha)'에서 유래했다.

'싱하(Sinha)'는 사자를 의미하며, 싱할라족은 스스로 '사자의 후손'으로 여긴다. 이러한 배경은 스리랑카의 고대 왕조가 건국 신화에서부터 사자를 중요한 상징으로 사용한 데서 비롯된 것이다.

유럽과 아시아, 서로 다른 역사를 지닌 사자 문장

결국 네덜란드와 스리랑카의 사자 문장은 외형상 유사해 보일 수 있지만, 실제로는 각국의 역사적 배경과 문화 속에서 독립적으로 발전해 온 상징이다. 네덜란드의 사자는 유럽 왕실의 권력과 용맹을, 스리랑카의 사자는 민족의 전통과 문화적 유산을 나타내는 고유한 역사적 의미를 담고 있다.

사자와 호랑이, 스리랑카 내전의 상징

스리랑카에서는 다수 민족인 싱할라족과 소수 민족인 타밀족 간의 갈등이 오랫동안 이어졌으며, 특히 1983년부터 2009년까지 격렬한 내전이 벌어졌다. 이 내전에서 싱할라족은 사자를, 타밀족은 호랑이를 상징으로 사용하면서 갈등은 흔히 '사자와 호랑이의 싸움'에 비유되었다. 이처럼 사자는 스리랑카의 민족적 특색과 정치적 갈등을 상징적으로 나타내는 역할을 하기도 했다.

스리랑카 국장. 스리랑카의 국가 문장은 중앙의 칼을 든 사자를 중심으로 불교적 상징인 법륜과 벼 이삭, 연꽃, 태양, 달 등을 포함하고 있으며, 전통과 국가 정체성, 불교문화의 영향력을 상징합니다.

VOC, 세계 최초의 주식회사와 해양 제국

세계 최초의 주식회사 VOC

네덜란드 동인도회사(VOC)는 1602년 3월 20일 네덜란드 상인들이 동남아시아 향신료 무역 독점을 목적으로 설립한 세계 최초의 주식회사다. VOC는 네덜란드 정부로부터 희망봉 동쪽에서 환태평양 지역까지 독점적인 무역권을 확보하고, 향신료 무역과 함께 아시아와의 활발한 교류를 주도했다.

VOC가 성공할 수 있었던 요인 중 하나는 철저히 상업적 이윤 추구에 집중한 전략이었다. 당시 포르투갈과 스페인은 무역과 기독교 선교를 병행하며 현지의 반발을 샀지만, VOC는 종교적 목적 없이 순수하게 무역에만 집중하여 비교적 지역 주민들의 저항을 덜 받고 무역망을 확대할 수 있었다.

네덜란드 암스테르담 몬텔반스타워에서 출항을 준비하는
네덜란드 동인도 회사 병사들(Ludolf Bakhuizen, 1685년)

VOC는 단순한 상업 회사를 넘어 준국가적 권력을 행사했다. 자체 군대를 보유하고 독자적으로 전쟁을 수행했으며, 점령한 지역을 직접 식민 통치했다. 특히 동남아시아 지역에서는 바타비아(현재 자카르타)를 중심으로 한 대규모 교역 기지를 세우고, 인도네시아의 향신료 무역을 독점하여 막대한 부를 축적했다. 또한 일본과의 교류를 통해 다량의 은을 확보하여 동아시아의 경제에도 큰 영향을 미쳤다.

벵골 호글리 VOC 무역기지 (1665년), VOC가 인도 동부 벵골 지방에 세운 요새형 무역기지를 묘사한 회화. 벽으로 둘러싸인 무역거점 내부에는 VOC 관청과 창고, 정원 등이 배치되어 있다. 당시 벵골은 면직물과 향신료, 은 등의 교역이 활발히 이루어졌던 주요 무역 중심지였다.

VOC의 공식 화폐, Stuiver

17세기 네덜란드 동인도회사(VOC)는 자국뿐만 아니라 아시아 전역에서의 무역을 원활히 수행하기 위해 자체적으로 화폐를 주조하기도 했지만, 대부분의 은화는 네덜란드 홀란트(Holland), 젤란트(Zeeland) 등에서 발행하였다. 그중 1, 2, 6 Stuiver 은화는 VOC가 사용한 대표적인 화폐로, 안정적인 거래와 회계를 위한 수단으로 활용되었다.

이 은화는 네덜란드 본토를 넘어 동남아시아, 인도, 중국, 일본 등지에서 실널리 유통되었으며, 동아시아 및 동남아시아의 복잡한 해상 무역에서 신뢰받는 무역 화폐로 자리 잡았다. 이를 통해 VOC는 무역의 안정성과 효율성을 확보할 수 있었고, 이는 곧 네덜란드 해상 네트워크 구축에 중요한 역할을 했다.

Stuiver 은화는 단순한 통화를 넘어, 네덜란드가 세계 무역의 중심에 있었던 17세기 '황금기'의 상징이자, 유럽 밖에서도 국제적 신뢰를 얻은 화폐 중 하나이다.

네덜란드 Coins 1, 2 and 6 stuivers. Holland에서 발행한 이들 은화는 17~18세기 유럽 및 아시아 무역에서 널리 사용되었으며, 네덜란드 동인도회사(VOC)의 상거래에도 이용되었다.

세계 최초의 주식 상장과 금융 혁명

VOC는 1602년 암스테르담 증권거래소에 최초로 주식을 상장하면서 금융 혁명의 시작을 알렸다. 많은 투자자가 VOC에 투자했고, 투자자들은 배당금을 받거나 주식을 거래하며 활발한 금융 활동을 펼쳤다. VOC의 주식은 안정적이고 높은 배당금을 제공했기 때문에 네덜란드뿐 아니라 유럽 각국의 투자자들로부터 큰 인기를 얻었다. 이를 계기로 암스테르담은 국제 금융의 중심지로 부상했으며, 네덜란드는 17세기에 유럽 최고의 경제 강국이 되었다.

18세기 몰락의 시작

18세기에 들어 VOC는 급격히 몰락하기 시작했다. 향신료 공급이 과잉 상태에 이르자 가격이 하락했고, 영국 동인도회사와의 치열한 경쟁으로 수익이 급격히 줄어들었다. 여기에 임직원의 부정부패, 비효율적인 경영, 현지인에 대한 가혹한 착취와 폭력 등 내부 문제가 심각해지면서 VOC는 재정적으로 큰 어려움을 겪게 되었다. 이러한 내부적 문제와 1780년 발발한 제4차 영국-네덜란드 전쟁은 VOC에 결정타를 가했다. 전쟁에서 영국 해군은 아시아 무역로를 차단했고 VOC의 교역 활동이 대부분 정지되는 타격을 입게 되었다.

VOC의 파산과 역사적 의미

전쟁 후 VOC의 회복을 시도했지만, 이미 재정은 파탄에 이르러 있었다. 결국 1799년, VOC는 부채가 2억 플로린을 초과하면서 파산을 선언하였고, 네덜란드 정부는 회사를 공식 청산하고 그 자산과 식민지를 국유화하였다. 1800년 1월 1일부로 공식 해체된 VOC는 197년 동안 세계 무역과 식민지 역사를 주도한 기업으로 현재의 주식 거래 방식과 금융시장 체계를 확립하는 데 결정적인 역할을 했다. 그러나 동시에 VOC의 역사에는 제국주의적 침략과 식민지 착취, 노예무역과 같은 어두운 면도 존재한다.

벨기에 5프랑 은화와 독립의 역사

유럽의 싸움터, 벨기에의 역사적 배경

벨기에는 유럽의 중심에 있는 전략적 위치로 인해 역사적으로 주변 강대국들의 영향과 간섭을 끊임없이 받아왔다. 18세기에는 합스부르크 왕가가 다스리는 신성로마제국의 영토였으며, 프랑스 혁명 이후에는 프랑스의 지배를 받기도 했다. 나폴레옹이 1815년 워털루 전투에서 패배한 후, 벨기에는 독립을 꿈꾸었으나 강대국들의 결정에 따라 네덜란드 왕국과 통합되어 네덜란드 연합 왕국으로 재편되었다.

1830년, 벨기에 혁명 당시 플람스슈테인베흐 거리에서 후퇴하는
네덜란드 기병대(Joseph van Severdonck 작품)

벨기에는 네덜란드와의 문화적·경제적·종교적 차이로 인해 갈등이 고조되었고, 1830년 오페라 공연 도중 민족주의적 혁명이 촉발되어 벨기에 혁명이 시작되었다. 혁명은 빠르게 전국으로 확산했고, 결국 같은 해 10월 4일 벨기에는 독립을 선언하게 되었다. 1831년 초대 국왕으로 레오폴드 1세가 즉위하였으며, 1839년 런던 회의에서 벨기에의 독립과 중립이 국제적으로 공식 승인되었다.

독립 정신의 상징, 벨기에 국장

1837년에 제정된 벨기에 국장은 단합과 독립의 정신을 상징한다. 국장 중앙의 방패에는 벨기에의 주를 나타내는 문양이 그려져 있으며, 좌우로 두 마리의 사자가 방패를 받치고 있다. 사자는 힘과 용기를 상징하며, 국가적

벨기에 국장(1837~1921년) 벨기에 왕실의 공식 문장으로, 왕실의 권위를 상징하는 황금색 왕관과 방패 중앙에 용기와 주권을 의미하는 도약하는 사자가 새겨져 있다.

모토인 "단결이 힘이다(L'union fait la force)"는 벨기에 국민의 연대와 단합을 강조하고 있다.

벨기에 근대 은화, 5프랑

벨기에가 독립 이후 발행한 대표적인 크라운 크기의 은화가 바로 5프랑 은화다. 이 은화에는 벨기에의 특색과 국왕의 초상이 새겨져 있어 독립과 자부심의 상징적 의미를 지녔다. 특히 레오폴드 1세와 레오폴드 2세가 새겨진 4종의 5프랑 은화는 독립 초기 벨기에 경제와 정치적 위상을 잘 나타내는 상징으로 평가된다.

벨기에는 영국에 이어 유럽에서 가장 빠르게 산업 혁명을 이룩한 나라였다. 풍부한 석탄과 철광석 자원을 바탕으로 철도와 기계 산업이 급속히 발전했고, 이는 곧 벨기에의 경제적 번영으로 이어졌다. 이러한 경제적 성공은 벨기에의 독립과 중립적 지위를 유지하는 데 중요한 역할을 했다. 벨기에의 은화는 이러한 산업혁명의 번영을 나타내는 대표적인 화폐로서의 가치를 지니고 있다.

※ 5프랑 은화: 중량 25.0g, 은 90.0, 크기 37.0㎜

레오폴드 1세 5프랑 은화(1848년, 1852년)

레오폴드 2세 5프랑 은화(1870년)

레오폴드 2세의 식민 통치와 콩고의 비극

벨기에 왕이 만든 '개인 식민지'

벨기에의 두 번째 군주였던 레오폴드 2세(재위 1865~1909)는 유럽의 제국주의 역사에서 가장 논란이 되는 인물 중 하나로 평가받는다. 그는 1885년부터 1908년까지 아프리카 중부의 콩고 지역을 개인 사유지인 '콩고자유국'으로 운영하며 역사상 유례없는 규모의 학살을 자행했다. 고무와 상아 등 값비싼 자원을 얻기 위해 수백만 명의 현지 주민들이 희생되었고, 최소 1천만 명의 콩고 원주민이 학살되거나 강제 노동으로 희생당했다. 이는 근대 제국주의 역사에서 가장 참혹한 사건 중 하나로 평가받고 있다.

'고무 테러'의 참혹한 실상

레오폴드 2세의 식민 통치 기간 중 콩고에서는 특히 고무 생산이 강조되었다. 현지 노동자들에게는 무리한 생산 할당량이 주어졌고, 이를 달성하지 못한 경우에는 손이나 발이 절단되는 끔찍한 형벌이 가해졌다. 이러한 만행은 국제적으로 알려지면서 '고무 테러'라는 이름으로 비판받았다. 특히 영국과 미국을 중심으로 레오폴드 2세의 폭정을 고발하는 캠페인이 벌어지면서 국제적인 비난이 거세졌다.

1904년 콩고에서 잘린 손을 들고 있는 이들의 모습
(앨리스 실리 해리스가 레오폴드 2세 통치의 잔혹함을 고발한 사진 중 하나)

착취한 부로 건설된 벨기에의 건축물

콩고에서 착취한 막대한 부를 이용하여 레오폴드 2세는 벨기에 본국에 대규모 건축 사업을 추진했다. 그는 수도 브뤼셀에 웅장한 궁전과 오페라 하우스, 화려한 도로와 공원을 지으며 벨기에를 화려한 도시로 탈바꿈시켰다.

이러한 이유로 벨기에 내에서는 경제 발전을 이끈 '건축왕'으로 긍정적으로 평가하는 시각도 존재하지만, 그의 모든 업적은 콩고 원주민들의 피와 눈물 위에 세워진 것이었다.

브뤼셀 왕궁 전경. 벨기에 왕실의 공식 궁전으로, 레오폴드 2세 통치기 동안 콩고 식민지 수탈로 축적한 부를 바탕으로 대대적인 재건과 확장이 이루어졌다.

최악의 대량 학살, 역사적 망각과 논쟁

레오폴드 2세의 학살 규모는 역사상 최악의 대량 학살 중 하나로 평가가 있을 정도로 엄청난 규모였다. 그러나 벨기에는 이 역사를 공식적으로 인정하거나 반성하기보다는 '위대한 망각'이라 불리는 역사적 은폐로 대응했다.

현재까지도 벨기에 사회 내부에서는 레오폴드 2세를 둘러싼 역사적 논쟁이 계속되고 있다. 경제적 발전이라는 성과와 반인도적 범죄라는 비판이 공존하는 가운데, 콩고에서의 비극적 역사는 여전히 벨기에와 콩고 양국 간 갈등과 아픔으로 남아 있다.

불가리아 5레바 은화와 독립의 역사

불가리아의 역사와 독립

불가리아는 발칸반도의 중심에 있는 나라로, 고대 로마 제국의 지배를 받았던 오랜 역사를 지니고 있다. 로마 제국의 쇠퇴 이후에는 비잔틴제국(동로마제국)의 지배를 받다가, 1396년 오스만 제국에 정복된 이후 약 500년 동안 오스만의 지배를 받았다. 오랜 지배 기간 동안 불가리아인들은 자신들의 민족과 종교의 전통을 유지하기 위해 독립에 대한 열망을 키웠으며 끊임없이 투쟁했다. 이러한 투쟁 정신은 불가리아의 독립을 위한 강력한 원동력이 되었다.

오스만 제국 지배와 독립을 위한 투쟁

불가리아의 독립을 향한 투쟁은 19세기 후반 절정에 이르렀다. 특히 1877년부터 1878년까지 러시아-오스만 전쟁은 불가리아 독립의 중요한 전환점이었다. 러시아가 승리를 거둔 결과, 1878년 베를린 회의를 통해 불가리아는 자치권을 지닌 공국으로 인정받았다. 마침내 1908년 불가리아 왕국으로 공식적인 독립을 선언하며 완전한 주권 국가로서의 위상을 확립하게 되었다.

독립 이후 발행된 5레바 은화

1879년 자치권 획득 이후 불가리아는 자신들의 역사와 민족적 특색을 반영한 화폐 발행을 시작했다. 불가리아의 화폐 단위인 '레바(Leva)'는 불가리아어로 사자를 뜻하는 '레프(Lev)'의 복수형으로, 국가의 상징인 사자를 나타낸다. 특히 1884년과 1894년에 발행된 5레바 은화는 크라운 크기의 대표적인 은화로, 각각 불가리아 왕국의 국장과 당시 통치자 페르디난트 1세의 초상이 새겨져 있다. 이 은화들은 불가리아의 독립적 위상과 왕국의 자부심을 표현하고 있다.

불가리아 5레바 은화는 단순히 경제적 가치만 있는 화폐가 아니라, 오랜 시간 동안 외세의 지배를 극복하고 독립을 성취한 불가리아 국민의 역사적 의미와 자부심을 담고 있다.

※ 5레바 은화: 중량 25.0g, 은 90.0, 크기 37.0㎜

불가리아 5레바 은화(1884년, 1894년), 앞면에는 불가리아 왕립 문장 또는 알렉산더 1세의 초상이, 뒷면에는 '5 LEVA' 액면과 월계관 장식이 새겨져 있다.

불가리아 국장의 사자

1879년부터 사용된 불가리아 왕국의 국장에는 붉은 방패 안에 황금색 사자 한 마리가 자리하고 있다. 그 양옆으로 두 마리의 사자가 방패를 받쳐 들며 왕관이 그 위를 장식하는 형태다. 방패 속의 황금색 사자는 용기와 힘을 나타내며, 오랜 기간 외세의 지배에서 벗어나 독립을 이루고자 했던 불가리아 민족의 자긍심을 상징한다.

국장 아래쪽에 있는 리본에는 불가리아어로 "단결은 힘이 된다"는 국가적 모토가 새겨져 있다. 이 말은 역사적으로 비잔틴 제국과 오스만 제국의 지배 속에서도 끊임없이 독립을 향해 싸웠던 불가리아인들의 결속력을 강조한다.

불가리아 국장(1879~1907년) 중앙의 붉은 방패에는 불가리아를 상징하는 황금 사자가 우뚝 서 있으며, 양옆을 두 마리의 왕관을 쓴 황금 사자가 지키고 있다.

수도 소피아, 역사의 중심

불가리아의 수도 소피아는 유럽에서 가장 오래된 도시 중 하나로, 약 7,000년의 유구한 역사를 자랑한다. 소피아는 그리스어로 '지혜'를 의미하며, 도시 곳곳에는 동방정교회의 영향으로 지어진 성당과 정교회 건축물이 많다.

그중에서도 알렉산더 네브스키 성당과 성 니콜라스 정교회는 불가리아의 종교적, 문화적 상징을 대표하는 역사 유적으로 손꼽힌다.

장미의 나라, 불가리아

불가리아는 흔히 '장미의 나라'라고 불릴 정도로 장미와 밀접한 관련이 있다. 불가리아의 국화는 장미이며, 특히 발칸산맥 남부의 '장미의 계곡'은 전 세계적으로 유명한 장미 생산지다. 이곳에서 생산되는 장미 오일은 세계에서 소비되는 장미 오일의 약 70~80%를 차지할 정도로 국제적인 명성을 얻고 있다.

불가리아 카잔러크 인근 '장미 계곡'에서 장미를 수확하는 모습을 담은 1870년대의 삽화. 카잔러크는 지금도 세계적인 장미 오일 생산지로 유명하다.

리히텐슈타인 5크로넨 은화와 독립의 역사

리히텐슈타인의 독립 과정

리히텐슈타인은 오스트리아와 스위스 사이의 알프스산맥에 있는 유럽의 작은 내륙 국가로, 공식 명칭은 '리히텐슈타인 공국'이다. 이 나라의 역사는 1719년 신성로마제국의 영지였던 파두츠와 셸렌베르크가 합쳐지면서 본격적으로 시작되었다. 안톤 플로리안 1세가 이 두 지역을 통합해 현재의 리히텐슈타인 공국을 탄생시켰다.

19세기 초 나폴레옹이 유럽을 재편하면서 신성로마제국이 해체되자, 리히텐슈타인은 1806년 나폴레옹이 주도하는 라인동맹에 가입했고, 이후 1815년 독일 연방의 일원이 되었다. 그러나 1866년 프로이센-오스트리아 전쟁으로 인해 독일 연방이 해체되면서, 리히텐슈타인은 비로소 독립국의 지위를 갖게 되었다.

19세기 대부분 기간 리히텐슈타인은 오스트리아의 영향 아래 놓여 있었으며, 경제적으로도 오스트리아-헝가리 제국과 깊은 연관이 있었다. 당시 화폐 역시 오스트리아-헝가리의 크로넨을 사용하여 사실상 오스트리아의 제후국처럼 기능했다.

그러나 제1차 세계대전(1914~1918년)에서 오스트리아-헝가리 제국이 패배하면서 제국이 붕괴하자 리히텐슈타인은 완전한 독립국으로서 자립성을 강화하기 시작했다.

스위스 관세 동맹과 중립국 확립

1924년, 리히텐슈타인은 스위스와 관세 동맹을 체결하며 스위스 프랑을 공식 화폐로 도입했다. 이를 통해 경제적으로 스위스에 더욱 밀착했고, 이후 중립국으로서의 입지를 확고히 했다. 제2차 세계대전 기간에도 중립국을 유지했으며, 현재까지도 스위스와 긴밀한 경제적, 정치적 관계를 유지하고 있다.

요한네스 2세 리히텐슈타인 공의 초상(존 퀸시 아담스, 1908년). 지적이고 온화한 인물로 평가받으며, 리히텐슈타인의 근대화와 교육·문화 진흥에 큰 기여를 했다.

리히텐슈타인의 대표적인 은화

리히텐슈타인이 독립국의 상징으로 발행한 대표적인 크라운 크기의 은화가 바로 5크로넨(Kronen) 은화다. 이 은화의 앞면에는 리히텐슈타인의 중요한 통치자인 요한 2세(재위:1858~1929년)의 초상이 새겨져 있고, 뒷면에는 국가의 상징인 국장이 들어 있다.

요한 2세는 무려 70년 이상 재위하며 리히텐슈타인의 발전과 독립의 기반을 다진 중요한 군주다. 리히텐슈타인은 공식적으로 왕국이나 제국이 아니라 '공국(Principality)'이기 때문에, 그는 왕이 아니라 '공(Prince)'이라는 칭호로 불린다.

※ 5크로넨 은화: 중량 24.0g, 은 90.0, 크기 36.0㎜

리히텐슈타인 5크로넨 은화(1910년)

리히텐슈타인 국장의 역사와 구성

리히텐슈타인 국장 중심에는 방패가 있으며, 이를 왕관과 화려한 망토가 감싸고 있는 형태로 이루어져 있다.

방패에 새겨진 네 개의 서로 다른 문양은 각각 리히텐슈타인 공가(公家)의 주요한 역사적 영지와 가문의 혈연관계를 나타내고 있다.

왼쪽 위의 독수리는 실레지아 지역을, 오른쪽 위의 노란색과 검은색 사선은 퀴링엔 가문을 상징한다. 왼쪽 아래의 왕관을 쓴 머리는 모라비아의 트로파우 지역을, 오른쪽 아래의 나팔 문양은 리트베르크 가문을 나타낸다. 이 모든 문양들은 리히텐슈타인 가문이 결혼과 영토 확장을 통해 중부 유럽 각지와 맺은 역사적 연결고리를 보여준다.

리히텐슈타인 국장. 국장 안에는 신성로마제국의 독수리 문장, 작센 가문의 상징, 실레지아 문장 등 리히텐슈타인 가문이 지녔던 여러 지역 영지를 상징하는 요소들이 결합되어 있다.

왕관과 망토의 상징적 의미

방패 위에 놓인 왕관은 리히텐슈타인이 왕국이 아닌 공국임을 나타내면서도 통치자의 권위를 강조하는 의미를 담고 있다. 방패를 둘러싼 화려한 망토와 덮개는 왕실의 존엄성과 귀족의 지위를 나타내는 유럽 왕실 국장의 전형적인 표현 방식이다.

리히텐슈타인 국장은 1719년 공국 성립 이후부터 변화하며 발전해 왔다. 20세기 초반 요한 2세(재위 1858~1929년) 시대에 들어서며 현재의 형태로 확립되었다.

라트비아 5라티 은화, 독립의 상징

라트비아의 역사와 독립 과정

라트비아는 리투아니아, 에스토니아와 함께 '발트 3국'으로 불리며 오랜 역사를 가진 나라이다. 이 지역은 13세기 이후 독일 기사단, 폴란드-리투아니아 연방, 스웨덴 왕국, 러시아 제국 등 여러 강대국의 지배를 받아왔다. 하지만 20세기 초, 러시아 혁명으로 제정 러시아가 무너지면서 라트비아도 민족적 독립의 기회를 맞이하였다.

마침내 1918년 11월 18일, 라트비아는 독립을 선언했고, 이어진 러시아 내전의 혼란 속에서도 굳건한 민족적 투쟁으로 1920년 국제 사회로부터 공식적인 라트비아 공화국으로 인정받았다. 그러나 이 독립은 오래 지속되지 못했다. 제2차 세계대전이 시작된 후, 1940년 소련군이 라트비아를 점령하면서 다시 어둠의 시기가 찾아왔다.

독립의 상징, 밀다 여신

1929년부터 발행된 라트비아의 대표적인 은화인 5라티(Lati) 은화에는 라트비아의 독립과 자유를 상징하는 밀다(Milda) 여신의 초상이 새겨졌다. 밀다 여신은 라트비아 국민에게 민족의 자부심과 독립의 염원을 나타내는 중요한 상징이 되었다.

밀다 여신이 그려진 이 5라티 은화는 단순히 상거래 수단이 아니라 국민적 애착과 저항의 상징으로서 제2차 세계대전과 소련 점령 기간 동안 많은 사람의 마음속에서 특별한 의미를 지니고 있었다. 소련의 억압이 심해졌을 때, 라트비아 사람들은 이 동전을 마치 부적처럼 보관하며 독립의 희망을 간직했다.

실제로 소련 정권은 이 은화의 소지 자체를 민족주의적 행위로 간주하여 금지했고, 그로 인해 이 은화는 더욱 특별한 상징성을 얻게 되었다. 현재에도 5라티 은화는 라트비아의 역사적 독립을 기념하는 행사나 전시회에서 중요한 전시물로 등장하고 있다.

※ **5라티 은화: 중량 25.0g, 은 83.5, 크기 37.0㎜**

라트비아 5라티 은화(1931년)

밀다 여신의 기원과 역사적 배경

밀다(Milda)는 리투아니아 신화에 등장하는 사랑과 자유의 여신으로, 라트비아와 리투아니아에서 여성의 이름으로도 널리 쓰인다. 원래 밀다는 젊은 연인들에게 사랑과 아름다움을 축복하는 존재로 알려졌지만, 라트비아에서는 더욱 특별한 의미로 발전하여 민족의 독립과 자유를 상징하는 중요한 존재가 되었다.

밀다 여신이 독립과 자유의 상징으로 자리 잡은 배경에는 라트비아의 역사적 투쟁과 밀접한 관련이 있다. 라트비아는 13세기 이후 독일, 폴란드, 스웨덴, 러시아 등 여러 외세의 지배를 받으며 민족적 고통을 겪었다. 20세기 초 독립을 위한 민족운동이 활발하게 일어나자 밀다 여신의 이미지는 라트비아인의 민족적 독립 염원을 담아내는 문화적 상징으로 자리 잡았다.

리가 자유 기념비와 밀다 여신

라트비아 수도 리가(Riga) 중심부에는 밀다 여신의 모습을 담은 자유 기념비가 있다. 이 기념비는 1918~1920년 독립 전쟁에서 희생된 이들을 추모하고, 라트비아 민족의 독립 정신을 기념하기 위해 1935년에 건립되었다. 높이 42미터에 달하는 기념비의 정상에는 밀다 여신이 자리 잡고 있다.

기념비 정상에 있는 밀다 여신상은 양손을 높이 들어 세 개의 황금색 별을 들고 있는 모습으로 조각되었다. 이 별들은 라트비아를 구성하는 세 지역, 즉 쿠를란트, 리보니아, 라트갈레를 상징하며, 이 세 지역의 통합과 단결을 나타낸다. 밀다 여신이 세 개의 별을 들어 올리고 있는 모습은 라트비아 국민의 단합된 독립 의지를 상징적으로 표현한 것이다.

라트비아가 소련 점령 시기였던 1940년대부터 1991년까지, 소련 당국은 자유 기념비를 철거하려고 했지만, 라드비아 국민의 강력한 저항과 보호 노력 덕분에 기념비는 온전히 보존될 수 있었다. 소련 붕괴 이후인 1991년, 라트비아가 독립을 되찾았을 때, 밀다 여신상은 더욱 강력한 독립과 자유의 상징으로 자리잡았다.

밀다 여신상(1935년 수도 리가에 건립). 1935년 라트비아 수도 리가에 세워진 이 자유의 기념탑은, 라트비아의 독립과 자유를 상징하는 대표적 조형물이다.

밀다 여신, 라트비아 독립의 상징

밀다 여신의 이미지는 화폐와 우표에도 등장하며 라트비아 문화에서 핵심적인 위치를 차지하고 있다. 1929년부터 발행된 라트비아의 대표적인 은화인 5라티(Lati)에는 밀다 여신의 초상이 새겨져 있으며, 이 동전은 제2차 세계대전 당시 라트비아 국민에게 독립의 염원을 담은 부적처럼 소중히 간직되었다. 이후 1991년 독립을 되찾은 라트비아는 밀다 여신 도안을 다시금 우표와 2유로 동전에 새기며 국가의 자부심과 전통을 재확인하였다. 특히 2014년에 발행된 밀다 여신이 새겨진 2유로 동전은 유럽에서 가장 아름다운 동전으로 선정되는 영광을 얻기도 했다.

2014년 라트비아 2유로 주화 (전통 복장의 여성 초상).
이 초상은 1920년대 라트비아 독립 시기에 사용되었던 5라츠 은화의 도안을 기반으로 하며, 라트비아 국민정신과 자주성을 상징하는 대표적인 이미지이다.

3장

19~20세기 이슬람 문화권의 근대 은화

이슬람 세계와 크라운 크기 은화의 등장

오스만 제국의 국제 무역 확대와 유럽 표준의 수용

18세기 후반부터 오스만 제국을 비롯한 이슬람 세계는 유럽과의 교류를 활발하게 확대하기 시작했다. 당시 유럽 국가들은 이미 국제 무역에서 '8레알 은화'(스페인 달러)를 표준 화폐로 활용하고 있었다. 오스만 제국 또한 이러한 유럽의 표준을 받아들여 자국 은화의 크기를 유럽의 크라운 크기 은화와 동일한 규격으로 맞추기 시작했다.

당시 가장 유명한 유럽의 무역 은화였던 '마리아 테레지아 탈러'는 은의 순도와 무게의 정확성 덕분에 오스만 제국과 중동 지역 무역상들 사이에서도 큰 인기를 끌었고, 신뢰할 수 있는 화폐로 자리 잡았다. 이를 계기로 오스만 제국은 물론 페르시아(이란), 이집트, 모로코 등 다양한 이슬람 국가들

※ 마리아 테레지아 은화: 중량 28.06~28.82g, 은 83.3~87.5, 크기 40.0~42.0mm

마리아 테레지아 탈러(Maria Theresia Thaler) 1750년부터 유럽 및 중동, 아프리카, 아시아에 이르기까지 광범위하게 유통된 무역 은화

이 마리아 테레지아 탈러의 규격을 기준으로 자국의 은화를 발행하기 시작했다.

산업혁명과 이슬람 경제권의 변화

이슬람 사회에서는 금과 은 등 귀금속을 활용한 화폐 사용을 종교적으로도 권장했다. 이슬람의 법(샤리아)에 따라 귀금속을 기반으로 하는 화폐의 사용은 공정하고 정당한 거래 수단으로 여겨졌다. 이러한 종교적 배경 덕분에 은화를 통한 결제 시스템이 이슬람 사회 전반에 자연스럽게 자리 잡았다.

산업혁명 이후 유럽 국가들과의 교역이 증가하면서 이슬람 세계는 국제무역에 적합한 크라운 크기 은화를 더욱 널리 사용하기 시작했다. 이러한 상황에서 크라운 크기의 은화는 무역과 상업 거래에서 가장 이상적인 결제 수단으로 인정받으며 더욱 폭넓게 활용되었다. 이슬람 국가들이 발행한 크라운 크기 은화들은 신뢰성 높은 결제 수단으로서 이슬람뿐만 아니라 유럽과 아시아 국가 간 교류와 무역 활성화에 큰 역할을 담당했다.

이슬람 세계의 크라운 은화와 국제 무역

이슬람 지역에서 발행된 크라운 크기 은화들은 다양한 국가와 문화권 간의 무역 거래에서 필수적인 매개체로 자리 잡았다. 오스만 제국과 페르시아, 이집트, 모로코 등은 크라운 크기의 은화를 적극적으로 발행하여 유럽과 아시아 간 교역을 활성화했다. 또한, 이 은화는 국제 교역뿐 아니라 지역 내 소규모 상거래에서도 사용되어 경제적 안정성과 사회적 통합을 이루는 데 중요한 역할을 했다.

이 책의 3장에서는 19세기에서 20세기 초에 이슬람 국가에서 발행된 근대 크라운 크기 은화를 중심으로, 동전이 지닌 문양과 문자를 통해 그 시대의 역사적 배경과 문화를 살펴볼 것이다. 이는 화폐가 단순한 경제적 수단을 넘어서, 당시 이슬람 사회의 정치적 변화, 종교적 신념, 경제적 흐름, 문화적 특성을 잘 드러내기 때문이다.

※ **스페인 8레알 은화(1778년) 은화: 중량 27.07g, 은 89.6%, 크기 39.0㎜**

1778년 스페인령 아메리카 식민지(멕시코)에서 발행된 대표적 무역 은화 8레알.
이 은화는 유럽, 아메리카, 아시아를 넘나들며 세계 최초의 글로벌 통화 기능을 하였다.

이슬람 세계의 기원과 핵심

이슬람의 기원과 확산

이슬람교를 믿는 사람들을 무슬림이라 부르며, 이슬람은 기독교 다음으로 세계에서 두 번째로 큰 종교로 자리 잡고 있다. 현재 무슬림 인구가 가장 많은 나라는 중동이 아닌 동남아시아의 인도네시아이며, 전 세계에 빠른 속도로 확산하고 있다.

이슬람교는 7세기 초 아라비아반도의 주요 무역 중심지였던 메카에서 무함마드에 의해 창시되었다. 이후 빠르게 전파되어 중세부터 근대에 이르기까

무함마드의 예언자 소명과 첫 계시 (약 1425년), 하피즈 이 아브루가 편찬한 『역사 모음집』에 실린 삽화. 이 장면은 이슬람 예언자 무함마드가 천사 가브리엘을 통해 최초의 계시를 받는 순간을 묘사한 것으로, 페르시아 지역에서 약 1425년경 제작되었다.

지 서유럽보다도 훨씬 앞선 문명을 꽃피웠다. 이 시기의 이슬람 문명은 철학, 수학, 의학, 천문학 등의 분야에서 인류 문명의 발전에 큰 영향을 미쳤다.

이슬람 국가와 이슬람법

오늘날 이슬람 국가 중 일부는 이슬람의 종교적 법률인 샤리아를 바탕으로 국가를 운영한다. 샤리아법에 따라 통치되는 대표적인 나라들로는 사우디아라비아, 이란, 아프가니스탄, 파키스탄, 예멘, 이라크, 모리타니, 아랍에미리트 등이 있다. 또한 이슬람을 공식적인 국교로 인정하는 나라로는 이집트, 요르단, 바레인, 카타르, 쿠웨이트, 오만, 튀니지, 모로코, 알제리, 방글라데시, 브루나이, 몰디브, 소말리아, 리비아, 말레이시아, 코모로 등이 있다.

이슬람의 신앙과 다섯 기둥

이슬람 신앙의 핵심은 다섯 가지 기본 원칙으로 구성되어 있다. 이것을 '이슬람의 다섯 기둥'이라고 하며, 무슬림들에게는 이를 반드시 지킬 것이 권장된다. 첫 번째는 알라를 유일신으로 믿는다고 고백하는 신앙고백(샤하다)이다. 두 번째는 하루 다섯 번의 정기적인 기도(살라트), 세 번째는 가난한 사람을 돕기 위해 재산을 기부하는 희사(자카트), 네 번째는 라마단 기간 단식하는 사움, 마지막 다섯 번째는 평생에 한 번 성지 메카로의 순례(핫즈)이다.

카바 신전과 하지 순례자들, 사우디아라비아 메카의 마스지드 알하람에 위치한 카바(Kaabah)는 이슬람의 가장 성스러운 장소로, 모든 무슬림이 기도할 때 향하는 방향이다

아랍과 이슬람의 차이

혼히 이슬람과 아랍을 같은 개념으로 혼동하는 경우가 많은데, 두 용어는 서로 다른 의미를 지니고 있다. '아랍'은 공통의 문화를 공유하는 사람들을 일컫는 말로, 아랍어를 사용하며 아랍 문화를 공유하는 서남아시아와 북아프리카 지역을 지칭한다. 이에 비해 '이슬람'은 종교적 신념을 중심으로 정의된다. 따라서 모든 아랍인이 이슬람교를 믿는 것은 아니며, 이슬람교를 믿는 사람들이 모두 아랍어를 사용하는 것도 아니다.

대표적인 예로 이란과 터키가 있다. 이란은 페르시아어(파르시어)를 사용하며 주로 페르시아계 민족으로 구성되어 있고, 터키는 튀르크계 민족으로서 터키어를 사용한다. 두 나라는 이슬람 국가이지만, 아랍 문화권에는 속하지 않는다. 이처럼 '아랍'과 '이슬람'을 명확히 구분하여 이해하는 것이 중요하다.

이슬람 제국의 역사

이슬람 역사에서 중요한 역할을 한 아랍계 대표적 왕조로는 정통 칼리프 시대(라시둔 칼리파), 우마이야 왕조, 아바스 왕조가 있다. 그리고 이후 등장한 오스만 제국은 튀르크게 무슬림 제국으로, 이들 아랍계 왕조들과는 구분된다. 이들은 한때 이집트와 스페인, 이란을 포함한 광대한 지역을 지배했으며, 세계 역사상 가장 큰 제국 중 하나로 평가된다.

오스만 제국 은화 20쿠루시

오스만 제국의 시작과 팽창

오스만 제국은 1299년 오스만 1세(1258~1326년)에 의해 세워져 1922년까지 623년간 존속했던 대제국이다. 오스만 제국이라는 명칭은 창건자인 오스만 1세의 이름에서 유래한 것이다. 소아시아(지금의 터키 지역)의 작은 영토에서 시작한 이 국가는 유럽, 아시아, 아프리카의 세 대륙에 걸쳐 광대한 영

1566년 술레이만 대제 사망 당시의 오스만 제국 영토.
오스만 제국의 직할령 및 부호령 영토를 나타낸 지도.

토를 통치하며 세계사에 큰 영향을 끼쳤다.

오스만 제국은 바예지드 1세(1354~1403년) 때부터 본격적으로 영토 확장을 추진했으며, 메흐메드 2세(1432~1481년)는 1453년 콘스탄티노플을 점령하여 비잔틴제국(동로마제국)을 멸망시키면서 제국 발전의 절정에 이르렀다. 이후 콘스탄티노플(지금의 이스탄불)은 오스만 제국의 수도이자 세계 무역의 중심지로 번성했다.

16세기, 술탄 술레이만 1세(1494~1566년)의 통치하에서 제국의 영토는 최대 범위에 이르렀고, 정치적 안정과 경제적 번영으로 전성기를 맞이했다.

제국의 쇠퇴와 해체

17세기 후반부터 제국은 서서히 정체기를 맞았고, 18세기 이후 중앙집권적 지배 체제가 약해지면서 내부적으로 부패와 혼란이 이어졌다. 이에 따라 제국은 서유럽 열강과 벌인 잇따른 전쟁에서 패배하며 점차 발칸반도와 중동 지역에서 영토를 잃었다. 특히 18~19세기 산업혁명과 근대화의 흐름을 따라가지 못하면서 제국의 쇠퇴는 가속화되었다.

결국 오스만 제국은 제1차 세계대전(1914~1918년)의 패전 이후 사실상 붕괴의 길을 걷게 되었고, 1922년 공식적으로 해체되었다. 이듬해인 1923년에는 무스타파 케말 아타튀르크의 주도로 오늘날의 터키 공화국이 새롭게 건국되었다.

오스만 제국의 화폐 제도와 20쿠루시 은화

오스만 제국은 19세기 초까지 전통적인 수공 방식으로 화폐를 제작했다. 그러나 압둘메지드 1세(1823~1861년) 시기인 1839년부터 1876년까지 진행된 근대화 개혁인 '탄지마트 개혁'을 통해 유럽식 기계화 주조 방식을 도입했다. 이를 통해 화폐의 품질과 신뢰성을 높이고, 근대적 금융 체제를 구축하게 되었다.

유럽의 화폐가 주로 국왕의 초상화를 새긴 것과 달리, 오스만 제국의 화폐는 종교적 전통을 존중하여 술탄의 초상 대신 그의 공식 서명인 '투그라(Tughra)'를 새겼다. 투그라는 술탄의 이름과 권위를 예술적으로 표현한 공식적인 서명으로, 제국의 은화에 각인되어 독특한 상징성을 나타냈다.

대표적인 오스만 제국의 근대 은화로는 1844년부터 1918년까지 발행된 20쿠루시 은화가 있다. 이 은화의 앞면 중앙에는 술탄의 투그라가 선명하게 새겨져 있으며, 둘레에는 오스만 제국의 상징인 초승달과 별이 장식되어 있다. 은화의 뒷면에는 발행 연도가 아랍어 숫자로 새겨져 있는데, 이는 오스만 제국이 이슬람력(히즈라력)을 사용한 전통을 반영한 것이다.

※ 20쿠루시 은화: 중량 24.05g, 은 83.0, 크기 37.0㎜

오스만 제국 20쿠루시 은화(1917년) 은화에 새겨진 투그라는 술탄의 권위를 나타내며, 초승달과 별 문양은 오스만 제국의 상징을 반영한다.

이슬람의 상징, 초승달과 별

초승달과 별의 유래와 의미

초승달과 별은 현대에 들어 이슬람을 대표하는 상징으로 자리 잡았다. 이 문양은 많은 이슬람 국가의 국기, 화폐, 건축물 등에서 쉽게 발견할 수 있으며, 이슬람 문화를 나타내는 가장 익숙한 이미지가 되었다. 이슬람 전통에서 초승달은 이슬람력(히즈라력)의 시작을 알리는 중요한 역할을 하며, 별과 함께 빛과 진리의 상징으로 여겨졌다.

초승달과 별의 종교적 의미

초승달과 별이 이슬람을 대표하는 상징으로 널리 사용되고 있지만, 이슬람에서는 별자리나 점성술과 같은 천체를 이용한 미래 예측을 엄격히 금지하고 있다. 이는 천체 현상에 의미를 부여하여 미래를 점치는 것이 신의 권위에 도전하는 행위로 간주되기 때문이다. 또한, 이슬람교는 신을 형상화하는 것을 금지하고 있어, 초승달과 별처럼 추상적이고 기하학적인 문양을 선호했다. 따라서 초승달과 별은 신앙을 상징하는 장식적이면서도 의미 있는 요소로 사용되고 있다.

이슬람의 상징, 초승달과 별. 오스만 제국 시대 이후 이슬람 세계를 대표하는 상징으로 널리 사용되었으며, 진리와 신앙의 시작을 의미한다.

초승달과 별의 역사적 기원

초승달과 별이 이슬람 문화권에서 널리 사용된 것은 오스만 제국 시대로 거슬러 올라간다. 18세기경 오스만 제국은 국기에 초승달과 별 문양을 도입했으며, 이후 이 문양은 자연스럽게 이슬람 세계를 상징하는 이미지로 서구에 소개되었다. 특히 오스만 제국의 수도였던 콘스탄티노플(현재의 이스탄불)을 둘러싼 전설이 초승달과 별의 상징성에 큰 영향을 미쳤다. 전설에 따르면 기원전 4세기, 마케도니아 군대가 이스탄불 성벽을 공격할 때, 초승달이 갑자기 하늘에 떠올라 도시를 밝게 비추었다. 이를 신의 보호로 받아들인 시민들이 침략자를 물리쳤다는 이야기가 전해지며, 초승달이 국민의 단결과 국가적 자부심을 나타내는 중요한 상징으로 자리 잡았다.

초승달의 상징성은 그리스와 로마 신화에서도 찾을 수 있다. 그리스 신화에서 달의 여신 아르테미스와 로마의 신화에서 사냥의 여신 디아나가 초승달을 상징으로 가지고 있으며, 이러한 초승달의 이미지가 중세 유럽 문화와 접촉한 이슬람 세계에서 재해석된 것으로 보는 견해도 있다. 다만 이슬람 자체에서는 달을 숭배하거나 여신의 형태로 표현하는 것이 철저히 금지되었기에, 초승달은 순수하게 신앙적이며 상징적인 의미로 사용되었다.

사냥의 여신 디아나. 19세기 프랑스 화가 Guillaume Seignac가 그린 고전주의적 여성 초상화로, 로마 신화의 사냥 여신 디아나(그리스 신화의 아르데미스에 해당)를 우아하게 묘사하였다

화폐 속 초승달과 별

이슬람 세계의 화폐에서도 초승달과 별이 자주 등장한다. 오스만 제국을 비롯한 터키, 파키스탄, 말레이시아, 예멘 등의 은화와 지폐에서 초승달과 별 문양을 쉽게 볼 수 있으며, 이는 단지 장식적인 의미를 넘어 신앙과 국가를 표현하는 중요한 요소로 작용하고 있다. 특히 오스만 제국의 20쿠루시 은화는 가장자리에 초승달과 별을 아름답게 배치하여 이슬람의 상징성을 극대화했다.

오늘날 터키, 튀니지, 파키스탄, 리비아, 알제리, 아제르바이잔 등 여러 이슬람 국가의 국기에는 초승달과 별이 사용되고 있다. 그러나 모든 이슬람 국가가 반드시 초승달과 별을 국기나 상징으로 사용하는 것은 아니며, 사우디아라비아와 같은 국가들은 이슬람 신앙의 핵심인 샤하다(신앙고백문)를 상징으로 채택하고 있다. 초승달과 별은 이슬람을 나타내는 가장 보편적인 이미지 중 하나로 인식되고 있으며, 이는 역사적, 문화적 배경이 담긴 상징으로 이슬람 세계 전반에 걸쳐 다양한 형태로 사용되고 있다.

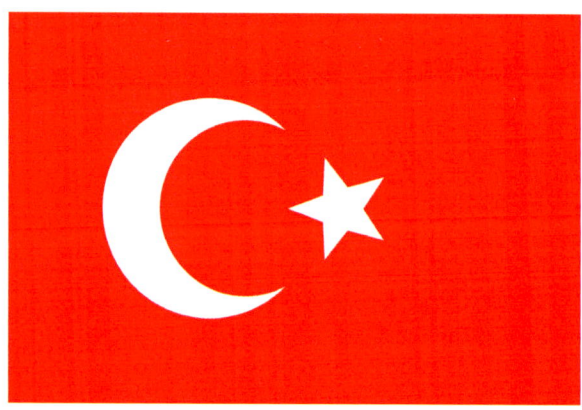

오스만 제국의 국기. 붉은 바탕에 초승달과 별이 그려진 이 국기는 오스만 제국(1299~1922년)의 상징으로, 이슬람 세계의 정치적 중심이었던 오스만 제국의 상징성을 나타낸다.

이집트 은화 20키르시

오스만 제국 시기의 이집트 화폐

이집트는 세계에서 가장 오래된 역사를 지닌 문명국 중 하나로, 고대 이집트부터 로마, 비잔틴, 이슬람, 오스만 제국 시대에 이르기까지 다양한 문명의 흔적을 간직하고 있다. 특히 16세기부터 19세기까지 오스만 제국의 지배 아래 놓였던 이집트는 오스만 제국의 화폐 제도를 그대로 따랐다. 당시 사용된 주요 단위는 파라, 아크체, 쿠루시, 리라였으며, 특히 키르시는 40파라에 해당하는 단위로 이집트 경제의 중심적 화폐가 되었다.

무함마드 알리 왕조와 화폐 발행

19세기 초반, 이집트는 무함마드 알리 파샤의 등장과 함께 경제적·정치적 자치권을 확보하기 시작했다. 무함마드 알리는 이집트에 근대적 개혁을 단행하며 독자적인 경제 구조를 형성했고, 이에 따라 이집트는 독자적으로 화폐를 발행하기 시작하였다. 당시 발행된 은화 중 대표적인 것이 20키르시 은화로, 오스만 제국 시대를 지나 독립된 이집트 왕국으로 넘어가는 과도기적 화폐였다.

20키르시(Qirsh) 은화

오스만 제국 시절 발행된 초기의 20키르시 은화는 주로 술탄의 상징과 정교한 이슬람 캘리그래피 문양을 포함했다. 그러나 1922년 이집트가 영국으로부터 독립을 달성하고 이집트 왕국이 성립되면서, 이후의 20키르시 은화에는 왕의 초상화가 등장하기 시작하였다. 특히 1920년대와 1930년대에 발행된 은화에는 당시 국왕의 초상과 이집트의 국장이 새겨져 이집트의 독립 의지와 민족의 자부심을 표현했다.

이집트는 이후 현대적인 화폐 제도로의 전환을 점진적으로 추진하여 1930년대부터는 이집트 파운드를 주요 화폐 단위로 사용하기 시작했다. 20키르시 은화는 그 과도기에서 이집트 역사의 전환점과 민족적 자부심을 담고 있는 화폐로 남게 되었다.

※ 20키르시 은화: 중량 28.0g, 은 83.3, 크기 39.9~40.0㎜

오스만 제국의 20키르시 은화(1913년, 1917년). 왼쪽은 술탄의 튀그라(칼리프의 서명 문양)와 아라베스크 장식이 새겨져 있다. 오른쪽은 오스만 제국의 이슬람적 정체성을 강조한 서예 문양이 특징이다.

이집트 왕국 시대의 20키르시 은화 (1923년, 1933년). 왼쪽은 파우드 1세의 초상이 새겨진 1923년 발행 은화이며, 오른쪽은 파루크 1세 치세기에 발행된 1933년 은화이다. 두 은화는 아랍어 서체로 국왕의 투그라가 장식되어 있다.

이집트 20키르시 은화(1939년). 이 은화는 이집트 국왕 파루크 1세의 초상을 담고 있으며, 왕실 문장과 투그라, 이슬람력 및 그레고리력 연도가 함께 새겨져 있다.

3장 19~20세기 이슬람 문화권의 근대 은화

이슬람의 문화예술, 캘리그래피와 아라베스크

이슬람 예술의 특징과 배경

이슬람 문화는 신을 형상화하거나 그림으로 묘사하는 것을 엄격히 금지하는 반(反)우상주의 전통을 지니고 있다. 기독교나 불교에서는 예수님과 부처님의 모습을 조각이나 회화로 자주 표현하지만, 이슬람은 신이나 예언자의 형상화를 우상숭배로 여기기 때문에 거의 모든 형태의 인물 표현을 제한하였다. 그 결과 이슬람 예술은 사람이나 신을 묘사하는 대신 문자와 기하학적 문양 중심으로 발전하게 되었다.

문자로 표현된 예술, 캘리그래피

캘리그래피(Calligraphy)는 아랍어를 아름답게 장식하고 예술적으로 표현하는 아랍 서예 예술로, 특히 코란의 구절을 화려하면서도 정교하게 묘사하는 것이 특징이다. 캘리그래피는 종교적 경건함을 표현하는 수단으로 발달하였으며, 이슬람 사원이나 공공건물의 벽면, 도자기, 직물, 가구, 심지어는 화폐와 무기에도 널리 사용되었다.

이스탄불의 술탄 아흐메드 모스크, 이란의 이맘 모스크, 인도의 타지마할 등 유명한 이슬람 건축물에서도 뛰어난 캘리그래피 작품들을 발견할 수 있다. 이러한 캘리그래피 작품들은 신의 메시지를 담는 동시에 미적인 감각을 극대화한 독특한 예술 양식으로 자리 잡았다.

말레크 무함마드 카즈비니의 장식체 서예.
19세기 페르시아의 서예가 Malek-Mohammad Qazvini 의 작품으로, 장식적인
아라비아 문자로 구성된 서예 페이지. 서기 1868~69년(이슬람력 A.H. 1285)에 제작되었으며,
정교한 아랍 캘리그래피만으로 구성되어 이슬람의 예술성과 종교적 경건함을 보여준다.

기하학적 아름다움의 정수, 아라베스크

아라베스크(Arabesque)는 아랍 스타일의 복잡하고 반복적인 기하학적 문양으로, 이슬람 문화에서 가장 특징적인 장식 예술이다. 이슬람에서 우상숭배 금지 원칙으로 인해 인간이나 동물의 형상 대신 아라베스크가 크게 발달하였으며, 주로 식물의 잎이나 줄기를 기반으로 하여 끝없이 반복되는 추상적 패턴이 특징이다.

스페인의 알람브라 궁전, 터키의 톱카프 궁전, 이란의 이스파한 왕 모스크에서는 정교한 아라베스크 문양이 벽면과 천장, 기둥을 화려하게 장식하고 있다. 아라베스크는 신의 끝없는 영원성과 우주의 조화를 상징하며, 보는 이에게 평화롭고 조화로운 미감을 전달한다.

스페인 알함브라 궁전 내부의 아라베스크 문양 천장 장식.
이 장식은 14세기 나스르 왕조 시기의 작품으로 추정되며,
코란 구절과 기하학적 구조가 어우러져 '무한한 신의 질서'를 표현하고자 했다.

유럽 예술에 미친 이슬람 예술의 영향

르네상스 시기부터 이슬람의 아라베스크 문양은 유럽의 예술과 건축에 큰 영향을 미쳤다. 특히 스페인의 무데하르 양식과 프랑스·이탈리아의 르네상스 건축물, 그리고 벽지와 직물 문양 등에도 아라베스크 스타일이 널리 사용되었다.

19세기 낭만주의 시대의 유럽에서는 '오리엔탈리즘'이라는 형태로 이슬람 문화를 이상화하는 경향이 나타났으며, 아라베스크 문양은 이국적인 아름다움을 표현하는 주요 소재가 되었다. 이처럼 캘리그래피와 아라베스크는 이슬람 세계뿐 아니라 유럽의 문화예술에도 큰 영향을 미친 대표적 예술 형식이다.

이란 은화 5,000디나르와 5리알

이란과 아랍의 차이

이란은 고대 페르시아 제국의 오랜 역사를 이어받은 국가로서, 서아시아의 중심에 자리 잡고 있다. 역사적으로 '페르시아'라는 이름으로 널리 알려져 있었으나, 1935년에 공식 국명을 '이란'으로 변경하였다. '이란'이라는 이름은 '아리안 민족의 땅'이라는 뜻으로, 인도 유럽어족 계열임을 강조하는 의미를 담고 있다.

이란은 지리적으로 중동에 있고 이슬람을 믿는 국가이지만, 민족적으로는 아랍과 뚜렷한 차이를 보인다. 아랍 민족이 셈족 계열에 속하는 데 반해, 이란 민족은 인도 유럽계인 아리안 계통으로 구분된다. 또한 이란의 이슬람 종파에서도 대부분 아랍 국가는 수니파를 따르지만, 이란은 시아파를 국교로 정하고 있어 종교적으로도 큰 차이를 보인다.

근대 이란 화폐의 역사

이슬람이 페르시아 지역에 전파된 이후, 아랍 세계와의 무역 교류가 활발해지면서 디나르(Dinar)와 디르함(Dirham) 같은 아랍 화폐가 페르시아에 도입되었지만, 이란은 자신들만의 고유한 화폐 체계를 유지하며 발전시켰다.

특히 카자르 왕조(1779~1925년)와 팔레비 왕조(1925~1979년)를 거치면서 이란은 유럽의 영향을 받아 점차 근대적 화폐 제도를 도입하였다.

1876년, 카자르 왕조는 이란 최초의 기계식 주조소를 설립하여 프랑스와 벨기에서 기계를 도입하여 근대적 화폐 생산을 시작하였다. 이후 테헤란 조폐국에서 정밀한 기술을 바탕으로 다양한 근대 은화를 발행하였으며, 19세기 말과 20세기 초 이란 은화는 유럽 화폐와 비슷한 크기와 무게의 크라운 크기를 표준으로 삼기 시작했다.

이란 근대 은화의 대표작, 5,000디나르와 5리얄

20세기 초반에 발행된 대표적인 크라운 크기 근대 은화는 5,000디나르(5크란, Kran)와 5리얄(Riyal) 은화가 있다. 특히 5,000디나르 은화는 당시 화폐 제도에서 5크란으로도 불렸으며, 이 은화들은 카자르 왕조와 팔레비 왕조 시대의 통치자 초상, 왕관, 그리고 '사자와 태양' 문양을 주요한 도안으로 새겨 넣었다. 이 문양들은 단순히 장식적인 요소를 넘어서 왕실의 권력과 페르시아 제국의 영광을 상징하였다.

'사자와 태양' 문양은 고대 페르시아 제국 시대부터 내려온 전통적 상징으로서, 이란의 민족적 자부심과 국가적 권위를 상징했다. 그러나 1979년 이란 혁명이 일어나 이슬람 공화국이 들어선 이후, 사자와 태양 문양은 공식적으로 사용이 금지되었다. 혁명 이후 이란의 화폐는 이슬람의 상징과 코란의 구절을 중심으로 한 새로운 디자인으로 변화하였다.

※ 5,000디나르 은화: 중량 23.0g, 은 90.0, 크기 36.0㎜

※ 5리얄 은화: 중량 25.0g, 은 82.8, 크기 37.0㎜

5,000디나르 은화(1902년, 1924년). 카자르 왕조와 팔라비 왕조 초기의 이란 은화로 카자르 왕조의 상징이었던 사자와 태양 문장이 새겨져 있다.

5,000디나르 은화(1927년)와 5리얄 은화(1933년). 팔라비 왕조 시기의 이란 은화로 사자·태양 문장이 강조되어 있으며, 상단에는 왕관이 새겨져 팔라비 왕조의 권위를 상징한다.

이란의 상징, 사자와 태양

사자와 태양의 기원

사자와 태양은 오랜 세월에 걸쳐 이란을 대표하는 국가적 상징으로 사용되었다. 특히, 19세기 말과 20세기 초 카자르 왕조와 팔레비 왕조 시기의 화폐, 국기, 국장 등에 두드러지게 등장하였다. 이 문양의 기원은 이슬람 이전 고대 페르시아의 아케메네스 왕조(기원전 6세기)로 거슬러 올라간다. 당시 사자는 왕권과 군사적 힘을 나타냈으며, 태양은 빛과 진리, 신성한 권위를 상징했다. 이 두 요소가 결합한 '사자와 태양' 문양은 왕실의 권위와 신성성을 강조하는 상징으로 자리 잡았다.

중세 이슬람 시대의 사자와 태양

12세기 셀주크 왕조와 이후 중세 이슬람 왕조에서도 사자와 태양은 중요한 상징적 요소로 활용되었다. 당시 페르시아 문화권에서는 사자가 힘과 권력, 그리고 왕국의 수호자를 나타냈으며, 태양은 빛과 번영을 의미하였다. 이 전통은 이슬람 문화와 결합하여 페르시아 전통을 상징하는 강력한 이미지로 확고히 자리 잡게 되었다.

사자가 의미하는 것

사자는 고대부터 힘과 권위, 왕권을 수호하는 존재로 여겨졌다. 고대 이집트, 메소포타미아, 그리스 신화에서도 사자는 힘과 왕의 권위를 상징하며, 유럽에서도 영국과 스코틀랜드 왕가의 문장에 등장하는 대표적인 상징물이다.

이란에서도 사자는 국가의 보호자이자 왕의 권력을 나타내는 중요한 상징이었다. 특히 칼을 든 사자의 모습은 이란의 주권과 독립, 국가 수호의 의지를 강력하게 표현하는 상징으로 사용되었다.

태양이 의미하는 것

태양은 고대 페르시아 문화에서 신성한 존재로 숭배되었으며, 조로아스터교에서 중요한 역할을 했다. 조로아스터교는 태양과 불을 신성하게 여겼고, 이를 통해 진리와 광명, 지혜, 정의를 상징하였다. 이란의 태양 숭배 전통은 중세 이슬람 문화와 결합하면서도 유지되었으며, 사자와 태양 문양이 이란 민족의 번영과 진리를 수호하는 상징으로 발전하게 되었다.

이란 은화 속 상징 변화

이란의 화폐에도 사자와 태양 문양은 시대적 특징과 정치적 메시지를 담아 사용되었다. 대표적으로 5,000디나르 은화와 5리얄 은화 등에 이 문양이 등장하며, 강력한 국가 권력과 번영을 상징하였다.

그러나 1979년 이슬람 혁명 이후 이란이 이슬람 공화국으로 전환하면서 사자와 태양 문양은 폐지되고, 대신 이슬람적 상징인 이슬람 문양과 초승달이 국가 상징으로 사용되기 시작했다. 이 변화는 이란이 세속적인 왕정을 벗어나 이슬람 국가로 전환되었음을 시각적으로 나타내는 상징적인 변화였다.

이란의 국장 변화(페르시아 제국→이란 왕국 국장→이슬람 공화국)
사자와 태양 문양은 고대 페르시아부터 이란 왕정 시대까지 국가의 권위를 상징했으나,
1979년 이슬람 혁명 이후 이슬람적 상징으로 대체되었다.

사우디아라비아 은화의 역사

헤자즈-네지드 왕국과 사우디아라비아의 역사

20세기 초 아라비아반도는 오스만 제국의 영향력 아래에 있었다. 1916년 헤자즈 지역의 후세인 빈 알리는 제1차 세계대전을 틈타 영국의 지원 아래 독립을 선언하고 헤자즈 왕국을 세웠다. 그러나 전쟁 이후 영국과 프랑스가 중동 지역을 분할통치하면서 그의 아랍 통일 목표는 좌절되었다.

한편 아라비아반도 중부 네지드 지역에서는 압둘 아지즈 이븐 사우드가 리야드를 점령하고 세력을 키워 1917년 네지드 왕국을 세웠다. 이후 헤자즈 왕국의 후세인이 1924년에 자신을 칼리프라고 선언하자, 압둘 아지즈는 이

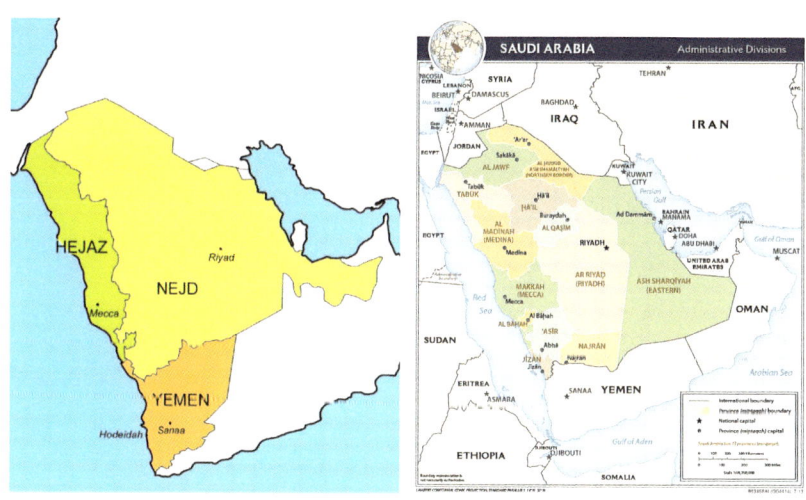

헤자즈 예멘 네지드 지도(20세기 초반)   현대 사우디아라비아 왕국 지도

를 명분으로 헤자즈를 공격하여 1925년에 점령했다.

　결국 그는 1926년 헤자즈와 네지드를 합쳐 '헤자즈-네지드 왕국'을 수립했고, 1927년 영국과 제다 조약을 체결하여 국제적으로 인정을 받았다. 마침내 1932년 9월 23일, 압둘 아지즈는 두 지역을 통합한 '사우디아라비아 왕국'을 공식 선언하여 현재의 사우디아라비아가 탄생하였다.

사우디아라비아와 이슬람교

　사우디아라비아는 이슬람 율법(샤리아)을 엄격하게 따르는 나라다. 사우디아라비아의 국기에는 이슬람의 신앙고백(샤하다)인 "알라 외에 다른 신은 없으며, 무함마드는 알라의 예언자다"라는 문구가 새겨져 있다. 이처럼 이슬람은 국가의 통치와 문화 전반에 깊게 스며들어 있다. 또한 사우디아라비아는 이슬람에서 가장 신성하게 여겨지는 두 성지, 메카의 카바 신전과 메디나의 예언자 모스크가 위치해 전 세계 무슬림의 성지순례가 이루어지는 나라로 유명하다.

사우디아라비아의 대표적인 근대 은화

　사우디아라비아의 근대 화폐는 헤자즈 왕국 시기부터 본격적으로 발행되기 시작했다. 이 시기의 대표적 은화로는 20키르시(Qirsh)와 1리얄(Riyal)이 있으며, 둘 다 동일한 가치를 가진 화폐 단위였다. 이 화폐들에는 이슬람의 율법에 따라 사람의 얼굴이나 동물의 형상이 등장하지 않고, 대신 정교한 이슬람 서예(캘리그래피)와 종교적 문구가 새겨져 있다. 이는 우상 숭배를 금지하는 이슬람 원칙을 철저히 따른 결과로, 화폐에서도 종교적 가치를 반영한 것이 특징이다.

1928년 발행된 사우디아라비아 1리얄 은화는 이슬람의 종교적, 문화적 가치를 잘 나타내는 대표적인 예이다. 이 은화의 앞면과 뒷면 모두 아름답고 정교한 아랍 서체(캘리그래피)로 코란의 구절과 종교적 의미를 담은 문구가 새겨져 있으며, 이슬람력에 따른 발행 연도가 기록되어 있다. 이 은화에는 그림이나 초상화가 없는 대신, 종교와 문화적 전통을 강조한 추상적이고 예술적인 표현이 특징적이다.

※ **1리얄 은화(1928년): 중량 24.1g, 은 91.7, 크기 37.3㎜**

사우디아라비아 1리얄 은화(1928년), 이슬람의 종교적 가치를 중시하여
인물 대신 코란 구절과 아랍 서체로 장식된 은화이다.

사우디아라비아 문장과 여신 유스티티아

생명의 상징 대추야자와 두 개의 칼

사우디아라비아 문장.
사우디아라비아의 공식 문장(국장)은 교차된 두 자말리야(아라비아 전통 곡검) 위에 서 있는 종려나무로 구성되어 있다.

사우디아라비아의 국장은 1950년에 공식적으로 채택되었다. 이 문장의 중심에는 대추야자(종려나무)가 그려져 있으며, 이는 이슬람 문화에서 생명과 풍요, 번영을 나타내는 중요한 상징이다.

이슬람 경전인 코란에서도 대추야자는 자주 언급되며, 라마단 기간 단식을 마칠 때 처음 먹는 음식이 바로 대추야자이다. 이슬람 예언자 무함마드가 대추야자를 첫 음식으로 먹으라는 가르침을 남겼기 때문이다. 이처럼 대추야자는 이슬람 세계에서 영적이고 문화적인 의미를 깊게 내포하고 있으며, 사우디아라비아를 대표하는 상징물 중 하나이다.

사우디아라비아 문장에 있는 대추야자 아래 교차해 있는 두 개의 칼은 힘과 용기, 정의와 권위를 상징한다. 특히 사우디아라비아의 전신이었던 헤자즈 왕국과 네지드 왕국을 상징하며, 두 지역을 하나의 국가로 통합한 압둘 아지즈 이븐 사우드 국왕의 통합 의지와 단결을 상징하기도 한다. 이 두 칼은 또한 국가가 정의롭고 강력한 힘을 통해 국민을 보호하고 통치한다는 메시지를 전달한다.

정의의 여신 유스티티아와 사우디아라비아 문장

칼은 고대부터 정의와 권위를 상징하는 중요한 요소로 사용되었다. 그리스와 로마 신화에서 정의의 여신 유스티티아(Justitia)는 오른손에 칼을 들고 있으며, 이는 공정한 심판과 정의의 힘을 나타낸다. 사우디아라비아 문장에 포함된 칼 또한 유사한 상징성을 갖고 있다.

유스티티아 여신은 서양 문화권뿐만 아니라 전 세계적으로 정의의 상징으로서 폭넓게 인식되고 있다. 따라서 사우디아라비아의 문장 속 칼은 단지 국가적 상징일 뿐 아니라 보편적인 정의의 의미까지 담고 있는 것으로 볼 수 있다.

일곱 가지 죄를 심판하는 유스티티아(Antoon Claeissens, 1613년) 정의의 여신이 오른손에 든 칼은 힘과 공정한 심판을 상징하며, 사우디아라비아 문장 속 칼과 같은 의미를 담고 있다.

문장의 종교적, 정치적 상징성

  사우디아라비아는 이슬람 국가로서 우상 숭배를 엄격히 금지하기 때문에, 문장 디자인에도 인물이나 동물과 같은 구체적인 형상을 사용하지 않는다.
  대신 추상적이고 상징적인 요소인 대추야자와 칼을 통해 국가적 정체성과 이슬람적 가치를 표현하고 있다. 결국 사우디아라비아의 문장은 생명과 풍요를 상징하는 대추야자와 정의와 권위를 상징하는 두 칼을 통해 이슬람적 가치와 정치적 통합을 동시에 표현하고 있는 국가적 상징이다.

예멘 은화 1리얄

예멘의 역사적 배경

예멘은 아라비아반도의 남서부에 있는 고대 문명의 발상지다. 이 지역은 고대부터 지중해와 인도양을 연결하는 중요한 무역로에 위치하여 유향과 몰약 무역의 중심지로 번성하였다. 특히 커피 재배의 원산지로 유명하며, 예멘 남서부의 모카(Mocha)항은 세계적인 커피 무역의 중심지로 성장했다. 이 지역에서 생산된 커피가 유럽으로 수출되며 '모카커피'라는 명성의 유래가 바로 이 항구에서 이름이 비롯되었다.

예멘은 역사적으로도 중요한 문화적·종교적 중심지로, 수도 사나는 2,500년 이상의 역사를 간직하고 있으며 세계에서 가장 오래된 도시 중 하나로 유네스코 세계문화유산에 등재되어 있다.

예멘의 역사와 독립

19세기와 20세기 초, 예멘은 두 개의 지역으로 분리되어 서로 다른 역사를 걸었다. 북부 지역은 오스만 제국의 지배를 받았으나 제1차 세계대전 이후인 1918년 독립하여 예멘 왕국(북예멘)을 세웠다. 반면 남부 지역은 영국의 지배 아래 있었으며, 전략적 항구였던 아덴을 중심으로 영국 보호령의 지위를 유지했다. 1967년에 이르러 남부 지역 역시 예멘 인민민주주의공화국이라는 이름으로 독립을 쟁취하였다.

이처럼 서로 다른 역사적 배경을 지닌 두 나라는 1990년에 예멘 공화국으로 통일되었으나, 서로 다른 문화적, 정치적 차이로 인해 이후 정치적 불안과 내전의 어려움을 겪고 있다.

예멘의 근대 은화, 1리얄(Riyal)

예멘에서 1926년(AH 1344)에 발행된 1리얄(Riyal) 은화는 북예멘 왕국 시기에 만들어진 대표적인 크라운 크기 근대 화폐다. 이 은화의 특징은 두 개의 초승달 문양으로, 초승달은 이슬람 문화권에서 가장 중요한 종교적 상징 중 하나이다.

초승달 문양은 예멘뿐만 아니라 많은 이슬람 국가의 국기와 화폐에서 자주 등장하며, 예멘의 1리얄 은화는 예멘의 근대화 과정과 국가 독립의 상징적인 의미를 보여준다.

※ 1리얄 은화(1926년): 중량 28.0g, 은 83.0, 크기 39.0㎜

예멘 1리얄 은화(1926년). 예멘 이맘 왕조 시대의 상징성을 담은 대표적인 은화로, 전통적인 아랍식 서체로 꾸며진 문양과 캘리그래피가 인상적이다.

예멘의 국장과 아라비아 펠릭스

국장의 상징과 의미

오스만 제국으로부터 독립한 예멘 왕국은 1918년 국장을 제정하였다. 다양한 역사와 의미가 담겨 있는 이 국장은 1948년 이후에는 두 개의 교차된 칼이 추가되어 1962년까지 왕국의 공식 상징으로 사용되었다.

국장 위쪽에 놓인 왕관과 초승달은 왕권과 이슬람을 나타내는데, 특히 초승달은 이슬람 국가로서의 종교적 전통을 상징한다. 배경의 두 개의 붉은 깃발과 그 위의 흰색 칼은 독립과 자유를 위한 예멘 민족의 용기와 강인한 정신을 표현한다. 깃발에 새겨진 별들은 국민의 단결과 국가의 힘을 나타낸다.

중앙 방패의 성벽은 예멘 지역의 고대 도시와 산악 요새를 의미하며, 수도 사나의 성곽을 상징적으로 표현하여 나라를 지켜온 국민의 의지를 드러

예멘 왕국의 국장(1918~1962년). 국장 중앙에는 수목과 성벽, 바다를 상징하는 문양이 담겨 있으며, 이는 예멘이 자연과 도시, 홍해 연안을 표현한다.

낸다. 방패 상단의 녹색 나무는 예멘 땅의 풍요로움과 생명력을, 함께 새겨진 아랍 문자는 예멘의 오랜 역사와 문화를 나타낸다.

방패 하단의 푸른 물결은 홍해와 아라비아해를 표현하며, 고대부터 국제무역의 중심지였던 예멘의 지리적 중요성을 보여준다.

예멘의 역사적 배경과 전설의 연관성

예멘은 고대부터 '사바(세바) 왕국'(Sheba)의 전설과 깊은 관련이 있는 땅이다. 특히 구약 성경과 이슬람 전승에서 언급되는 사바 여왕은 예멘 지역의 풍요와 지혜, 그리고 화려함을 대표하는 인물로서 유명하다.

전설에 따르면, 사바 왕국은 향료와 보석, 황금으로 가득 찬 풍요로운 곳이었다. 예멘의 국장에 나타난 나무와 물결, 성벽의 이미지는 바로 이 고대

솔로몬 왕의 궁전을 방문한 사바 여왕(Edward Poynter, 1890년)사바 왕국의 풍요와 화려함을 상징적으로 표현한 그림으로, 예멘 지역이 고대부터 신화와 역사 속에서 풍요의 땅이었는지를 보여준다.

사바 왕국의 풍요와 번영, 무역과 방어력을 상징적으로 계승하고 있음을 나타낸다.

신화적 공간, 행복한 아라비아

고대 로마와 그리스인들에게 예멘 지역은 단순히 지리적인 위치 이상의 의미를 지닌 신화적 공간이었다. 그들은 예멘을 '아라비아 펠릭스(Arabia Felix)', 즉 '행복한 아라비아'라고 불렀는데, 이는 이 지역이 당시 귀한 향료로 여겨졌던 유향과 몰약의 주요 생산지였기 때문이다. 이 때문에 예멘 지역은 신이 축복한 특별한 장소로 여겨졌으며, 향료의 원산지로서 지중해 세계 사람들의 상상 속에 풍요와 행복의 이상향으로 자리 잡았다.

신들에게 바치는 귀한 향료, 유향과 몰약

이 귀중한 향료들은 신에게 바치는 제사에서 필수적이었다. 아폴론 신전과 로마의 신전에서는 유향과 몰약을 태워 신들에게 제사를 지냈으며, 이를 통해 신의 은총과 가호를 구하였다.

성경에서도 동방박사가 아기 예수에게 바친 예물로 등장할 만큼 신성하게 여겨졌으며, 고대 세계 사람들에게 향료의 원산지인 예멘은 신의 축복이 가득한 꿈의 땅이었다.

예물을 바치는 동방박사들(15세기 화가 Hans Memling) 동방박사들이 아기 예수에게
귀한 예물을 바치는 장면을 섬세하게 묘사하였다. 이 장면 속 유향과 몰약은
고대부터 신성한 봉헌물로 여겨졌으며, 신과 인간을 연결하는 상징적인 향료로 사용되었다.

고대 무역로와 신화적 명성

이러한 명성 덕분에 예멘은 고대 무역로의 중심지가 되어 향료와 보석, 값진 물품들을 중동과 지중해 연안으로 실어 나르는 상업 교역의 핵심 기착지가 되었다. 예멘에서 시작된 이 특별한 향료 무역은 로마와 그리스의 귀족 계층에게 큰 인기를 끌었으며, 예멘에 대한 신화적 명성을 더욱 높이는 계기가 되었다. 당시 사람들은 예멘을 향료뿐 아니라 황금과 보석, 심지어 불로장생의 비밀까지 간직한 신비한 곳으로 상상하며 다양한 신화와 전설을 만들어냈다.

결국 '아라비아 펠릭스'라는 이름은 예멘이 단순히 경제적 번영만이 아니라 신화적이고 종교적인 상징성까지 품고 있음을 나타낸다. 고대 세계 사람들에게 예멘은 지상에 내려온 신의 축복이자 이상적인 행복을 간직한 특별한 땅이었다.

튀니지 은화 20프랑

튀니지의 역사적 배경

튀니지는 지중해에 접한 북아프리카의 중심에 있는 국가로, 고대 카르타고 문명의 중심지였다. 기원전 9세기 페니키아인들이 건설한 카르타고는 로마제국과의 격렬한 전쟁을 치렀던 역사적 도시로, 지중해 무역과 문화 교류의 중심지로 크게 번성했다.

7세기 이후 아랍의 이슬람 세력이 북아프리카에 진출하면서 튀니지는 이

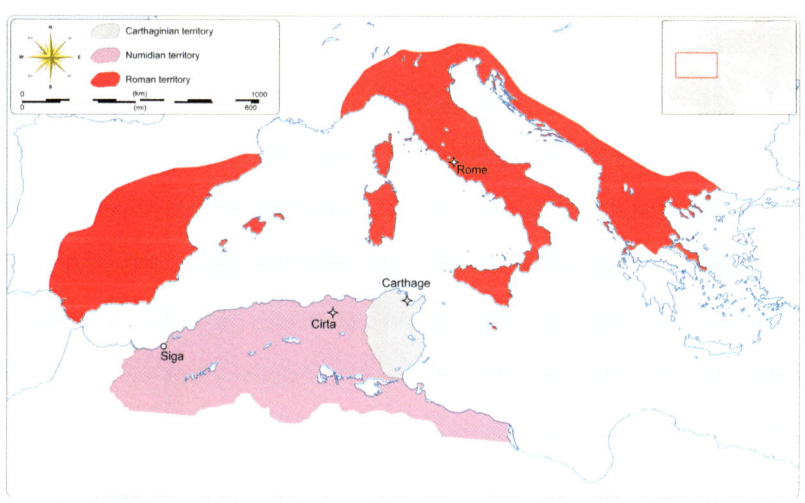

기원전 150년경 서지중해의 세 강대국. 이 지도는 제3차 포에니 전쟁 직전인 기원전 150년경, 로마 공화정, 카르타고(Carthage), 누미디아 왕국이 지중해 서부에서 점유하고 있던 영토의 범위를 보여준다. 이 시기는 로마와 카르타고의 대결이 절정에 달하기 직전의 지정학적 긴장 상황을 반영한다.

슬람 세계로 편입되었고, 16세기부터는 오스만 제국의 통치 아래 들어갔다. 오랜 기간 다양한 문화가 교차하는 지리적 특성으로 인해 튀니지는 풍부한 역사적 유산과 독특한 문화를 형성하게 되었다.

프랑스 식민지 시기의 튀니지

19세기 후반, 북아프리카를 장악하려던 유럽 열강의 경쟁 속에서 1881년 튀니지는 프랑스의 보호령이 되었다. 이후 튀니지 사회는 정치적, 경제적, 사회적으로 프랑스의 강력한 영향을 받게 되었다. 프랑스는 식민지 지배를 통해 튀니지의 경제 체계를 자신들의 이익을 위해 개편하고, 특히 농업과 광산 자원을 강력하게 통제하였다.

이러한 프랑스의 지배는 튀니지 민족주의 운동을 촉발하였으며, 제2차 세계대전 이후 독립을 요구하는 움직임이 더욱 거세졌다. 결국 튀니지는 1956년 프랑스로부터 독립을 쟁취하여 자주적인 국가로 재탄생하였다.

튀니지의 근대 은화, 20프랑(Francs)

튀니지 20프랑(Francs) 은화는 프랑스의 식민 지배 시기에 발행된 대표적인 근대 화폐이다. 이 은화는 당시 튀니지가 프랑스 식민지 경제 체제의 일부였음을 보여주며, 프랑스의 경제적 영향력이 화폐 디자인에도 깊이 반영되어 있음을 확인할 수 있다.

20프랑 은화의 앞면에는 프랑스어로 "TUNISIE 20 FRANCS"가 새겨져 있어, 당시 프랑스어가 공식적인 언어로 널리 사용되었음을 보여준다. 은화 뒷면에는 이슬람 문화와 연결된 아랍어 문구와 연도가 새겨져 있어, 튀니지가 이슬람 전통과 프랑스 식민 지배의 영향이 혼재된 역사를 지녔음을 보여주고 있다.

튀니지의 화폐 체계는 1956년 독립 이후 디나르(Dinar)를 공식 화폐로 채택하며 프랑스의 식민지 경제 체제에서 벗어나 독자적인 경제와 정치 체제를 구축하였다.

※ 20프랑 은화(1926년): 중량 20.0g, 은 68.0, 크기 35.0㎜

튀니지 20프랑 은화(1930년, 1934년) 앞면의 프랑스어 표기와 뒷면의 아랍어는 프랑스 식민 지배 시기 튀니지의 복합적 역사를 보여준다.

튀니지의 상징 올리브에 담긴 의미

이슬람 문화에서 올리브의 의미

튀니지는 세계적으로 유명한 올리브 생산국이며, 올리브 재배 면적에서는 세계에서 가장 넓은 나라로 알려져 있다. 튀니지에서 올리브는 단순한 농작물이 아니라 국민의 삶과 문화, 그리고 신앙과 긴밀히 연결된 중요한 상징이다.

이슬람교에서도 올리브는 신성하고 축복받은 식물로 여겨진다. 이슬람 경전인 《코란》의 제24장에서는 "하늘과 땅의 창조자가 주신 올리브는 아름답고 유익하다"라는 내용이 있다. 이는 이슬람 세계에서 올리브가 신의 축복을 나타내며 특별한 영적 의미를 지닌 존재로 인식되고 있음을 보여준다. 무슬림들이 올리브를 신성한 존재로 여기며 특별히 아끼는 이유는 바로 이러한 종교적 가르침에서 비롯된다.

성경에서의 올리브

올리브는 성경에서도 중요한 의미를 지닌다. 성경에서 가장 잘 알려진 이야기는 노아의 방주에서 비둘기가 홍수가 끝난 후 올리브 가지를 물고 돌아오는 장면이다. 이때 올리브 가지는 재생과 평화를 상징하며, 하나님과 인간 간의 새로운 언약과 희망의 메시지를 전한다. 이처럼 성경 속에서 올리브는 평화, 새로운 출발, 그리고 희망을 상징하는 중요한 식물로 자리 잡았다.

비둘기가 올리브 가지를 물고 돌아오는 장면 (Jacques Callot, 17세기).
대홍수 이후 노아의 방주와 올리브 가지를 입에 문 비둘기가 묘사되어 있다.
이 장면은 신과 인간 사이의 화해와 평화의 회복을 상징한다.

그리스와 로마 신화에서의 올리브

그리스 신화에서 올리브는 지혜와 평화의 여신 아테나와 깊은 관련이 있다. 신화에 따르면, 아테나 여신과 포세이돈 신이 아테네 도시의 수호신 자리를 놓고 경쟁하였다. 포세이돈이 시민들에게 샘물을, 아테나는 올리브 나무를 선물했다. 사람들은 풍요와 평화를 가져오는 올리브 나무를 선택했고, 아테나는 아테네의 수호신이 되었다. 이 신화는 올리브가 그리스 문화에서 지혜, 평화, 번영의 상징으로 널리 인식되는 계기가 되었다.

아테네를 두고 벌어진 아테나와 포세이돈의 논쟁 (Merry-Joseph Blondel, 1821년)
이 그림은 고대 아테네 도시의 수호신 자리를 두고 벌어진 아테나와 포세이돈의
상징적인 대결을 묘사한 천장화 스케치이다.

튀니지 화폐에서의 올리브

튀니지의 화폐 디자인에서도 올리브 가지는 빈번하게 사용된다. 이는 튀니지 국민의 생활과 경제, 그리고 문화적 자긍심을 나타내는 강력한 상징적 의미를 담고 있기 때문이다. 화폐에 올리브 가지가 새겨진 것은 튀니지 농업과 경제의 중요성을 강조할 뿐 아니라, 튀니지인의 일상생활에 올리브가 얼마나 큰 역할을 하는지를 잘 보여주는 사례이기도 하다. 또한 올리브의 이러한 상징성은 지중해권을 넘어 유럽을 포함한 다양한 문화권에서도 널리 공유되고 있다.

모로코 은화 1리얄

모로코의 역사적 배경

모로코는 북아프리카의 마그레브 지역에 위치하며, 오스만 제국의 영향력 밖에 있던 몇 안 되는 지역 중 하나이다. 모로코는 오래전부터 이슬람 문화와 전통을 바탕으로 독자적인 국가성을 유지해 왔으며, 17세기부터 알라위 왕조가 정치적 통합과 왕정의 기반을 확립하였다.

그러나 19세기 말 유럽 열강의 치열한 식민지 경쟁 속에서 독립국의 지위를 오랫동안 유지했던 모로코도 결국 외세의 지배를 받게 되었다. 1912년 모로코는 프랑스와 스페인의 보호령으로 나뉘었고, 모로코의 자주적 권한은 급격히 축소되었다.

식민지 시대 모로코의 화폐 역사

모로코가 근대적 화폐 제도를 도입한 것은 1882년으로, 1921년까지 '리얄(Rial)'을 주요 화폐 단위로 사용하였다. 당시 모로코의 리얄은 10디르함(Dirham)의 가치를 지녔으며, 프랑스 보호령 아래에서 프랑스 10프랑, 스페인 보호령 아래에서는 스페인 5페세타와 동등한 가치를 인정받았다. 이는 당시 모로코가 프랑스와 스페인의 경제적 영향력 아래 있었음을 잘 보여주는 사례이다.

모로코의 대표적인 은화, 1리얄(Rial)

모로코에서 발행된 대표적인 근대 은화 중 하나인 1리얄은 19세기 말에서 20세기 초 모로코 경제에서 중요한 역할을 담당하였다. 크라운 크기(약 37㎜)의 이 은화는 당시 유럽의 주요 은화들과 비슷한 크기와 중량으로 제작되어 국제 무역과 상업 거래에서도 활발하게 사용되었다.

이 은화의 디자인은 당시 모로코의 정치적 상황과 문화적 특성을 잘 반영하고 있다. 은화의 앞면과 뒷면에는 전통적인 이슬람 문양과 기하학적 형태, 그리고 별 문양이 새겨져 있다. 아랍 문자로 표기된 이슬람력 연도와 국가명이 포함되어 있어 당시 모로코가 이슬람 세계의 일부임을 분명히 보여준다.

모로코의 1리얄(=10디르함) 은화는 식민 지배하에서 발행되었지만, 디자인 측면에서는 모로코의 고유한 문화적 자존심과 독립성을 표현했다. 은화에 사용된 아랍어와 이슬람 문양은 모로코 국민이 자신들의 역사와 전통을 지키려는 의지의 표현이기도 하다.

※ **1리얄 은화(1918년)**: 중량 25.0g, 은 90.0, 크기 37.0㎜

1리얄 은화(1918년)와 10디르함 은화(1911년) 중앙의 육각성 문양과 전통적인 이슬람 기하학적 장식은 모로코의 다문화적 배경과 이슬람 전통을 시각적으로 나타낸다.

다윗의 별과 루브 엘 히즈브

다윗의 별, 육각성

다윗의 별(David's Star) 또는 육각성은 두 개의 정삼각형이 서로 교차하여 여섯 개의 꼭짓점을 이루는 형태이다. 이는 이스라엘의 제2대 왕인 다윗이 방패에 새겼다고 전해지는 상징으로, 유대교에서 매우 중요한 의미를 지니고 있다.

이 육각별은 신과 인간, 하늘과 땅, 남성과 여성과 같은 상반된 요소가 하나로 융합되는 조화와 균형을 상징한다. 중세 유럽에서는 솔로몬왕의 지혜를 상징하는 '솔로몬의 인장'이라는 이름으로도 알려졌으며, 신성한 보호의 상징으로 사용되었다.

이스라엘 국기의 육각성. 유대인의 역사와 민족적 자부심을 나타내는 육각성은 신과 인간, 하늘과 땅 등 상반된 요소의 조화와 균형을 상징한다.

제2차 세계대전 당시 나치 독일이 유대인 차별과 박해의 상징으로 사용하면서, 육각성은 역사적 비극의 상징이 되기도 하였다. 노란색 육각성 배지(유대인 배지)는 유대인에게 강제로 착용하도록 했으며, 이는 유대인 홀로코스트의 아픈 역사를 떠올리게 한다. 오늘날 육각성은 이스라엘 국기의 중심을 장식하며, 유대인의 역사와 민족적 자부심을 상징하는 주요 문양으로 자리 잡았다.

모로코 은화 속의 육각성

모로코에서 19세기 중반부터 발행된 일부 화폐에서도 육각성이 발견된다. 특히 모로코의 1리얄(Rial)과 파루스(Falus) 주화 등에서 등장하는 육각성은 단순히 유대교를 나타내는 것을 넘어 모로코의 복합적인 역사와 다문화적 배경을 반영하고 있다.

모로코는 역사적으로 이슬람과 유대교, 기독교가 공존한 곳으로, 은화에 등장한 육각성 문양은 다양한 종교와 문화를 포용했던 역사적 흔적이라고 볼 수 있다.

솔로몬의 별이 새겨진 모로코 파루스 주화 모음 (1854~1881년) 19세기 중반부터 후반까지 모로코에서 주조된 동합금 동전들로, 앞면에는 솔로몬의 별(육각성)이 원형 안에 새겨져 있으며, 뒷면에는 아랍어로 된 주조지 이름과 히즈리력(이슬람력) 연도가 표시되어 있다.

이슬람의 팔각성, 루브 엘 히즈브

이슬람 문화권에서 흔히 볼 수 있는 팔각성 모양의 상징은 루브 엘 히즈브(Rub El Hizb)라고 불리며, 두 개의 정사각형이 서로 겹쳐 만들어진 형태이다. 이 모양은 본래 이슬람의 성서인 코란에서 각 장(章)을 구분하기 위한 표식으로 사용되었다.

루브 엘 히즈브는 팔각의 형태가 신의 완전한 질서와 완벽한 조화를 의미하며, 이슬람의 예술, 건축물, 도자기, 직물 등 다양한 영역에서 폭넓게 활용되고 있다. 팔각 형태가 나타내는 무한한 우주적 질서와 균형은 이슬람의 세계관을 상징적으로 표현한 것으로 해석된다.

현재에도 루브 엘 히즈브는 많은 이슬람 국가의 국기, 국장, 그리고 우표 디자인 등에서 자주 활용되고 있다. 이를 통해 루브 엘 히즈브가 단지 전통적인 상징을 넘어 현대의 이슬람 문화에서도 중요한 위치를 차지하고 있음을 확인할 수 있다.

두 상징의 유사성과 차이

다윗의 별과 루브 엘 히즈브는 형태적으로 비슷한 별 모양을 하고 있지만, 각각 유대교와 이슬람교라는 서로 다른 종교와 문화를 대표하는 상징이다. 육각성은 조화로운 통합과 상반된 요소의 융합을 강조하며 유대교의 역사적·종교적 의미를 담고 있다. 반면 팔각성은 이슬람교의 신성하고 완전한 우주 질서와 조화를 상징하는 문양으로 쓰이고 있다.

이 두 가지 별 모양은 서로 다른 문화권에서 별이라는 공통된 이미지를 통해 각 종교와 문화가 품고 있는 철학적, 신앙적 가치를 강력하게 표현하고 있다. 이처럼 별은 인류 문명의 오랜 역사를 통해 다양한 상징적 의미를 담으며 종교와 문화를 이어주는 중요한 매개체가 되어왔다.

셀리미예 모스크. 루브 엘 히즈브가 돋보이는 오스만 건축의 정점으로 평가받는 셀리미예 모스크는 건축가 Mimar Sinan이 85세에 완성한 걸작으로, 술탄 셀림 2세의 명으로 건립되었다.

아프가니스탄 은화 2½루피와 5루피

아프가니스탄의 역사적 배경

아프가니스탄은 고대로부터 실크로드의 주요 통로로서 동서양 문화를 연결하는 중요한 교차로였다. 이러한 지정학적 특성 때문에 끊임없이 외세의 침략과 지배를 받았으며, 기원전 알렉산더 대왕에서부터 몽골 제국, 무굴 제국에 이르기까지 다양한 문명의 교류와 갈등이 이 지역에서 펼쳐졌다.

1747년 아흐마드 샤 두라니(Ahmad Shah Durrani)가 세운 두라니 제국은 아프가니스탄 최초의 근대적 통일 국가로 평가받는다. 이 시기는 아프가니스탄이 정치적으로 안정되고 강력한 중앙집권적 국가 체제를 갖추기 시작한 중요한 전환점이었다.

그레이트 게임, 아프가니스탄의 투쟁과 독립

19세기에는 영국과 러시아가 중앙아시아의 패권을 놓고 벌인 '그레이트 게임'의 중심지가 되었으며, 이 과정에서 영국과 세 번에 걸쳐 치열한 전쟁을 치렀다.

이들은 1차(1839~1842년), 2차(1878~1880년), 3차 아프가니스탄 전쟁(1919년)이었다. 특히 제3차 아프가니스탄 전쟁(1919년)을 통해 라왈핀디 조약을 맺고 영국으로부터 완전한 외교적 독립을 인정받았다. 이로써 아프가니스탄은 국제 사회에서 공식적으로 주권 국가로 자리 잡게 되었다.

이러한 독립 투쟁의 중심에서 아마눌라 칸(재위:1919~1929년)은 아프가니스탄의 근대 역사에서 중요한 인물 중 한 명이다.

아프가니스탄 근대 화폐와 2½루피 은화

아마눌라 칸 시대인 1920년에 발행된 2½루피 은화는 아프가니스탄의 독립과 근대화 개혁을 상징하는 의미를 지닌다. 이 은화의 앞면에는 아마눌라 칸의 공식 서명인 투그라(Tughra)가 새겨져 있으며, 뒷면에는 아프가니스탄 국장과 전통적인 무슬림 문양이 자리 잡고 있다.

은화가 발행된 시점(1920년)은 아프가니스탄이 독립 직후 국가의 모습을 정립하며 근대적 국가 체제를 구축하기 위한 중요한 시기였다.

※ 2½ 은화(1920년): 중량 22.9g, 은 90.0, 크기 34.0㎜

아프가니스탄 2½루피(1920년). 이 은화는 아마눌라 칸(Amanullah Khan) 치세(1919~1929년)에 발행된 대표적 대형 은화이다.

아프가니스탄 5루피 은화

5루피 은화는 Abdur Rahman Khan 치세 초기 발행한 것으로, 크기 약 39㎜, 무게 약 45.6g의 대형 은화이다. 앞면에는 중앙에 투그라가 새겨져 있고, 상단에는 별 3개가 배치되어 있다. 뒷면에는 국장을 중심으로 양옆을 월계수로 감싸며, 깃발과 무기 문장이 함께 새겨져 있어 아프가니스탄의 군사적 권위와 국가의 주권을 강조하고 있다.

아프가니스탄 5루피(1897년). 이 은화는 1880년부터 1901년까지 통치한 Abdur Rahman Khan 치세 초기 발행된 은화이다.

아프가니스탄 국장과 페르시아 영웅의 땅

역사적 혼란을 담은 아프가니스탄의 국장

아프가니스탄은 동서 문명이 만나는 지리적 특성으로 인해 수많은 외세 침략과 전쟁을 겪어왔다. 이런 역사적 특성 때문에 아프가니스탄은 정치 체제가 바뀔 때마다 국기와 국장도 자주 교체해야만 했던 역사를 가지고 있다.

20세기 초 독립 이후 아프가니스탄의 국장은 왕정 시기에는 왕권과 이슬람 전통을, 1973년 공화국 수립 이후에는 공화정을 상징하는 디자인으로 바뀌었다. 1978년 공산정권 때는 붉은 별과 톱니바퀴가, 1996년 탈레반 집권기에는 초승달과 코란 문구가 강조됐다. 2001년 전통적 디자인으로 돌아왔지만, 2021년 탈레반 재집권으로 다시 이슬람 토후국을 상징하는 형태로 바뀌면서 정치적 혼란을 반영하고 있다.

아프가니스탄의 국장의 의미

1919년 영국으로부터 독립한 후 최초 국장에는 미흐라브(모스크의 기도 공간), 두 개의 칼, 국기가 그려져 국가의 독립 의지와 이슬람 전통을 표현했다.

2013년부터 2021년까지 사용된 국장은 카불의 유명한 모스크를 중심으로 미흐라브와 함께 밀 이삭을 정교하게 묘사하였다. 이는 아프가니스탄이 전통적인 농업 국가로서 풍요로움과 번영, 국가 발전에 대한 열망을 나타낸 것이다.

국장 상단에는 아랍어로 이슬람의 신앙고백인 샤하다(Shahada, "알라 이외에 다른 신은 없으며, 무함마드는 알라의 예언자이다.")가 새겨져 이슬람 국가로서의 상징성을 보여주고 있다. 아프가니스탄의 국장은 이처럼 국가의 정치적 상황과 종교적 특성을 뚜렷하게 반영하고 있다.

아프가니스탄 국장(1919~1926년, 2013~2021년)

아프가니스탄의 신화, 페르시아 영웅신화의 땅

아프가니스탄은 또한 고대 페르시아 신화와 전설의 주요 무대였다. 특히 페르시아의 민족 서사시 『샤나메(Shahnameh), 왕들의 서』에서 등장하는 영웅 로스탐(Rostam)은 지금의 자불리스탄(Zabulistan) 출신이다.

로스탐은 신화 속에서 용과 악마를 물리치고 정의와 용맹을 상징하는 인물로, 그의 모험은 지금도 아프가니스탄 사람들의 자부심과 문화적 뿌리를 상징한다. 로스탐의 이야기는 아프가니스탄과 이란, 중앙아시아 전역에서 공유되는 문화적 유산이며, 그는 페르시아권 국가들 사이에서 불멸의 민족적 영웅으로 추앙받고 있다.

페르시아 신화 속 영웅 로스탐(Adel Adili, 2005년) 용과 싸우는 로스탐의 모습으로 용맹과 정의를 나타낸다. 아프가니스탄과 이란을 잇는 문화적 영웅으로 남아 있다.

4장

19~20세기 라틴 아메리카 근대 은화

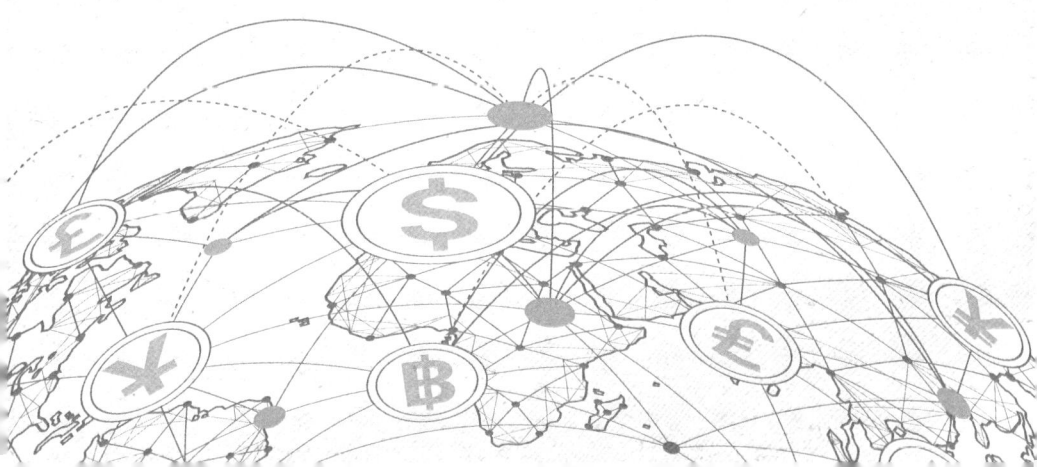

라틴 아메리카 탄생과 은화의 역사

라틴 아메리카, 이름의 기원과 역사적 배경

라틴 아메리카라는 용어는 스페인어와 포르투갈어를 사용하는 아메리카 국가들을 지칭하는 것으로, 중남미 지역을 아우르는 표현이다. 19세기 중반 프랑스의 정치인 미셸 슈발리에가 처음 사용한 것으로 알려져 있으며, 1945년 유네스코 등 국제기구에서 공식적으로 사용하기 시작하면서 널리 퍼졌다.

이 지역은 북미의 멕시코부터 카리브해와 남아메리카를 포함하며, 마야, 아즈텍, 잉카 문명 등 찬란한 원주민 문명이 발달했던 곳이다.

신대륙 발견과 유럽 열강의 식민지 경쟁

1492년 10월 12일 크리스토퍼 콜럼버스가 바하마 제도를 발견하면서 유럽인들에게 아메리카 대륙이 처음 알려졌다. 이후 이탈리아 출신 탐험가 아메리고 베스푸치의 탐험 기록이 널리 알려지면서 '아메리카'라는 이름이 붙게 되었다. 이에 따라 유럽의 무역 중심지가 지중해에서 대서양으로 이동했으며, 스페인과 포르투갈을 중심으로 한 신대륙 쟁탈전이 본격화하였다.

1494년 스페인과 포르투갈 사이의 영토 분쟁을 조정하기 위해 체결된 토르데시야스 조약으로 브라질 동부는 포르투갈령이 되었으며, 나머지 아메리카 대부분은 스페인의 식민지가 되었다. 스페인은 1519년 에르난 코르테스가 아즈텍을, 1531년 프란시스코 피사로가 잉카 제국을 정복하며 막대한 은과 금을 획득했다. 특히 1545년 볼리비아의 포토시 은광과 1546년 멕시코의 사카테카스 은광이 발견되면서 유럽으로의 은 유입이 급격히 증가했다.

1521년, 테노치티틀란 정복, 스페인 정복자 코르테스가 아즈텍을 무너뜨린 역사적 순간. 이 정복 이후 중남미의 방대한 은광이 유럽에 편입되며 세계 경제를 은으로 연결한 스페인 제국의 기원이 시작되었다.

스페인의 쇠퇴와 라틴 아메리카 독립운동

1588년, 스페인의 무적함대가 영국에 패하면서 스페인은 서서히 몰락하기 시작했다. 이후 계속된 프랑스와의 전쟁으로 인해 재정 상태가 악화하였고, 이는 식민지 관리 약화로 이어졌다. 계몽주의 사상이 확산하였고, 미국 독립(1776년)과 프랑스 혁명(1789년)의 영향으로 독립에 대한 열망이 라틴 아메리카에서도 불붙기 시작했다.

  나폴레옹이 1808년 스페인을 침략하여 자신의 형 조제프 보나파르트를 왕위에 앉히자, 스페인의 식민지였던 라틴 아메리카에서도 본격적인 독립운동이 시작되었다. 시몬 볼리바르와 호세 데 산마르틴을 비롯한 독립 영웅들이 주도하여 아르헨티나(1816년), 칠레, 멕시코, 과테말라, 엘살바도르, 페루 등이 차례로 독립했다. 이후 쿠바는 1898년 미국과 스페인의 전쟁 이후 독립했고, 파나마도 1903년에 독립하여 현재의 라틴 아메리카 국가들이 형성되었다.

라틴 아메리카 지도, 중남미 독립 국가들

독립 후 라틴 아메리카의 사회적 문제

라틴 아메리카는 독립 이후에도 정치적 혼란과 극심한 빈부격차가 계속되었다. 식민지 시기의 구조적 불평등이 지속되면서 지배층과 농민층 간의 격차가 심화하였고, 이는 정치적 불안정과 내전의 주요 원인이 되었다. 이러한 사회적 갈등과 빈부격차 문제는 오늘날까지도 라틴 아메리카 국가들이 풀어야 할 과제로 남아 있다.

라틴 아메리카 은화의 기원, 식민지 시대의 유산

라틴 아메리카 국가들이 독립 이후 적극적으로 은화를 발행한 것은 식민 시기의 유산과 밀접한 관계가 있다. 16세기부터 19세기 초까지 남미 대륙은 스페인 제국의 주요 은 생산지로서 세계 경제에 막대한 영향을 끼쳤다. 특히 볼리비아의 포토시(Potosí) 은광은 당대 세계 최대 규모의 은광이었으며, 이곳에서 채굴된 막대한 은은 스페인 8레알 은화, 일명 스페인 달러로 주조되어 국제 무역의 대표적인 통화로 자리 잡았다.

스페인 달러는 뛰어난 순도(약 90%)와 일정한 중량(약 27g, 직경 약 38㎜) 덕분에 유럽뿐 아니라 아시아, 북미 등 전 세계적으로 널리 사용되었다. 특히 아시아 국가들과의 무역에서도 스페인 달러는 신뢰받는 통화로 자리 잡았으며, 미국의 달러($) 기호 역시 이 8레알 은화에서 유래했을 정도였다.

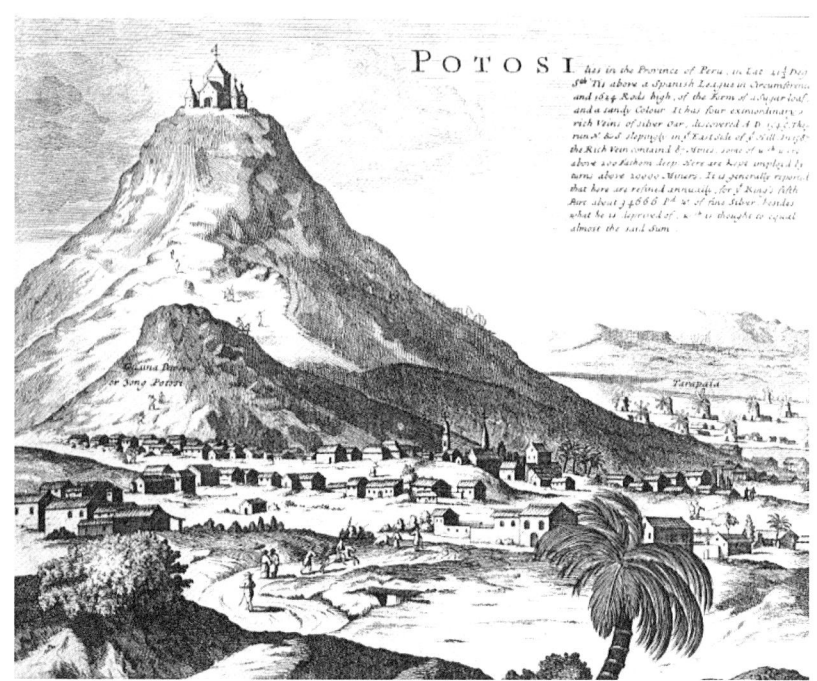

포토시의 '부유한 언덕(Rich Hill)'(1715년, 베르나르 렌스의 판화) 볼리비아 포토시 은광은 16세기부터 19세기 초까지 스페인 제국의 주요 은 생산지였다.

독립 이후 자국 국제 무역을 위한 화폐의 발행

19세기 초, 스페인의 식민 지배에서 벗어나 독립을 이룬 라틴 아메리카 국가들은 새로운 정체성을 확립할 필요가 있었다. 이에 따라 멕시코, 아르헨티나, 페루, 칠레 등 주요 국가들은 유럽의 화폐 모델, 특히 스페인의 은화 규격을 계승하여 자국의 크라운 크기 은화를 발행했다. 크라운 크기 은화는 이미 전 세계적으로 신뢰받고 있던 무역 통화였기 때문에, 라티아메리카 독립국들이 경제적 자립과 국제 무역에서의 신뢰를 유지하기 위한 최적의 선택이었다.

이들 신생 국가들은 내부적으로 경제적 안정을 추구하는 동시에, 유럽 및 북미 국가와의 무역 관계를 유지하기 위해 크라운 크기의 표준 은화를 사용했다. 남미의 은화는 유럽, 북미 시장에서 문제없이 받아들여졌으며, 이는 신생 독립 국가들이 국제 무대에서 경제적 신뢰성과 국가적 위상을 인정받기 위한 전략적 선택이었다. 라틴 아메리카 국가들의 크라운 크기 은화는 자연스럽게 국제 무역의 흐름을 따라 전 세계적으로 통용되었으며, 이는 이들 국가들이 경제적으로 자립하는 과정에서 중요한 역할을 했다.

남미 국가들의 역사가 담긴 은화들

멕시코의 8레알과 페소, 페루의 솔(Sol), 칠레의 페소, 아르헨티나의 8레알과 페소 등 다양한 남미 국가에서 발행된 크라운 크기 은화들은 각국의 독립과 자립정신을 상징한다. 이 은화들에는 각국의 역사적 인물과 국가적 상징, 문장, 독립 정신을 나타내는 도안이 새겨져 있으며, 당대의 정치적·사회적 상황과 국가적 정체성을 확인할 수 있다.

이 책의 4장에서는 라틴 아메리카 각국의 대표적인 근대 은화를 중심으로 동전에 새겨진 문양과 문장의 의미를 풀어내고, 이를 통해 그 시대의 역사적 배경과 경제적 의미를 전달할 것이다. 라틴 아메리카의 은화는 단지 경제적 수단이 아니라, 식민 지배와 독립, 국제 무역이라는 흐름 속에서 탄생한 상징적이고 소중한 문화유산을 담고 있기 때문이다.

스페인의 부왕령, 아메리카 식민 통치의 핵심

부왕령 제도의 도입과 목적

스페인은 아메리카 대륙을 효과적으로 통치하기 위해 '부왕령(Virreinato)'이라는 행정 체계를 구축했다. 부왕은 스페인 국왕을 대신하여 식민지의 입법, 사법, 군사적 권한을 행사하는 막강한 권력을 지닌 통치자였다. 이는 광대한 영토를 직접 관리하고, 특히 아메리카에서 채굴한 금과 은을 본국으로 효율적으로 이송하기 위한 목적에서 비롯되었다.

첫 번째 부왕령, 누에바 에스파냐

스페인의 첫 번째 부왕령인 누에바 에스파냐(Nueva España)는 1535년 멕시코시티에 설립되었다. 누에바 에스파냐는 북미 대륙 일부와 중앙아메리카, 카리브해 지역, 심지어 필리핀까지 포함할 만큼 방대한 영역을 담당했다. 이 부왕령은 스페인 제국의 무역과 행정의 중심지였으며, 대서양과 태평양을 잇는 주요 무역로를 관장했다.

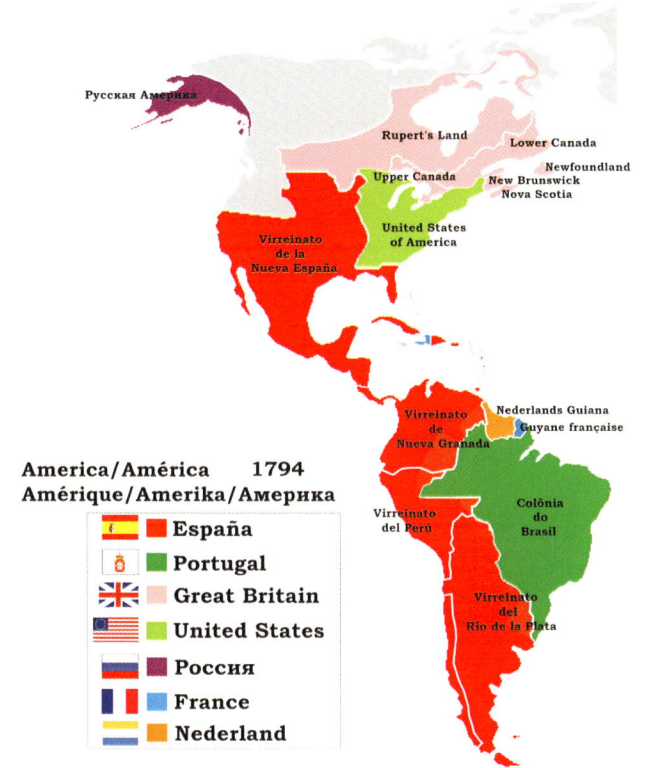

1794년 당시 4개의 스페인 부왕령 분할 지도(아메리카 대륙의 대부분이 스페인 부왕령 체제로 통치되었으며, 각 부왕령은 국왕의 권한을 대리해 금·은 수탈과 무역을 총괄하는 식민지 행정 단위로 기능했다.)

페루 부왕령과 남미 식민 통치의 중심

두 번째 부왕령인 페루 부왕령(Virreinato del Perú)은 1542년 페루의 리마에 세워졌다. 페루 부왕령은 남아메리카의 대부분 지역을 관할하며, 특히 은 채굴과 수출의 중심지였다. 대표적인 예로 볼리비아의 포토시 은광(1545년 발견)은 스페인의 막대한 부를 가져다주며 유럽 내에서 스페인이 강력한 경제적 위상을 유지하는 데 큰 역할을 했다.

부르봉 왕가 시대의 행정 개혁과 새로운 부왕령

18세기 초 스페인의 왕위가 합스부르크 왕가에서 부르봉 왕가로 교체되자, 식민지에 대한 행정 개혁이 진행되었다. 그 결과 새로운 부왕령이 추가로 설치되었다.

1717년에 신설된 누에바 그라나다 부왕령(Virreinato de Nueva Granada)은 오늘날의 콜롬비아, 베네수엘라, 에콰도르, 파나마 지역을 담당하였다. 이 부왕령은 행정 효율성의 이유로 한때 폐지되었다가 1739년에 재설립되면서 중요한 식민 행정의 축이 되었다.

1776년에는 리오 데 라 플라타 부왕령(Virreinato del Río de la Plata)이 설치되어 오늘날의 아르헨티나, 볼리비아, 파라과이, 우루과이를 포함하는 지역을 관리했다. 특히 이 부왕령의 중심지인 부에노스아이레스는 대서양 무역의 중요한 거점으로 성장하여 남미 식민지 통치의 효율성을 극대화했다.

부왕령 제도와 스페인의 경제적 번영

부왕령은 식민지에서 채굴한 막대한 금과 은을 스페인 본국으로 운송하는 경제적 중심지 역할을 했다. 이를 통해 스페인은 16~17세기 유럽 내에서 강력한 제국으로 부상했으며, 이 경제적 기반이 대서양을 통한 국제 무역과 정치적 영향력을 확대하는 데 기여했다.

결과적으로 스페인의 부왕령 제도는 식민지 지배의 핵심적인 도구였으며, 오늘날까지 라틴 아메리카 역사에서 식민 통치와 독립운동의 배경을 이해하는 중요한 열쇠로 남아 있다.

파라과이 은화 1페소, 내륙 국가의 역사적 상징

남미 내륙의 중심, 파라과이의 탄생과 성장

파라과이는 볼리비아와 함께 남미 대륙의 내륙부에 자리 잡고 있어 '아메리카의 심장'으로 불린다. 16세기 이후 스페인의 식민 지배를 받은 파라과이는 1811년 5월 14일 독립을 이루었다.

19세기 중반 파라과이는 강력한 경제력과 군사력을 바탕으로 남미에서 중요한 국가로 성장했다. 당시 독재적 지도자 프란시스코 솔라노 로페스 대통령은 내륙 국가인 파라과이가 바다로 나갈 수 있는 해안선 확보라는 국가적 목표를 가지고 있었다. 이러한 야망은 결국 주변 국가들과의 갈등을 불러일으켰으며, 브라질과의 충돌로 전쟁의 불씨를 제공했다.

삼국동맹 전쟁의 시작(1864년)

1864년, 브라질과 우루과이의 정치적 충돌에 개입한 파라과이가 브라질과 전면적인 군사 충돌을 일으키면서 전쟁이 발발했다. 이후 브라질, 아르헨티나, 우루과이 세 나라는 삼국동맹을 결성하여 파라과이에 맞서게 되었다. 파라과이는 전쟁 초반 뛰어난 전략으로 몇 차례 승리를 거두었으나, 시간이 지나면서 군사적 우위는 점차 동맹국으로 넘어갔다.

결정적으로 1865년 6월, 파라과이 해군은 리아추엘로 해전에서 브라질 해군에 결정적인 패배를 당했고, 같은 해 8월 야타이 전투에서도 연이어 패배하며, 파라과이는 군사적 우위를 상실하게 되었다.

1865년 파라과이 전쟁 중 벌어진 리아추엘로 해전의 생생한 전투 장면을 그린 역사화. 오스카르 페레이라 다 실바가 빅토르 메이렐리스의 원작을 따라 제작하였다.

영토 상실과 경제적 몰락

1869년 1월, 파라과이의 수도 아순시온이 브라질군에 의해 함락되면서 전쟁은 사실상 끝났다. 그러나 로페스 대통령은 항전을 계속하다가 1870년 3월 세로코라 전투에서 전사하면서 전쟁이 공식적으로 종결되었다.

삼국동맹 전쟁으로 인해 파라과이는 막대한 인적·물적 피해를 입었다. 전쟁 전 인구 약 53만 명 가운데 약 30만 명 이상이 사망했으며, 특히 성인 남성 인구의 90%가 전쟁 중 목숨을 잃었다. 이는 국가의 경제·사회적 기반을 무너뜨리는 비극적 결과로 이어졌다.

패배한 파라과이는 브라질과 아르헨티나에 광대한 영토를 할양해야 했으며, 전쟁으로 산업 기반이 대부분 파괴되어 외국 자본의 지배를 받는 경제 구조로 되돌아갔다. 삼국동맹 전쟁은 파라과이가 다시 일어서기 힘든 심각한 타격을 입었으며, 남미 역사상 가장 참혹한 전쟁으로 기록되었다.

차코 전쟁, 다시 일어선 파라과이의 자존심

1930년대 들어 파라과이는 이웃 국가 볼리비아와 '차코 전쟁'(1932~1935)을 벌였다. 파라과이는 이 전쟁에서 전술적 우위를 점하며 승리했고, 볼리비아로부터 차코 지역을 확보하는 데 성공했다. 이 승리는 삼국동맹 전쟁 이후 상처받은 파라과이 국민에게 다시금 국가적 자존심과 자신감을 회복시켜 주었다.

역사적 상징, 파라과이 1페소 은화(1889년 발행)

1889년에 발행된 파라과이 1페소 은화는 이러한 역사의 흐름 속에서 독립과 국가적 정체성을 나타내는 중요한 상징이었다. 동전의 앞면에는 '자유의 모자'(프리기아 모자)와 힘을 상징하는 사자 국장이 새겨져 있어, 파라과이의 독립과 주권에 대한 자부심을 표현하고 있다. 뒷면에도 파라과이 국장이 새겨져 있는데, 국장의 중심에 있는 별은 독립과 자주를 의미하며, 주변을 둘러싼 야자나무와 올리브 가지는 평화와 번영을 상징한다.

이러한 은화의 상징은 당시 파라과이 국민에게 독립과 국가 재건의 희망을 상징적으로 전하는 메시지였다.

※ 파라과이 1페소 은화(1889년): 중량 25.0g, 은 90.0, 크기:37.5㎜

파라과이 1페소(1889년)

파라과이 국장, 독립과 평화의 상징

두 가지 버전의 국장

파라과이 국장은 1825년에 처음 제정되었으며, 세계적으로 드물게 앞면과 뒷면의 디자인이 서로 다른 두 가지 버전으로 존재한다. 이 양면 국장은 파라과이의 역사와 독립 정신, 그리고 국가가 추구하는 가치들을 균형 있게 상징한다는 점에서 독특한 문화적 특징으로 평가된다.

국장에는 프리기아 모자(Phrygian cap)와 사자가 새겨져 있다. 프리기아 모자는 고대 로마 시대부터 노예 해방과 자유를 상징하는 대표적인 문양으로 사용되었다. 사자는 힘과 용기를 나타내며, 이 두 상징은 파라과이의 자유와 독립에 대한 강한 의지를 표현한다. 국장 아래에는 스페인어로 "PAZ Y JUSTICIA"(평화와 정의)라는 문구가 있으며, 이는 독립 이후 국가가 추구하는 핵심적인 가치로 자리 잡고 있다.

국장의 다른 면에는 황금 별과 야자나무, 그리고 올리브 가지가 장식되어 있다. 중앙의 황금 별은 파라과이의 독립일(1811년 5월 14일)을 상징하며 국

파라과이 국장(1842년). 파라과이는 앞뒤 문양이 서로 다른 국장을 사용하는 나라로, 국기 역시 앞뒤 문양이 다르다.

가의 탄생을 기념한다. 별 주위를 둘러싼 야자나무와 올리브 가지는 각각 평화와 번영을 의미하며, 파라과이 국민이 추구하는 평화로운 국가 건설과 지속적인 번영의 희망을 나타낸다.

양면 국장의 역사적 의미와 중요성

파라과이가 세계에서 유일하게 양면 국장을 사용하는 이유는 독립 과정에서 겪은 투쟁과 그 이후의 평화로운 번영에 대한 열망을 동시에 담기 위해서이다. 이 국장은 파라과이의 독립 투쟁 과정에서 나타난 강인함과 용기, 그리고 독립 이후의 평화와 정의에 대한 희망을 동시에 표현한다는 점에서 역사적으로 중요한 의미를 지닌다.

현재에도 파라과이의 양면 국장은 국가 문서, 화폐, 그리고 공공 기관에서 활발히 사용되며, 파라과이 국민의 자부심과 민족적 자긍심을 대표하는 중요한 상징으로 자리 잡고 있다.

자유의 땅을 알리는 기둥(1793년). 이 수채화는 프랑스 혁명 당시 모젤 강변에 세워졌던 자유 기둥을 묘사한 것이다. 중앙 타원형 표지판에는 라틴어로 "PASSANT, CETTE TERRE EST LIBRE" ("여행자여, 이 땅은 자유롭다")라고 적혀 있다.

브라질 은화 960레이와 2,000레이

브라질의 광대한 자연환경과 국명의 유래

브라질은 남아메리카의 거의 절반을 차지하며 세계에서 다섯 번째로 넓은 면적을 가진 국가이다. 지구 최대의 열대우림인 아마존강 유역을 포함해 풍부한 자연환경을 가지고 있다. 브라질이라는 이름은 붉은색 염료를 생산할 수 있는 브라질 나무(Pau-Brasil)에서 유래했다. 식민지 시기 이 나무는 유럽으로의 주요 수출품이었으며, 브라질 초기 경제에서 핵심적인 역할을 했다.

포르투갈의 식민 지배와 경제적 착취

신대륙 발견 이후 스페인과 포르투갈은 아메리카 대륙의 영토 분할을 위해 1494년 '토르데시야스 조약'을 맺었고, 이에 따라 브라질 대부분은 포르투갈의 지배하에 들어갔다. 1500년 탐험가 페드루 알바르스 카브랄이 브라질을 발견한 이후, 포르투갈은 브라질에서 사탕수수 농장과 금광, 다이아몬드 광산 개발을 통해 막대한 부를 축적했다. 그러나 이러한 경제적 이득은 현지 원주민과 아프리카 노예들의 혹독한 강제 노동과 희생을 바탕으로 이루어진 것이었다.

독특한 방식의 브라질 독립

대부분의 라틴 아메리카 국가들이 전쟁을 통해 독립했지만, 브라질은 전쟁이 아니라 포르투갈 왕족이 중심이 되어 정치적 변화를 통해 독립을 이뤘다는 독특한 역사를 지니고 있다. 나폴레옹 전쟁 중 나폴레옹이 포르투갈을 침공하자, 포르투갈 왕 주앙 6세는 왕실과 함께 브라질로 피난을 갔으며, 그 기간 브라질은 포르투갈의 수도 역할을 했다. 1821년 주앙 6세는 포르투갈로 돌아갔지만, 그의 아들 돔 페드루는 브라질에 남아 1822년 9월 7일 독립을 선언했고, 페드루 1세로 즉위하며 브라질 제국이 탄생했다.

브라질 제국 시기의 대표적인 은화, 960레이와 2,000레이

브라질 제국 시대를 대표하는 화폐는 브라질 제국의 페드루 1세와 2세 재위 기간에 발행된 960레이, 2,000레이 은화가 있다. 이 은화는 브라질의 독립적 정체성과 경제적 번영을 상징적으로 나타내고 있으며, 당시 브라질 경제가 유럽과의 활발한 무역을 통해 성장하던 시기를 보여준다. 또한 브라질의 독특한 독립 과정과 브라질 제국의 역사를 잘 반영하고 있다.

※ 960레이 은화(1823년): 중량 26.89g, 은 89.6, 크기:40.0㎜

※ 2,000레이 은화(1851~1869년): 중량 25.50g, 은 90.0~91.7, 크기:37.0㎜

브라질 960레이 은화 (1823년), 브라질 제국 시기 페드루 2세 시기 발행된 은화 시리즈

브라질 2,000레이 은화 (1856년, 1889년), 브라질 제국 시기 페드루 2세 통치하 발행된 대표 은화 시리즈

브라질 공화국, 국장의 탄생과 상징

브라질 국장(1889~1968년)의 의미와 상징

브라질 국장은 1889년 브라질이 제국에서 공화국으로 전환한 직후 제정되었으며, 1968년까지 공식적으로 사용되었다. 1889년 11월 15일, 군부가 주도한 쿠데타를 통해 페드루 2세가 폐위되고 공화국이 수립되면서 새로운 정치적 정체성을 반영하기 위해 국장이 개정되었다.

브라질 국장(1822~1853년, 1889~1968년). 1822년 독립 후 페드루 1세 황제에 의해 제정된 국장과 1889년 군사 쿠데타로 제국이 무너지고 공화국이 수립된 이후 사용된 국장이다

중앙의 별과 남십자성

브라질 국장 중앙의 파란색 원 안에는 27개의 별이 있는데, 이는 브라질 연방을 구성하는 26개 주와 연방구를 상징한다. 중앙의 큰 별은 연방 공화국 체제를 나타내고, 주변의 작은 별들이 이를 둘러싸며 국가적 통합과 단

결을 의미한다. 특히 이 별들은 남반구의 대표적인 별자리인 '남십자성'을 형상화한 것으로, 브라질의 지리적 위치뿐만 아니라 역사적으로 유럽 항해자들의 중요한 항해 표지로서 브라질 발견과 개척을 상징적으로 표현한다.

남십자성은 남반구 하늘에서만 관찰이 가능한 별자리로, 유럽에서는 보이지 않기 때문에, 남반구 국가들의 국기에도 등장하며 상징으로 사용된다. 남십자성은 십자가 모양으로 가톨릭 국가인 브라질의 기독교적 상징으로 해석된다.

유럽의 선교사들이 남반구에 오면서 남십자성을 예수의 십자가, 신대륙을 '하늘에서 십자가로 비추는 땅'으로 해석하였다. 또한 브라질의 투피-과라니 계열 원주민들도 남십자성을 하늘의 십자가로 여기며, 죽은 조상들이 저승으로 향하는 길을 비추는 성스러운 표시라고 믿었다.

남십자성이 그려진 여러 나라의 국기와 군부대 깃발

국장의 주요 요소와 의미

국장 주변에는 두 개의 올리브 가지가 있는데, 이는 평화와 국가의 번영을 뜻한다. 또한, 풍성한 녹색과 황금색은 브라질의 무한한 자연 자원과 경제적 풍요로움을 나타낸다.

국장 중앙에는 검이 배치되어 있는데, 이는 국가의 주권과 강력한 방어력을 나타낸다. 브라질이 왕정에서 공화정으로 전환하면서 국민의 힘과 자주적인 통치를 강조하는 의지를 상징하기 위해 검을 채택하였다. 역사적으로 검은 국가 방위뿐만 아니라, 정의와 국민의 결의를 상징하는 중요한 요소로 자리 잡았다.

국장 하단에 새겨진 리본에는 "ESTADOS UNIDOS DO BRASIL"(브라질 합중국)이라는 문구와 공화국 수립일인 1889년 11월 15일이 적혀 있다. 이는 브라질이 새롭게 시작한 공화국 체제를 공식적으로 나타낸 것이다.

5 아르헨티나 은화 1페소

아르헨티나의 지리적 특징

남아메리카 남부에 있는 아르헨티나는 광활한 영토와 다양한 자연환경으로 유명한 나라이다. 아메리카 대륙 최고봉인 아콩카과산(해발 6,961m)을 비롯하여 비옥한 팜파스 대초원, 신비로운 파타고니아 지역, 장엄한 빙하, 그리고 건조한 고원 사막까지, 다채로운 자연환경을 자랑한다. 이러한 지리적 특징 덕분에 아르헨티나는 농업과 축산업을 기반으로 남미의 경제 강국으로 발전할 수 있었다.

식민지 시대와 독립 과정

아르헨티나는 16세기 스페인의 식민 지배 아래 편입되었으며, 1776년부터 리오 데 라플라타 부왕령의 중요한 부분으로 통치되었다. 그러나 1810년부터 독립운동이 본격적으로 전개되었고, 결국 1816년 7월 9일 독립을 선언하면서 자주 국가로 발돋움했다. 이후 1826년 공화국을 선포하고, 1853년 연방 헌법을 제정하며 연방제 체제를 확립하였다. 이로써 정치적 안정과 함께 지속적인 경제 성장을 이루어냈다.

남미 독립의 영웅, 호세 데 산마르틴

아르헨티나의 독립에서 빼놓을 수 없는 인물이 바로 호세 데 산마르틴이다. 그는 아르헨티나뿐만 아니라 칠레와 페루의 독립까지도 이끌었던 위대한 지도자로 평가받으며, 오늘날까지도 국민에게 큰 존경을 받는 역사적 영웅이다. 또한, 독립 이후에는 아르헨티나가 파라과이 및 브라질과의 전쟁에서 승리를 거두었으며, 19세기 후반 '정복 전쟁'을 통해 현재와 같은 광활한 국토를 확장하였다.

아르헨티나 현대사에서 매우 중요한 상징적 장소로 꼽히는 곳은 부에노스아이레스의 '5월 광장'이다. 이 광장은 1810년 5월 25일 스페인으로부터의 독립을 위한 첫 발걸음을 내딛은 '5월 혁명'을 기념하기 위해 이름이 붙여졌다.

산마르틴과 오이긴스의 안데스 횡단(19세기 Julio Vila y Prades 작품),
칠레와 페루 해방전쟁의 상징적 장면으로, 아르헨티나의 독립 투쟁과 남미 통합 이상을 부여준다.

자유와 공화국 정신을 담은 1페소 은화

아르헨티나의 대표적 근대 은화는 1882년에 발행된 1페소이다. 은화의 앞면에는 프리기아 모자를 쓴 자유의 여신이 새겨져 있으며, 이는 아르헨티나의 독립과 자유의 이상을 강력하게 상징한다. 뒷면에는 아르헨티나 국장이 그려져 있어 아르헨티나의 독립 정신과 공화주의 정신을 명확히 보여주고 있다.

※ **아르헨티나 1페소 은화(1882년): 중량 25.00g, 은 90.0, 크기 37.0㎜**

아르헨티나 1페소 은화(1882). 앞면에는 '자유의 상징인 여성상이 새겨져 있으며, 뒷면에는 아르헨티나 국장이 새겨져 있다.

아르헨티나 국장, 독립과 단결의 상징

아르헨티나 국장의 역사

아르헨티나 국장은 독립전쟁이 한창이던 1813년에 처음 제정되었다. 이후 몇 차례의 개정을 거쳐 현재는 1944년 버전이 사용되고 있지만, 최초 국장에 담겼던 독립 정신과 민족적 자부심은 그대로 전해지고 있다.

5월의 태양과 프리기아 모자

국장의 맨 위에는 밝게 빛나는 황금색의 '5월의 태양'이 자리 잡고 있다. 이는 1810년 5월 25일 스페인 식민 지배에 맞서 독립을 선언한 역사적인 '5월 혁명'을 기념하는 것으로, 아르헨티나 국민에게 독립과 희망을 상징하는 중요한 표상이 되었다. 이 태양 문양은 아르헨티나의 국기에도 함께 사용되며 국가 정체성의 중심으로 자리 잡고 있다.

국장 중심에 있는 붉은색 프리기아 모자는 자유와 혁명의 보편적 상징이다. 프랑스 혁명 이후 자유를 갈망하는 여러 나라에서 널리 사용된 이 모자는 아르헨티나 국민이 스페인 식민 통치로부터의 해방과 자유를 추구하는 강력한 의지를 표현하고 있다. 프리기아 모자 아래에서 맞잡은 두 손은 아르헨티나 국민들의 단결과 평등을 나타낸다. 이는 국민이 모두 힘을 합쳐 독립과 국가 건설을 이루었다는 의미로, 연대와 협력의 중요성을 강조한다.

1813년 아르헨티나 최초의 주화에 새겨진 5월의 태양으로 이 태양은 잉카 태양신 인티(Inti)를 상징하며, 아르헨티나 독립의 상징으로 국기와 국장에도 널리 사용된다.

국장의 주요 요소와 의미

국장 중앙의 타원형 방패는 아르헨티나 국기의 하늘색과 흰색을 담고 있다. 이는 아르헨티나의 하늘과 안데스산맥의 만년설을 상징하며, 독립을 통해 얻은 국가적 자부심과 통합된 정체성을 표현하는 중요한 요소이다.

타원의 바깥을 감싸는 월계수 잎은 아르헨티나가 독립을 위한 투쟁에서 거둔 승리와 영광을 의미한다. 이 월계수는 역사적으로 오랜 투쟁 끝에 성취한 독립의 성공을 기념하고, 앞으로의 번영을 기원하는 뜻을 담고 있다.

국장 중앙 아래에 있는 십자가는 아르헨티나가 가톨릭 전통을 국가의 중심적인 문화적 기반으로 삼고 있음을 나타낸다. 아르헨티나 인구의 대다수가 가톨릭 신자로, 스페인의 식민 지배 시기부터 현재까지 이어진 종교적 전통을 드러내고 있다.

아르헨티나 국장(1813년, 현재). 1813년 독립 이후 채택된 원형 국장과 오늘날 국장으로 아르헨티나의 국가 문장(국장)의 변천을 보여준다.

우루과이 은화 1페소

우루과이의 지리적 특징과 역사적 별칭

우루과이는 남미 동부에 자리한 작은 국가로, 풍부한 자연과 아름다운 풍경으로 유명하다. "화려한 새들의 강"이라는 의미를 담고 있는 국명의 어원처럼, 우루과이강을 서쪽 경계로 삼아 아르헨티나와 접하고 있으며, 북쪽으로는 브라질과 국경을 맞대고 있어 두 나라와 역사적으로 긴밀한 관계를 유지해 왔다.

식민 지배와 독립 과정

우루과이는 1680년 포르투갈의 식민지로 시작되었다. 이후 브라질이 포르투갈에서 독립하면서 브라질 제국이 형성되었고, 1821년 우루과이는 브라질 일부가 되기도 했다. 그러나 우루과이 국민은 오랜 식민 지배를 벗어나고자 끈질긴 독립운동을 펼쳤다. 특히 이웃 나라 아르헨티나가 1816년 스페인으로부터 독립에 성공한 것은 우루과이 국민에게 독립에 대한 열망을 불러일으키는 계기가 되었다.

아르헨티나의 적극적인 지지를 받아 독립 전쟁을 이어간 끝에, 우루과이는 1828년 마침내 독립 국가로 인정받았다. 이러한 역사적 배경 덕분에 우루과이와 아르헨티나는 특별한 혈맹 관계를 형성하게 되었다. 이를 기념하여 우루과이 국기에는 아르헨티나의 국기와 같은 '5월의 태양' 문양이 들어가 있으며, 양국 간의 우정과 협력 관계를 상징하고 있다.

호세 헤르바시오 아르티가스, 우루과이 독립의 아버지

우루과이의 독립을 논할 때 빼놓을 수 없는 인물이 바로 호세 헤르바시오 아르티가스(José Gervasio Artigas)이다. 그는 아르헨티나와 연합하여 독립운동을 주도한 군사 지도자로, 독립 후 우루과이 국민에게 '독립의 아버지'로 존경받고 있다. 오늘날 우루과이는 아르티가스의 업적을 기념하며 그를 추모하고 있다.

현재의 우루과이는 정치적·경제적으로 매우 안정된 국가로 평가된다. 민

고원 위에 아르티가스 장군(1911년, Carlos María Herrera 작품)

주적이고 투명한 정치 체제와 높은 생활 수준을 바탕으로 칠레와 함께 남미에서 가장 번영한 국가 중 하나로 손꼽히며, 이를 두고 종종 '남미의 스위스'라는 별칭으로 불린다.

우루과이 은화 1페소

이러한 독립과 번영의 역사는 우루과이에서 발행된 근대 은화에도 그대로 묻어 있다. 1895년 은화에는 우루과이의 국장이, 1917년 은화에는 독립 영웅인 호세 헤르바시오 아르티가스의 초상이 새겨져 있다. 이 은화들은 우루과이의 독립 정신과 국민적 자부심, 그리고 우루과이인의 고유한 정신을 잘 나타내고 있다.

※ **우루과이 1페소 은화(1895년, 1917년): 중량 25.00g, 은 90.0, 크기 37.0㎜**

우루과이 1페소 은화(1895년, 1917년). 1895년 은화는 우루과이 국장이 섬세하게 묘사되어 있고, 1917년 은화는 호세 헤르바시오 아르티가스의 초상과 국장이 새겨져 있다.

우루과이 국장과 5월의 태양

우루과이 국장의 의미와 구성

우루과이 국장은 1829년에 공식적으로 제정되었으며, 국가의 독립과 번영, 국민의 단결과 희망을 나타내는 다양한 상징적 요소를 담고 있다. 이 국장은 우루과이 국민에게 자부심과 애국심을 고취하는 데 중요한 역할을 하고 있다.

우루과이 국장(1829년). 이 국장은 네 개의 상징적 이미지로 구성된 타원형 방패와 그 위의 '5월의 태양'을 중심으로 한다.

국장의 주요 구성과 그 의미

국장 상단을 장식하고 있는 황금빛의 '5월의 태양'은 남아메리카 독립운동의 중요한 상징이다. 이 태양은 1810년 5월 25일 아르헨티나에서 일어난

'5월 혁명'을 기념하며, 우루과이의 독립 과정에서도 큰 영향을 주었기 때문에 우루과이 국기와 국장에도 사용되었다. 이를 통해 우루과이와 아르헨티나의 역사적 연대감과 공동의 독립 정신을 표현하고 있다.

국장 중앙은 십자형으로 나뉘어 네 개의 구역으로 구성되어 있는데, 각 구역은 우루과이 국가와 국민의 핵심 가치를 상징하는 요소들을 담고 있다. 천칭은 국가의 정의와 평등을 나타내며, 몬테비데오 언덕 위의 성곽은 독립운동의 중심지였던 수도 몬테비데오를 상징하면서 국가의 방어와 독립 정신을 표현한다.

또한 말은 자유와 독립을 추구하는 우루과이인의 정신을 보여주고, 황소는 우루과이 경제의 중심인 축산업을 나타낸다. 이처럼 국장은 다양한 상징을 조화롭게 연결하여 우루과이의 민족적 자긍심과 경제적 번영, 그리고 국민의 자부심을 자연스럽게 드러내고 있다. 국장에 월계수 가지와 올리브 가지는 승리와 영광을 상징하며, 우루과이가 독립 전쟁을 통해 얻은 승리를 기념한다.

아르헨티나와 우루과이 독립의 상징, 5월의 태양

'5월의 태양'은 아르헨티나와 우루과이 양국이 공통으로 사용하는 역사적 상징이다. 이 태양은 1810년 5월 25일, 스페인의 식민 지배에 맞서 처음으로 독립의 움직임을 시작한 아르헨티나의 '5월 혁명'을 기념하는 문양으로, 두 나라가 공유하는 역사적 유대감을 나타낸다.

5월의 태양 문양은 사람 얼굴 형상을 하고 있으며, 이는 자유와 독립에 대한 인간의 희망과 열망을 표현한 것이다. 아르헨티나와 우루과이 모두 국기와 국장에 태양을 사용하고 있지만, 두 나라 사이에는 약간의 차이점이 있다.

아르헨티나 국기의 태양 문양은 총 32개의 직선과 곡선의 광선으로 구성되어 있다. 이것은 아르헨티나가 주도했던 독립운동의 진취적이고 역동적인 기운을 나타낸다.

우루과이 국기의 태양 문양은 16개의 직선과 곡선으로 구성되어 있으며, 이는 우루과이가 아르헨티나의 영향을 받아 독립을 쟁취했음을 나타내는 동시에 양국 간의 긴밀한 우정을 표현하고 있다.

화폐와 국가 상징으로서 5월의 태양

5월의 태양은 국기뿐 아니라 국가를 대표하는 다양한 상징과 물품에도 사용된다. 특히 아르헨티나와 우루과이의 은화 및 동전(페소)에는 독립 정신을 기념하기 위한 의미로 이 태양이 새겨져 있다. 예를 들어 1869년 우루과이 동전에는 뚜렷한 태양 얼굴이 표현되어 있어 당시의 독립적 자부심과 국민의 가치를 강렬하게 전달한다.

5월의 태양 문양은 두 나라가 역사적으로 공유하는 독립과 자유의 정신을 담은 중요한 상징물 역할을 하고 있다.

5월의 태양 문양 비교(왼쪽부터 아르헨티나 국기, 우루과이 국기, 우루과이 동전에 새겨진 5월의 태양)

잉카 신화에서 유래된 태양신 '인티(Inti)'

'5월의 태양'의 근원은 고대 잉카 신화로 거슬러 올라간다. 잉카인들에게 태양신 '인티(Inti)'는 농업과 생명을 관장하는 최고의 신이었으며, 황금을 '태양신 인티의 땀'으로 여길 정도로 신성한 존재로 간주했다. 잉카 문명의 수도였던 쿠스코에서는 매년 수확을 축하하는 '인티 라이미(Inti Raymi)' 축제를 성대하게 열었다. 현재도 페루와 볼리비아 같은 안데스 지역 국가들은 인티 라이미 축제를 계승하여 전통을 이어가고 있다.

잉카의 태양신 축제, 카팍 인티 라이미. 이 그림은 잉카 제국에서 12월에 열렸던 태양신 인티를 기리는 중요한 제례 의식인 '카팍 인티 라이미'의 장면을 묘사한 것이다.

볼리비아 은화 8솔과 1볼리비아노

잉카 제국에서 독립까지의 역사적 여정

볼리비아는 남아메리카 중앙의 내륙에 있는 나라로, 원래 잉카 제국의 일부였다가 16세기 초 스페인의 식민 지배를 받기 시작했다. 약 300년간의 스페인 식민 지배를 거친 후, 1824년 페루와 함께 스페인을 상대로 한 독립 전쟁에서 승리를 거두었다. 마침내 1825년 8월 6일 독립을 선언하고, 남미 독립의 영웅 시몬 볼리바르를 기념하여 국명을 볼리비아로 정하였다.

태평양 전쟁과 해안선 상실의 비극

독립 당시 볼리비아는 태평양 연안을 포함한 영토를 보유하고 있었으나, 19세기 후반 구아노(새똥), 질산염, 구리 등의 광물 자원을 둘러싸고 칠레와 갈등이 고조되었다. 이에 따라 1879년 볼리비아는 페루와 동맹하여 칠레를 상대로 태평양 전쟁(1879~1884)을 벌였으나, 칠레가 유럽 자본의 지원을 받아 우세를 점하며 볼리비아는 패배하고 말았다. 이 전쟁으로 볼리비아는 중요한 해안선을 모두 잃고 내륙 국가로 전락하였다. 이후에도 지속적인 영토 분쟁으로 독립 당시의 약 60% 규모로 영도가 축소되있으니, 남미의 약소국으로 자리 잡았다.

포토시 은광의 번영과 세계 경제에 미친 영향

볼리비아의 역사에서 가장 중요한 경제적 자원은 은이었다. 특히 1545년 발견된 포토시 은광은 16~17세기 유럽으로 수출되는 은의 주요 생산지로 급성장하며 전 세계 경제에 막대한 영향을 끼쳤다. 포토시의 조폐국에서 발행된 은화는 국제 무역의 핵심 화폐로 널리 사용되었고, 스페인과 볼리비아는 이를 통해 엄청난 부를 축적할 수 있었다.

볼리비아 은화 8솔과 1볼리비아노의 상징성

1827년에 발행한 8솔(Soles) 은화는 남아메리카 독립운동의 상징적 인물 시몬 볼리바르(Simón Bolívar)가 등장하며, 머리에 월계관을 쓰고 있는데, 이는 고대 로마에서 승리자나 명예로운 인물에게 주어지는 상징으로, 볼리바르를 '자유의 승리자'로 묘사하고 있다. 다른 면에는 초기 공화국 시기의 국가 상징이 새겨져 있다. 중앙에 있는 산 위에 자라고 있는 나무는 볼리비아의 자연과 번영을 상징하며, 이 나무를 둘러싸고 있는 6개의 별은 당시 볼리비아를 구성하던 주요 주(州)를 의미하고 있다.

1871년에 발행된 1볼리비아노 은화는 볼리비아의 중요한 역사적 상징을 담고 있다. 은화의 앞면에는 국가의 독립과 통합을 의미하는 볼리비아 국장이 새겨져 있고, 뒷면에는 "LA UNION HACE LA FUERZA(단결이 힘이다)"라는 문구가 적혀있다. 이 문구는 볼리비아 국민에게 단결과 협력, 그리고 독립 정신을 강조하는 메시지를 담고 있으며, 국가적 자부심을 높이는 데 큰 역할을 했다.

현재 볼리비아는 잃어버린 태평양 해안선을 회복하기 위한 외교적 노력을 계속하고 있으며, 포토시 은광과 같은 역사적 유산은 국가의 중요한 문화적 자산으로 남아 있다. 볼리비아의 대표적인 크라운 크기 근대 은화로는 8솔(soles)과 1볼리비아노(Boliviano)가 있다.

※ 볼리비아 8솔 은화(1826년): 중량 25.0g, 은 90.0, 크기:37.0㎜
※ 볼리비아 1볼리비아노 은화(1871년): 중량 25.0g, 은 90.0, 크기:37.0㎜

볼리비아의 대표적인 크라운 크기 은화, 8솔(1826년)과 1볼리비아노(1871년)

볼리비아 국장과 포토시 은광

볼리비아 국장의 구성과 상징성

볼리비아의 국장은 1825년 독립과 함께 처음 제정된 후, 여러 차례의 변화를 거쳐 2004년 최종적으로 개정된 현재의 모습이다. 볼리비아 국장은 국가의 역사와 정체성을 상징하는 다양한 요소들을 조화롭게 담고 있다.

국장의 중앙에 자리 잡은 원형 방패는 볼리비아의 풍부한 역사와 자연환경을 상징적으로 표현하고 있다. 방패 안에 있는 포토시 산은 세계에서 가장 유명한 은광인 포토시 은광을 나타낸다. 이 은광은 식민지 시대 볼리비아뿐만 아니라 스페인의 경제적 번영을 견인했던 역사적 유산이다. 알파카는 안데스산맥 지역을 대표하는 동물이며, 빵나무는 볼리비아의 풍요로운 농업과 자연환경을 상징한다.

볼리비아 국장(1825년, 1888년~현재). 1825년 볼리비아 독립 직후 제정된 초기 국장과 1888년부터 사용되고 있는 현행 국장이다.

국장의 원 테두리에는 별 10개가 새겨져 있으며, 이는 볼리비아를 구성하는 9개 주와 1879년 태평양 전쟁에서 칠레에 빼앗긴 태평양 연안의 안토파가스타 지역을 의미한다. 또한 국장에는 콘도르, 월계수, 올리브 가지 등이 포함되어 있으며, 이는 국가의 자유와 독립, 평화를 상징한다.

1825년과 2004년 개정된 국장 모두 자유의 상징인 프리기아 모자를 포함하고 있으며, 이는 독립과 자주성을 나타낸다.

포토시 은광의 탄생

포토시는 해발 4,070m에 있는 볼리비아의 고산 도시로, 1545년 주요 은광맥이 발견된 이후 세계적인 은광 도시로 급부상했다. 도시 이름 '포토시'는 현지 인디언 언어로 '시끄러운 곳'을 뜻하며, 이는 광산 개발로 인해 활기를 띤 도시 분위기를 잘 나타낸다.

16세기 포토시 은광은 당시 유럽 전체의 은광을 능가할 정도로 막대한 양의 은을 보유했다. 포토시에서 채굴된 은은 유럽뿐만 아니라 아시아 지역으로도 수출되어 국제 무역의 주요 화폐로 널리 쓰였다. 특히 1574년에 세워진 포토시 조폐국은 라틴 아메리카 최대 규모였으며, 방대한 양의 은화를 생산하여 포토시를 번영의 중심지로 만들었다.

포토시에서 유럽으로 유입된 막대한 양의 은은 유럽 경제를 활성화했지만, 동시에 심각한 인플레이션을 초래했다. 이 현상을 '가격 혁명'이라고 부르며, 유럽의 경제 구조를 근본적으로 변화시키는 계기가 되었다.

※ 스페인 8레알 은화(1770년): 27.07g, 은 91.7, 크기 40.0㎜
※ 스페인 8레알 은화(1818년): 27.07g, 은 89.6, 크기 38.5㎜

포토시에서 제작한 스페인 8레알 은화(1770년, 1818년), 세계 무역에서 '스페인 달러'로 통용된 대표 은화로, 뛰어난 순도와 균일한 중량으로 국제 무역의 기준 화폐로 자리 잡았다.

포토시의 경제적 중요성과 노동 착취의 이면

17세기 중반 포토시의 인구는 약 18만 명으로 추정되며, 당시 런던 인구보다 훨씬 많았다. 이는 포토시가 당시 세계적으로 가장 번성했던 도시 중 하나였음을 보여주는 증거이다. 포토시에서 생산된 은화는 특히 아시아 시장에서 중요한 거래 수단으로 사용되며 세계 경제의 핵심적인 역할을 했다.

그러나 화려한 경제적 번영 뒤에는 원주민과 아프리카 노예들의 혹독한 노동 착취가 존재했다. 극도로 열악한 작업 환경에서 많은 노동자가 재해, 수은 중독, 과로, 질병 등으로 사망했다.

기록에 따르면, 연간 최대 18,000명이 목숨을 잃으면서, 포토시는 노동자들에게 '지옥의 입구'라는 악명으로 알려졌다.

이러한 사망자에는 원주민을 강제로 동원했던 미타 제도(Mita system)의 피해자뿐 아니라 아프리카 노예도 포함되어 있었다.

포토시의 은 덕분에 스페인은 막대한 부를 누렸지만, 이는 원주민과 아프리카 노예의 고통과 희생 위에 세워진 것이었다. 포토시는 세계 경제사를 바꾼 중요한 도시였지만, 동시에 식민지 시대의 가장 어두운 면을 보여주는 역사적 장소이기도 하다.

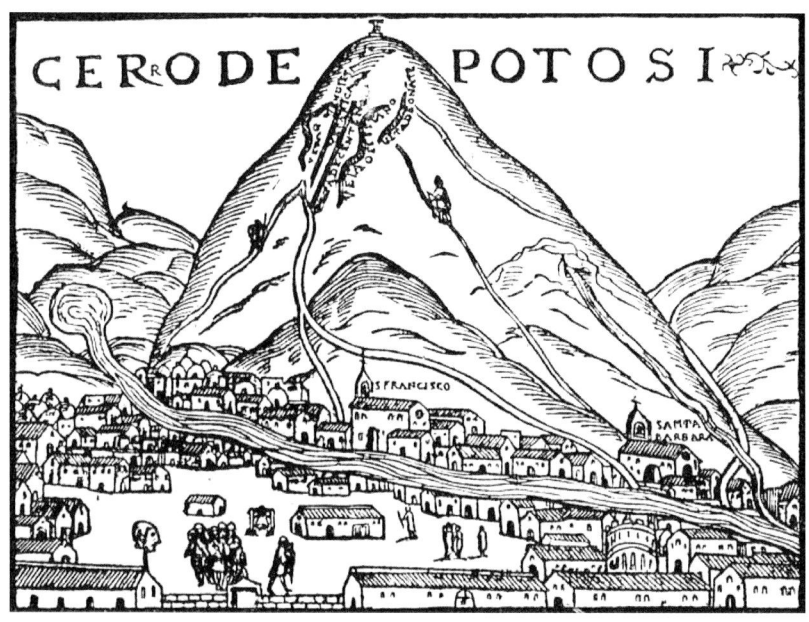

목판화로 그려진 포토시 은광(1553년 Cerro de Potosí 작품), 산에서 흐르는 은맥이 도시로 쏟아지는 형상은 당시 유럽인들이 포토시를 '은의 샘'으로 인식했음을 상징적으로 보여준다.

칠레 은화 1페소

지리적 특징과 식민지 시대

칠레는 남북으로 길게 뻗어 있는 독특한 나라이다. 동쪽으로는 거대한 안데스산맥이 병풍처럼 자리 잡고 있으며, 북쪽으로는 세계에서 가장 건조한 사막 중 하나인 아타카마 사막이 펼쳐져 있다. 이러한 지형적 특성으로 인해 칠레의 인구 대부분은 비교적 온화한 기후를 가진 수도 산티아고와 그 주변 지역에 집중되어 살고 있다.

1520년 페르디난드 마젤란이 처음으로 칠레 지역을 유럽에 소개한 이후, 1540년경 스페인의 식민지로 편입되었다. 당시 칠레는 인구가 약 70만 명으로 라틴 아메리카의 다른 지역에 비해 적었기 때문에 주요 식민지였던 페루의 리마 지역에 식량과 생필품을 공급하는 전진기지 역할을 했다.

칠레의 독립과 베르나르도 오이긴스

19세기 초, 나폴레옹 전쟁(1803~1815)으로 스페인 국왕 페르난도 7세가 폐위되자, 라틴 아메리카 전역에서 독립운동이 활발하게 전개되기 시작했다. 칠레 역시 1810년 독립을 선언하고, 스페인에 대한 본격적인 저항 운동을 시작했다.

1817년, 독립운동의 중심인물인 호세 데 산마르틴과 베르나르도 오이긴스가 이끄는 군대가 험준한 안데스산맥을 넘어 칠레의 왕당파 군대를 결정적으로 물리쳤다. 이를 계기로 칠레는 1818년 2월 12일 공식적인 독립 국가로 인정받았다. 베르나르도 오이긴스는 독립 전쟁을 승리로 이끈 주역으로, 칠레의 대표적인 독립 영웅으로 존경받는다. 참고로 현재까지도 그의 이름을 딴 '산타리타 120' 포도주는 오이긴스와 함께 싸운 120명의 민병대원을 기념하는 의미를 지니고 있다.

랑카과 전투의 오이긴스(1814년) 스페인 왕당파에 맞서 칠레 독립군을 지휘하는 베르나르도 오이긴스. 1814년 10월 2일의 이 전투는 칠레 독립운동의 중대한 전환점이 되었다.

칠레의 근대 은화 1페소

칠레의 근대 화폐 중 가장 잘 알려진 것은 1페소(Peso) 은화이다. 이 은화에는 칠레의 국조인 안데스 콘도르가 새겨져 있으며, 이는 칠레의 독립 정신과 민족적 자부심을 나타내는 상징으로 여겨진다.

산티아고 조폐국은 1743년 스페인 왕실에 의해 설립된 이후, 칠레 독립 이후에도 국가의 공식 주화 발행 기관으로 계속 이어져 왔다. 칠레 은화는 대부분 이 조폐국에서 주조되었으며, 산티아고 조폐국은 오늘날까지도 운영되고 있다.

19세기 후반 칠레에서 발행한 1페소 은화는 고액권으로 국내 유통뿐만 아니라 국제무역에서도 사용되었다.

※ **칠레 1페소 은화(1884년)**: 중량 25.00g, 은 90.0, 크기 37.0㎜

칠레 1페소 은화(1884년). 앞면에는 안데스산맥의 바위 위에 앉아 있는 콘도르와 칠레의 국가 표어가 새겨져 있으며, 뒷면에는 칠레의 국장과 액면가가 표시되어 있다.

칠레 국장과 이웃 나라 페루와 갈등의 역사

칠레 국장에 담긴 상징성

칠레 국장은 1834년에 공식적으로 제정되었다. 칠레의 국장은 국가의 독립 정신, 자연환경, 국민적 자부심을 나타내는 다양한 상징을 담고 있다.

국장 방패 중앙에는 흰색의 오각별이 자리 잡고 있다. 이 별은 '진보와 명예'를 상징하며, 칠레 국기에도 동일한 모양으로 포함되어 있다. 이 별은 독립을 이루고 국가적 자존심을 지켜나가겠다는 칠레 국민의 의지를 반영하고 있다.

방패 위쪽에는 파란색, 흰색, 빨간색의 깃털이 장식되어 있다. 이 색상들은 칠레 국기의 색상과 일치하며, 각각 자유(파랑), 평등과 법치(흰색), 독립을 위해 흘린 피(빨강)를 의미한다. 이 깃털들은 칠레의 독립과 자유를 향한 열망, 국민 간의 단결과 조화를 상징한다.

칠레의 국장(1834년 제정). 국장 아래에는 칠레의 국가 표어인 "Por la razón o la fuerza"(이성으로, 혹은 힘으로)가 새겨져 있다.

칠레의 자연을 대표하는 우에물과 콘도르

국장 왼쪽에는 우에물이라는 고산 지대에 서식하는 사슴이 등장한다. 우에물은 민첩성과 강인함을 상징하며, 칠레의 산악 지형과 자연환경을 대표한다.

오른쪽의 안데스 콘도르는 세계에서 가장 큰 맹금류로, 남미에서 널리 존경받는 새이다. 콘도르는 힘과 자유를 상징하며, 칠레뿐만 아니라 볼리비아, 콜롬비아, 에콰도르 등 다른 남미 국가의 국장에서도 그 위엄을 드러내고 있다. 칠레에서는 특히 독립과 자유를 위해 싸운 국민의 정신을 담아내고 있다.

국장 아래에는 스페인어로 "Por la razón o la fuerza"(이성으로 아니면 힘으로)라는 문구가 새겨져 있다.

칠레와 페루의 역사적 갈등

칠레와 페루는 안데스산맥을 따라 긴 국경을 공유하고 있다. 두 나라는 지리적으로 가까운 이웃이지만, 역사적·문화적으로는 큰 차이가 있었다. 페루는 잉카 제국의 중심지였으며, 원주민 중심의 전통을 간직한 국가였다. 반면 칠레는 유럽계 이민자 중심으로 사회가 형성되어 있어 두 나라 사이에는 민족적, 문화적 틈이 존재했다. 이러한 차이는 두 나라 간의 긴장과 갈등을 불러일으키는 원인이 되었다.

태평양 전쟁(1879~1883년)의 배경

19세기 중반 유럽에서 산업혁명이 본격화하면서 농업 생산량 증대를 위한 비료의 수요가 급증했다. 이에 따라 천연비료인 구아노(바닷새 배설물)와 초석(질산염)의 가치가 급격히 상승했다. 칠레 북부의 아타카마 사막은 이러한 자원이 풍부하여 주변 국가들의 관심이 집중된 지역이었다. 볼리비아는 자본 부족으로 인해 칠레 기업에 광산 채굴권을 허용했으나, 세금 문제로 갈등이 불거지면서 칠레와의 충돌이 일어났다.

엘 타티오 간헐천 지대, 칠레 아타카마 고원.
칠레 북부의 광활한 아타카마 고원은 본래 볼리비아의 해안 영토였다. 그러나 태평양 전쟁에서 칠레가 승리하면서 볼리비아 영토였던 이 지역은 칠레 영토로 편입되었다.

칠레의 승리와 볼리비아의 내륙 국가화

1879년, 칠레는 볼리비아와 페루 연합군에 맞서 전쟁을 선언하였다. 유럽 자본의 지원을 받은 칠레는 전쟁 초반부터 우위를 점했고, 결국 1881년 페루의 수도 리마를 점령하며 결정적인 승리를 거두었다. 이후 1883년 체결된 안콘 조약을 통해 칠레는 페루의 타라파카와 아리카 지역, 그리고 볼리비아의 안토파가스타 지역을 차지하면서 영토를 크게 확장하였다.

이 전쟁으로 인해 볼리비아는 태평양 연안을 완전히 상실하여 내륙 국가로 전락하게 되었다. 칠레는 새로 획득한 영토에서 많은 자원을 얻으며 강력한 남미 국가로 성장하였다. 그러나 전쟁 이후에도 칠레와 페루, 볼리비아 사이의 갈등은 지속되었다. 현재까지 칠레와 페루는 군사적 긴장과 외교적 대립을 반복하고 있다.

남미 태평양 전쟁(1879~1883년) 이전(색상 지역)과 이후(검은색 경계선)의 국경 변화 지도. 칠레가 페루의 타라파카·아리카 지역과 볼리비아의 안토파가스타 지역을 점령하면서 확장된 칠레 영토를 나타낸 지도.
(주황색: 전쟁 이전 페루 영토, 연노란색: 전쟁 이전 볼리비아 영토, 연두색: 전쟁 이전 칠레 영토)

페루 은화 1솔과 5페세타

잉카 제국의 유산을 지닌 페루

페루는 남아메리카에서 세 번째로 큰 국가로, 국민의 절반 가까이가 인디언 혈통을 가지고 있어 잉카 제국의 역사적 유산을 자랑스럽게 여긴다. 마추픽추와 삭사이와만 같은 대표적 잉카 유적지가 페루에 위치하며, 잉카 제국은 페루뿐만 아니라 칠레와 볼리비아 지역까지 걸쳐 태평양 연안을 중심으로 번성했던 대제국이었다.

스페인의 정복과 페루의 독립

1492년 콜럼버스가 신대륙을 발견한 이후, 1532년 프란시스코 피사로가 이끄는 스페인군이 잉카 제국을 정복하면서 페루는 스페인의 식민지로 편입되었다. 이후 페루는 300년이 넘는 긴 식민지 시대를 겪었다. 재레드 다이아몬드의 저서 『총, 균, 쇠』에서는 스페인이 쉽게 잉카 제국을 점령할 수 있었던 주요 요인을 총기, 질병, 금속, 말, 문자 등의 우위에서 찾고 있다.

페루는 1821년 아르헨티나의 독립 영웅 호세 데 산마르틴의 도움으로 독립 선언을 했고, 1824년 시몬 볼리비르가 리마에 입성하면서 완전한 독립을 이루었다. 독립 후 페루는 1836년부터 1839년까지 볼리비아와 연합을 형성하며 양국이 긴밀히 협력하기도 했다.

1840년대에서 1860년대까지 페루는 천연 비료인 구아노(바닷새 배설물)의 수출로 경제적 황금기를 맞이했다. 그러나 1870년대 들어 자원의 고갈로 경제가 불안정해졌고, 결국 1879년 태평양 전쟁이 발발하여 페루는 칠레에 큰 패배를 당했다. 전쟁으로 인해 페루는 타라파카 지역을 상실하며 경제적 기반에 심각한 타격을 입게 되었다.

친차 제도에서 구아노를 적재하는 노동자들(1865년) 유럽과 미국의 농업을 지탱한 비료 자원, 구아노의 채굴 현장. 이 산업은 페루 경제의 황금기를 이끌었다.

페루 은화 1솔과 5페세타의 의미

페루는 19세기 남미에서 크라운 크기 은화를 활발하게 발행한 국가 중 하나였다. 1솔(Sol) 은화는 페루의 근대 경제와 독립의 상징으로 널리 알려져 있다. 그러나 태평양 전쟁으로 솔(Sol)화의 가치가 급격히 하락하자, 페루는 1880년부터 1882년까지 한시적으로 5페세타(Pesetas) 은화를 발행하여 경제 안정을 꾀했다. 이후 페루 경제가 다시 안정화되면서 솔(Sol)화를 주요 통화로 재사용하게 되었다.

이처럼 페루의 은화들은 식민지 시대의 영향과 독립 이후의 경제적 번영, 그리고 전쟁과 위기의 역사를 함께 담고 있다.

※ 페루 1솔(1880년), 5페세타 은화(1866년): 중량 25.00g, 은 90.0, 크기 37.0㎜

페루 5페세타 은화(1880년)　　　페루 1솔 은화(1866년)

페루 국장과 풍요의 뿔

페루 국장의 탄생과 국기 색상의 유래

페루 국장은 1825년에 공식 제정되었으며, 국가를 대표하는 붉은색과 흰색은 페루 독립운동을 이끈 아르헨티나 장군 호세 데 산마르틴과 깊은 관련이 있다. 전설에 따르면 산마르틴 장군이 독립군을 이끌고 피스코 만에 상륙했을 때, 붉은 날개와 흰 가슴을 가진 새 떼를 보았고, 그는 이를 독립의 길을 밝히는 좋은 징조로 여겨 국가의 상징색으로 정했다고 전해진다. 붉은색은 독립을 위한 용기와 희생을, 흰색은 평화와 순결을 상징하게 되었다.

국장을 구성하는 핵심 요소와 그 의미

페루 국장은 중앙의 방패와 이를 둘러싼 월계수와 올리브 가지, 그리고 국기 배경으로 구성되어 있다. 방패의 상단 왼쪽에는 비쿠냐가 그려져 있는데, 이는 안데스산맥에 서식하는 낙타과 동물로 페루의 풍부한 자연환경과 고급 섬유산업을 상징한다. 잉카 제국 시대 비쿠냐의 털로 만든 직물은 왕족과 귀족만이 사용할 수 있는 특별한 섬유로 '신이 내린 선물'로 여겨졌다.

방패의 오른쪽 위에 있는 키나 나무는 의학적으로 중요한 의미를 지니고 있다. 키나 나무껍질에서는 말라리아 치료제인 퀴닌(Quinine)을 추출할 수 있어, 17세기 유럽에서는 이 키나 나무가 매우 귀중한 자원으로 인식되었다.

방패 하단에 있는 풍요의 뿔은 경제적 풍요와 번영을 의미한다. 풍요의 뿔에서 쏟아지는 금화는 스페인 식민지 시절부터 페루에서 채굴된 막대한

페루 국장(1825년 제정). 페루의 국장은 세 개의 상징 요소로 구성된 방패를 중심으로 한다.

양의 금과 은을 상징하며, 페루 경제의 중요한 축을 나타낸다.

국장을 감싸는 월계수 가지와 올리브 가지는 각각 승리와 평화를 의미한다.

세계 각국에서 만나는 풍요의 뿔

풍요의 뿔은 그리스어로 '코르누코피아(Cornucopia)'라고 불리며, 세계 여러 국가의 국장과 화폐 디자인에서 자주 볼 수 있는 상징물이다. 특히 라틴 아메리카에서는 페루, 베네수엘라, 온두라스, 콜롬비아, 파나마 등의 국가가 국장에 풍요의 뿔을 포함하여, 풍요와 번영을 강조하고 있다. 유럽에서는 프랑스가 화폐 도안으로 이 풍요의 뿔을 사용하여 행운과 풍족함을 나타낸다.

4장 19~20세기 라틴 아메리카 근대 은화 367

자비나스의 코르누코피아 (풍요의 뿔).
셀레우코스 왕조의 시리아 왕 알렉산드로스 2세 자비나스(기원전 128~122년)의 은 드라크마 주화.
앞면은 오른쪽을 바라보는 왕의 초상, 뒷면은 리본으로 장식된 이중 코르누코피아가 새겨져 있다.

신비로운 전설, 무한한 재물의 뿔

코르누코피아의 가장 신비로운 특성은 이 뿔에 손을 넣으면 원하는 모든 재물과 음식이 무한히 쏟아져 나온다는 전설이다. 이 전설의 기원은 아주 오래되어, 기원전 5세기 그리스 도자기 그림에서도 발견될 정도로, 고대로부터 전해져 내려왔다.

유명한 신화 중 하나는 강의 신 아켈로오스와 영웅 헤라클레스의 대결이다. 전투 중 아켈로오스가 황소로 변신했을 때, 헤라클레스는 그의 뿔을 힘껏 뽑아버렸다. 강의 요정 나이아스는 뽑힌 뿔을 거두어 꽃과 과일로 장식하고 신에게 바쳤고, 풍요의 여신은 이 뿔에 축복을 내려 '풍요의 뿔'이라는 이름을 붙였다. 이후 이 뿔은 풍부한 수확과 끝없는 번영을 상징하게 되었다.

헤라클레스에게 패한 아켈로오스-풍요의 뿔의 기원(1649). 헤라클레스가 강의 신 아켈로오스를 이기는 신화를 통해 풍요와 번영을 상징하는 풍요의 뿔 탄생 장면을 표현한 작품이다.

아말테이아의 뿔과 행운의 여신 포르투나

또 다른 전설에 따르면, 신성한 염소 아말테이아가 어린 제우스를 양육할 때 사용한 뿔에서 끝없는 음식과 부가 흘러나왔다고 한다. 이 뿔은 행운의 여신 포르투나와 연결되며, 그녀는 사람들에게 행운과 풍요를 가져다주는 상징으로 이 풍요의 뿔을 항상 들고 다녔다. 이는 로마 시대 이후 행운과 풍요를 기원하는 강력한 상징으로 더욱 널리 알려지게 되었다.

오늘날에도 풍요의 뿔은 단순히 신화 속의 이야기가 아니라, 많은 국가와 문화에서 행운과 번영의 상징으로 여전히 사용되고 있다.

아말테이아에게 풍요의 뿔을 바치는 요정들(1688년 Noël Coypel 작품). 그리스 신화 속 아말테이아에게 요정들이 풍요의 상징인 코르누코피아를 바치는 장면을 묘사하고 있다.

과테말라 은화 1페소

스페인 식민지에서 독립

과테말라는 중남미의 중심부에 위치하여, 고대 마야 문명이 꽃피었던 지역이다. 그러나 1524년 스페인의 침략으로 정복당하면서 300여 년간 스페인 식민 지배를 받았다. 오랜 식민 기간 중 원주민 문화는 크게 훼손되었으나, 현재까지도 과테말라는 중남미에서 원주민 비율이 높은 국가 중 하나로, 마야족을 비롯하여 라디노(Ladino), 메스티소(Mestizo) 등 다양한 민족이 어우러져 있다.

1821년, 스페인의 통치에서 벗어나 독립을 선언한 과테말라는 이웃한 중앙아메리카 국가들과 연합하여 중앙아메리카 연방을 결성했다. 그러나 정치적 견해차가 커지면서 결국 1838년에 연방에서 탈퇴하였고, 1847년에는 독립적인 '과테말라 공화국'으로 공식 출범하였다.

풍요를 상징하는 여신이 담긴 은화

과테말라의 대표적인 근대 은화는 19세기 후반에 발행된 1페소 은화로, 앞면에는 풍요와 번영을 상징하는 '풍요의 뿔'을 든 여신이 새겨져 있다. 뒷면에는 과테말라의 국장이 장식되어 있어, 독립 국가로서의 정체성과 경제적 번영을 동시에 표현하고 있다.

※ 과테말라 1페소 은화(1884년): 중량 25.00g, 은 90.0, 크기 37.0㎜

과테말라 1페소 은화(1884년), 풍요와 번영의 여신과 과테말라 국장이 새겨진 대표적인 근대 은화

특별한 화폐제도, 압인(Counter Stamp)

1894년에는 특별한 은화가 등장한다. 당시 과테말라에서는 페루를 비롯한 여러 나라의 외국 은화가 광범위하게 유통되어 통화 혼란을 겪고 있었다. 이를 해결하기 위해 과테말라 정부는 외국 화폐 위에 자국의 공식 가치를 새기는 '압인(Counter Stamp)' 제도를 시행했다.

대표적으로 페루의 1솔(Sol) 은화에 '1/2 레알(1페소)'이라는 압인을 찍어 공식 통화로 재활용했으며, 이 외에도 페루의 5페세타 은화와 엘살바도르의 1페소 은화에도 같은 방법을 적용하여 과테말라의 공식 화폐로 사용하였다.

이 압인 제도로 인해 외국 은화 본래의 가치는 사라지고, 과테말라의 공식 화폐 가치(1페소)가 정립되었다. 이러한 사례는 19세기 중남미 여러 국가에서 나타났던 화폐 혼란과, 이를 해결하기 위한 당시 정부의 적극적인 대응을 잘 보여준다.

페루 1페소 은화에 과테말라 압인을 찍힌 은화(1894년) 외국 은화에 과테말라 정부가 공식 가치를 새겨 자국 통화로 재활용한 사례로 당시 중남미 화폐 혼란 해결의 한 방법이었다.

과테말라 국장과 자유를 상징하는 케찰

자유를 향한 독립 정신, 과테말라 국장

과테말라 국장은 1871년에 공식적으로 제정되었다. 국장의 중앙에는 두 개의 소총과 두 자루의 검이 교차하여 있고, 그 위에는 두루마리가 놓여 있다. 두루마리에는 스페인으로부터 독립한 날을 의미하는 "LIBERTAD 15 DE SEPTIEMBRE DE 1821"(1821년 9월 15일 자유)이라는 문구가 새겨져 있어, 과테말라가 자유를 위해 투쟁한 독립 정신을 기념하고 있다.

국장의 양옆을 감싸고 있는 월계수 잎은 승리와 영광을 나타내며, 이는 과테말라가 독립을 이루기까지 겪었던 긴 투쟁과 그 승리를 상징적으로 표현한 것이다.

과테말라 국장(1871년 제정).
과테말라 국장은 자유와 독립을 상징하는 다양한 요소로 구성되어 있다.

전설의 새, 케찰의 특별한 의미

과테말라 국장 중앙 상단에는 화려한 긴 꼬리깃을 가진 아름다운 새 '케찰'이 자리잡고 있다. 케찰은 중남미에 서식하는 새로, 특유의 화려한 녹색 깃털과 길고 우아한 꼬리깃을 가진 수컷이 유명하다.

케찰은 고대 마야 문명과 아즈텍 문명에서 신성한 존재로 숭배되었다. 특히 마야 사회에서는 케찰의 깃털이 왕족과 최고 사제들만 착용할 수 있는 귀중한 장식품으로 사용되었다. 또한 아즈텍 문명에서도 케찰의 깃털은 부와 권력을 나타내는 중요한 상징으로 여겨졌다.

아즈텍 전사들의 복식과 깃털 장식(Codex Mendoza, 1540년대),
머리 장식에는 신성한 새로 여겨진 케찰의 깃털이 사용되었다.
이 깃털은 왕족과 고위 전사만 착용할 수 있는 상징적 소재로 전사의 지위와 명예를 나타낸다."

자유와 죽음 사이, 케찰의 상징적 의미

과테말라에서 케찰이 가진 상징적 의미는 독특하다. 이 새는 야생 상태에서만 살 수 있을 뿐, 사육할 수 없는 것으로 알려져 있다. 이러한 이유로 과테말라에서는 케찰을 두고 "자유가 아니면 죽음을"이라는 말이 전해지며, 진정한 자유의 상징으로 여긴다.

이러한 특징 때문에 케찰은 과테말라에서 자유를 상징하는 가장 중요한 동물 중 하나가 되었으며, 국장에도 이를 반영하였다. 오늘날 과테말라의 화폐 단위 또한 '케찰(Quetzal)'이라는 이름을 사용하며, 케찰의 상징적 의미는 계속해서 과테말라 사람들의 생활 속에 살아 숨 쉬고 있다.

베네수엘라 은화 5볼리바레스

스페인의 식민 지배와 독립의 시작

베네수엘라는 1522년부터 스페인의 식민 지배를 받기 시작하여 약 300년간 라틴 아메리카 4대 부왕령 중 하나였던 '누에바 그라나다 부왕령'에 편입되어 있었다. 그러나 19세기 초, 남미 전역에 불어온 독립운동의 바람은 베네수엘라에도 큰 영향을 끼쳤다.

이러한 독립운동의 중심에는 '리베르타도르(해방자)'라는 별명을 가진 시몬 볼리바르가 있었다. 볼리바르는 베네수엘라뿐 아니라 콜롬비아, 에콰도르, 페루, 볼리비아 등 남미 여러 나라를 스페인의 식민 통치에서 해방하는 데 결정적인 역할을 했다.

남미 독립의 영웅, 시몬 볼리바르

시몬 볼리바르(1783~1830)는 베네수엘라 독립의 아버지로 추앙받으며, 호세 데 산마르틴과 함께 라틴 아메리카 독립의 양대 영웅으로 평가받는다. 그는 무장 투쟁을 통해 남미 여러 국가의 독립을 이끌었으며, 지금도 남미 전역에서 자유와 자주성을 상징하는 인물로 기억되고 있다.

특히 그의 이름과 초상은 베네수엘라, 콜롬비아, 에콰도르, 파나마 등의 화폐에 새겨져 있으며, 베네수엘라의 화폐 단위인 '볼리바르(Bolívar)'를 비롯하여 다양한 공공시설의 이름에도 사용되고 있다.

시몬 볼리바르 초상(1919년 작품) 베네수엘라 독립의 주역으로,
남미 여러 국가의 독립을 주도한 위대한 혁명가이자 해방자이다.

남미의 꿈, 그란 콜롬비아 연방

1819년 독립 전쟁에서 승리한 볼리바르는 베네수엘라, 콜롬비아, 에콰도르, 파나마 지역을 통합하여 '그란 콜롬비아(Gran Colombia)'라는 거대한 연방국가를 탄생시켰다. 그는 이 국가의 초대 대통령으로서 남미 대륙 전체를 연방제로 묶으려는 꿈을 품었다.

그러나 내부 갈등과 분리주의자들의 반발 등으로 인해 그의 꿈은 좌절되었고, 1830년 베네수엘라와 에콰도르가 분리 독립을 선언하면서 그란 콜롬비아는 붕괴되었다. 결국 현재의 콜롬비아와 파나마도 분리되며 연방국가는 역사 속으로 사라졌다.

베네수엘라 5볼리바레스 은화

베네수엘라에서 발행된 대표적인 크라운 크기의 근대 은화는 1879년부터 1936년까지 발행된 5볼리바레스이다. 이 은화에는 남미 독립의 영웅 시몬 볼리바르의 초상이 새겨져 있다. 앞면에 새겨진 그의 초상은 혁명적 정신과 국가 통합을 상징하며, 뒷면의 베네수엘라 국장은 독립과 번영, 풍요를 나타낸다. 이 은화는 베네수엘라 국민에게 국가적 자부심을 불러일으키는 상징물이다.

※ 베네수엘라 5볼리바레스 은화(1935년): 중량 25.00g, 은 90.0, 크기 37.2㎜

베네수엘라 5볼리바레스 은화(1935년)

베네수엘라 국장, 변화하는 상징과 정치적 역사

베네수엘라 국장의 탄생과 변화

　베네수엘라 국장은 1836년 처음 제정된 이후 여러 차례 디자인이 수정되었다. 현재 사용되고 있는 국장은 2006년 우고 차베스 대통령이 집권한 이후 크게 변화하였다. 가장 눈에 띄는 변화는 국장 중앙에 있는 흰색 말의 방향이 오른쪽에서 왼쪽으로 변경된 것이다. 이는 차베스 대통령이 추진했던 사회주의 이념과 반미 정책을 상징적으로 표현한 것으로 해석된다.

베네수엘라 국장의 주요 구성 요소와 상징성

　현재의 베네수엘라 국장은 크게 세 부분으로 나누어져 있으며, 상단에는 풍요와 번영을 나타내는 '풍요의 뿔(코르누코피아)'이 자리하고 있다. 이 풍요의 뿔은 국가의 경제적 번영과 끝없는 재물을 상징하며, 베네수엘라의 풍부한 자원을 나타낸다.
　국장 중앙은 세 개의 주요 공간으로 구성되어 있다. 첫 번째 공간에는 농업적 풍요와 경제적 번영을 상징하는 밀 이삭이 그려져 있으며, 두 번째 공간에는 베네수엘라 국기의 색상을 담고 있고, 마지막 공간에 있는 흰색 말은 베네수엘라의 자유와 독립을 강력하게 상징한다. 특이하게 말의 방향이 바뀐 것은 차베스 정권 이후 사회주의 정책과 반미주의 성향을 강조하기 위한 정치적 상징으로 작용하였다.
　베네수엘라 국장의 디자인 변경은 단순한 미적 변화가 아닌 정치적 메시지를 내포하고 있다. 우고 차베스 대통령의 사회주의 이념을 강조하고, 미국 중심의 자본주의 체제에 대한 명확한 반대 의사를 표현한 것이다.

베네수엘라 국장의 변화. 왼쪽은 1954년부터 2006년까지 사용된 베네수엘라 국장으로, 베네수엘라 국장이며, 오른쪽은 2006년 개정 이후 현재까지 사용되는 국장이다.

콜롬비아 은화 1페소

콜롬비아의 역사와 국명 변천

콜롬비아는 남아메리카 대륙 북서쪽에 위치하여 중앙아메리카와 연결되는 전략적 요충지로, 역사적으로 여러 차례 국명과 정치 체제의 변화를 겪었다. 콜롬비아라는 국명의 기원은 남미 독립운동의 상징인 시몬 볼리바르가 건국한 '그란 콜롬비아(Gran Colombia)'에서 비롯되었다. 1819년에 창설된 그란 콜롬비아는 현재의 콜롬비아뿐만 아니라 베네수엘라, 에콰도르, 파나마까지 포함했던 거대한 연방국이었다.

그러나 이 연방국은 내부 갈등과 정치적 대립으로 인해 1830년 해체되었으며, 이후 콜롬비아는 '누에바 그라나다(New Granada)'라는 이름으로 다시 태어났다. 이 시기 콜롬비아는 심각한 정치적 혼란과 내전을 겪었고, 이후 '그라나다 연방'을 거쳐 1866년에 현재 사용되고 있는 '콜롬비아 공화국'이라는 이름을 최종적으로 확립하게 되었다.

천일 전쟁과 콜롬비아의 근대 은화 1페소

콜롬비아 역사상 가장 심각한 내전으로 평가받는 천일 전쟁(1899~1902년)은 자유당과 보수당의 격렬한 대립에서 시작되었으며, 이 전쟁은 약 1,000일 동안 지속되며 국가의 경제와 사회 기반을 크게 혼란에 빠뜨렸다. 전쟁 후 혼란을 틈타 파나마는 1903년 콜롬비아에서 분리되어 독립을 선언하였다.

이러한 역사적 배경 속에서 발행된 대표적인 근대 은화가 1866년에 보고타 조폐국에서 만들어진 콜롬비아 1페소(Peso)이다. 이 은화의 앞면에는 콜롬비아 공화국을 상징하는 여신 도안이 새겨져 있으며, 뒷면에는 국가를 상징하는 국장 도안이 그려져 있다.

※ **콜롬비아 1페소 은화(1866년)**: 중량 25.00g, 은 90.0, 크기 37.0~37.5㎜

콜롬비아 1페소(1866년). 이 은화는 콜롬비아 연합국 시기의 상징으로, 공화국의 통합과 독립 정신을 표현하고 있다.

콜롬비아 국장과 석류의 상징성

자유와 질서를 나타내는 콜롬비아 국장

콜롬비아 국장은 라틴 아메리카의 역사와 문화를 상징적으로 담고 있다. 국장 최상단에는 콜롬비아의 자유와 독립을 상징하는 콘도르가 올리브 가지를 입에 물고 있으며, 그 아래로 "자유와 질서(Libertad y Orden)"라는 국가의 이상을 새긴 리본이 펼쳐져 있다. 국장 중앙에는 국가의 번영과 풍요를 상징하는 '풍요의 뿔'과 독립을 나타내는 붉은색 프리기아 모자가 자리 잡고 있다. 하단에는 과거 스페인의 지배와 연결된 역사적 배경을 나타내는 '석류'가 그려져 있는데, 이는 스페인이 남미 지역을 통치할 때 설치했던 누에바 그라나다 부왕령(Virreinato de la Nueva Granada)을 상징한다.

콜롬비아 국장. 콜롬비아의 국장은 세 개의 구획으로 나뉜 방패와 콘도르 독수리, 국기 장식으로 구성되어 있다.

석류, 생명과 풍요의 상징

석류는 고대로부터 다양한 문화권에서 생명, 풍요, 다산의 상징으로 여겨졌다. 특히 페르시아 문명에서 석류는 생명의 근원으로 숭배되었으며, 석류꽃은 부유함과 아름다움을 나타냈다. 스페인어로 석류는 '그라나다(Granada)'라고 불리며, 이는 1492년까지 스페인의 이슬람 세력의 마지막 거점이었던 그라나다 왕국과도 깊이 연관된다. 따라서 콜롬비아 국장에 등장하는 석류는 역사적으로 스페인과의 연관성이 있으며, 과거 식민지 시대의 역사를 상기시키는 요소로 작용한다.

문화와 신화 속 석류의 의미

석류는 다양한 문화와 종교 속에서도 상징성을 지니고 있다. 성경과 코란, 그리고 불교 경전에서도 석류는 자주 등장하며, 풍요와 생명의 상징으로 언급된다. 중국에서는 석류가 다산과 부귀를 상징하는 대표적인 과일이며, 당나라의 현종은 양귀비를 위해 화청궁에 석류 숲을 조성할 정도로 특별히 사랑받았다. 또한 이집트의 클레오파트라 여왕도 석류 주스를 마시며 미와 권력을 상징하는 과일로 활용하였다.

그리스 신화 속 석류

그리스 신화에서 석류는 의미있는 역할을 한다. 여신 페르세포네는 저승의 신 하데스에게 납치된 뒤 저승에서 석류를 먹게 되는데, 그 결과 매년 일정 기간 지하 세계에 머물러야 하는 운명에 처하게 되었다. 이 신화는 석류가 유혹과 피할 수 없는 운명을 의미하는 과일이라는 점을 보여주며, 석류가 가진 다양한 상징적 의미를 잘 나타내고 있다.

석류를 먹는 페르세포네(단테 가브리엘 로제티, 1874년). 이 작품은 그리스 신화 속 페르세포네가 명계의 왕 하데스에게 납치된 뒤 석류를 먹는 장면을 묘사한 것이다.

에콰도르 은화 1수크레와 5수크레

스페인 식민 지배와 독립 과정

에콰도르는 남미 북서부에 위치하며 잉카 제국의 중심지 중 하나였으나, 16세기 스페인의 침략으로 약 300년간 식민 지배를 받게 되었다. 1819년, 시몬 볼리바르는 스페인의 지배에 저항하여 베네수엘라, 콜롬비아, 에콰도르, 파나마를 통합한 '그란 콜롬비아'를 세웠지만, 정치적 갈등으로 1830년 해체되었다. 이후 에콰도르는 독립된 국가로 다양한 정치적 분쟁과 내전을 겪으며 국가 정체성을 다져갔다.

독립 전쟁의 영웅, 안토니오 호세 데 수크레

안토니오 호세 데 수크레는 베네수엘라 출신의 독립운동가이자 군사 전략가로, 볼리바르의 신임을 받아 주요 전투를 승리로 이끌었다. 특히 1822년 5월 24일의 피친차 전투에서 스페인군을 격파하며 에콰도르 독립의 결정적 역할을 했다. 현재 에콰도르에서는 이 날을 독립 기념일로 축하하고 있다.

수크레는 페루와 볼리비아의 독립 선생에서도 핵심적인 역할을 수행했고, 볼리비아의 초대 대통령까지 역임했으나 정치적 혼란에 실망하여 일찍 은퇴했다. 결국 그는 35세에 암살당했지만, 지금도 남미 독립 운동의 상징적인 인물로 추앙받고 있다. 에콰도르의 화폐 단위였던 '수크레(Sucre)' 역시 그의 이름에서 따왔다.

안토니오 호세 데 수크레 장군(1895년 Arturo Michelena 작품).
수크레는 시몬 볼리바르의 충실한 동료로, 볼리비아의 초대 대통령이자
아야쿠초 전투(1824년)에서 스페인 식민군을 최종적으로 격파한 전략가로 널리 알려져 있다.

에콰도르-페루 전쟁과 영토의 변화

에콰도르 역사상 가장 아픈 상처 중 하나는 1941년 발생한 에콰도르-페루 전쟁이다. 아마존 열대우림의 광활한 지역을 둘러싼 영토 분쟁으로 인해 벌어진 이 전쟁에서 에콰도르는 군사적으로 패배하며 상당한 영토를 페루에 넘겨주게 되었다. 그 결과 현재 에콰도르의 영토는 현재와 같은 작은 규모로 축소되었고, 이는 국가의 경제적·지정학적 한계로 이어졌다.

수크레(Sucre) 화폐의 등장과 역사적 의미

에콰도르는 근대화 과정에서 독립 영웅 안토니오 호세 데 수크레를 기리는 의미로 자국 화폐를 '수크레(Sucre)'라 명명하였다. 에콰도르는 역사적 인물을 화폐의 상징으로 삼아 국민적 자부심과 독립 정신을 높이고자 했다.

에콰도르에서 발행된 대표적인 크라운 크기 수크레 은화는 1수크레와 5수크레스 은화로, 수크레스 은화에는 수크레 장군의 초상이 선명하게 새겨져 있다. 이 은화는 20세기 에콰도르 경제의 핵심적인 역할을 수행했으나, 2000년에 들어 경제 위기와 인플레이션의 여파로 미국 달러로 대체되면서 역사 속으로 사라졌다.

현재 에콰도르는 경제적 안정과 발전을 위해 미국 달러를 공식 통화로 사용하고 있다.

※ 에콰도르 1수크레 은화: 중량 25.00g, 은 90.0, 크기 37.0㎜
※ 에콰도르 5수크레 은화: 중량 25.00g, 은 72.0, 크기 37.8㎜

에콰도르 1수크레(1884년)와 5수크레 은화(1944년).
두 은화에는 남미 독립전쟁의 영웅 안토니오 수크레 장군의 초상이 새겨져 있다.

에콰도르 국장, 자연과 역사를 담은 상징

에콰도르 국장의 역사적 변천

에콰도르의 국장은 1830년 처음 제정되었고, 현재의 형태는 1900년에 공식적으로 확립되었다. 1830년 국장에는 파스케스(fasces)가 중앙에 배치되어 있는데, 이는 로마의 전통에서 비롯된 것으로 권력과 정의, 통합을 상징한다.

또한 상단에는 자유와 독립을 나타내는 태양 문양과 풍요의 뿔이 있으며, "EL ECUADOR EN COLOMBIA"라는 문구가 들어가 있는데 이는 에콰도르가 그란 콜롬비아 연방의 일부였음을 나타내는 표현이었다.

1900년에 개정된 현대 국장에서도 태양은 여전히 중요한 상징으로 남아

에콰도르 국장(1830년).
이 국장은 1830년 에콰도르가 그란 콜롬비아 연방에서 독립하면서 제정한 초기 국장이다.

있으며, 이 태양 주위에는 황도 12궁의 별자리가 표현되어 있다. 이 중 양자리, 황소자리, 쌍둥이자리, 게자리가 선택되었는데, 이는 에콰도르 혁명 정부가 출범한 1845년 3월 6일부터 7월까지의 기간을 상징하는 것으로 해석된다.

1900년에 제정된 에콰도르 국장

1900년에 제정된 국장은 그란 콜롬비아의 3색기(노랑, 파랑, 빨강)를 바탕으로 제작되었으며, 에콰도르의 풍요로운 자연과 독립의 역사를 상징적으로 담고 있다.

국장의 가장 위쪽에는 날개를 활짝 편 안데스 콘도르가 자리하고 있다. 콘도르는 남미 안데스 지역에서 자유와 힘을 상징하는 새로, 에콰도르 국민의 독립 정신과 자부심을 표현하고 있다.

국장 중앙의 타원형 방패 안에는 에콰도르의 대표적인 자연 경관이자 국가적 상징들이 배치되어 있다. 중앙에는 에콰도르에서 가장 높은 산인 침보라소 화산이 그려져 있는데, 이 화산은 원주민들에게 '아버지의 산'으로 불리며 국가의 위엄과 자존심을 상징한다. 화산으로부터 흘러나오는 강은 에콰도르를 대표하는 과야스 강으로, 국가의 생명력을 나타낸다. 강 위에는 범선이 떠 있는데, 이는 태평양과 연결된 에콰도르의 지리적 특성을 보여줌과 동시에 국가의 활발한 해상 무역과 세계적 교류를 상징한다.

방패 주위를 둘러싼 양편에는 에콰도르의 국기가 아름답게 장식되어 있고, 왼편에는 월계수 가지가, 오른편에는 야자나무 가지가 자리하고 있다. 월계수는 국가의 승리와 영광을, 야자나무는 자유와 풍요로운 번영을 뜻한다.

에콰도르 국장(1900년). 에콰도르의 현행 국장은 1900년에 공식 제정되었으며, 국가의 자연·정치·경제를 상징적으로 담고 있다.

쿠바 은화 1페소

'카리브의 진주' 쿠바와 독립의 역사

카리브해와 대서양 사이에 있는 쿠바는 '카리브의 진주'라고 불리는 아름다운 섬나라이다. 오늘날에는 아메리카 대륙에서 유일한 공산주의 국가로 알려졌지만, 1511년부터 시작된 스페인의 오랜 식민 지배를 받은 역사가 있다.

쿠바는 약 387년간 스페인의 지배 아래 놓였으며, 19세기 말까지 독립을 위한 치열한 투쟁을 벌였다. 1898년 미서전쟁(미국-스페인 전쟁)에서 미국이 승리하면서 쿠바는 일시적으로 미국의 군정 통치하에 들어갔다. 이후 1902년 공식적으로 쿠바 공화국이 수립되며 독립을 이루었지만, 실질적으로는 미국 자본과 정치적 영향력 아래 놓이게 되었다.

1959년, 쿠바의 역사적 전환점이 된 혁명에서 피델 카스트로와 체 게바라가 주도적인 역할을 하며 혁명을 성공시켰다. 이들은 쿠바 국민에게 현재까지도 가장 존경받는 인물로 평가받으며, 쿠바 혁명의 상징적 지도자가 되었다.

쿠바 혁명의 상징, 체 게바라

체 게바라는 쿠바 혁명을 언급할 때 피델 카스트로와 함께 가장 자주 떠오르는 혁명가이다. 별이 달린 검은 베레모와 덥수룩한 수염이 그의 상징적인 이미지로 자리 잡게 된 것은 1960년 쿠바의 사진작가 알베르토 코르다가 촬영한 한 장의 사진 덕분이었다. 이 사진은 그를 단숨에 혁명의 글로벌 아이콘으로 만들어 놓았다.

체 게바라 초상(알베르토 코르다, 1960년).
이 사진은 쿠바 혁명의 상징이자 전설적인 혁명가 체 게바라를 담은 가장 유명한 이미지로, 1960년 3월 5일 쿠바 아바나에서 쿠바 사진작가 알베르토 코르다가 촬영한 것이다.

그의 실제 이름은 에르네스토 게바라지만, 우리가 흔히 사용하는 '체(Che)'는 스페인어로 '친구' 또는 '동지'라는 뜻이다. 아르헨티나 출신인 그가 이 단어를 자주 사용했기에 쿠바 동료들이 그를 '체'로 부르기 시작했고, 이후 체 게바라는 전 세계에서 그의 공식적인 이름처럼 알려졌다.

1967년, 체 게바라는 39세라는 젊은 나이에 볼리비아에서 총살당하였다. 체 게바라는 단지 쿠바 혁명의 인물을 넘어, 사회적 정의와 반체제 운동의 상징으로 기억된다. 그의 초상과 이름은 전 세계에서 혁명의 정신을 표현하는 상징적 도구로 사용되고 있으며, 여전히 저항 정신과 혁명적 이상을 상징하는 영원한 아이콘으로 남아 있다.

※ 쿠바 5페소 바이메탈(1999년): 중량 4.5g, 바이메탈, 크기 23.0㎜

체 게바라가 그려진 쿠바 5페소 바이메탈 동전(1999년)

쿠바 독립 자금을 위한 은화

1897년 발행된 기념 페소(Souvenir Peso)는 쿠바의 독립운동 자금을 마련하기 위해 제작된 특별한 은화이다. 당시 쿠바는 스페인으로부터의 독립을 추진하고 있었지만, 쿠바가 미국과 공식적인 외교 관계가 없었기 때문에 정식 화폐를 발행할 수 없는 상황이었다. 그래서 쿠바는 미국 필라델피아 조폐국에 기념 페소(Souvenir Peso) 제작을 의뢰했고, 이를 1달러에 판매하여 독립운동 자금을 모았다.

이후 1898년 2월 아바나 항에서 미국 군함 메인(Maine)호가 폭발로 침몰한 사건을 계기로 미서전쟁이 시작되었다. 전쟁에서 미국이 승리하면서 쿠바는 스페인의 지배에서 벗어날 수 있었고, 이후 미국의 영향 아래 점차 독립 국가로서의 기반을 다져나갔다. 이러한 역사적 배경 속에서 쿠바는 1898년 이후부터 정식으로 '1페소'라는 은화를 발행하기 시작했다. 이 은화는 쿠바의 독립과 혁명, 그리고 국민들의 자부심을 담은 상징으로 여겨진다.

※ 쿠바 Souvenir Peso: 중량 22.50g, 은 90.0, 크기 36.0㎜

쿠바 Souvenir Peso(1897년)

쿠바의 근대 은화 1페소

쿠바의 대표적인 크라운 크기 근대 은화로는 20세기 초 발행한 '여신 도안 페소'와 '스타 페소'가 있다.

1934년에 처음 발행된 스타 페소는 앞면에 쿠바의 국장과 함께 중앙에 별(star)이 뚜렷하게 새겨진 것이 특징이다. 별은 쿠바의 국기에도 등장하는 독립과 자유의 상징을 강조하는 의미를 담고 있다. 또한 뒷면에는 쿠바의 자유를 상징하는 "Patria(조국)"이라는 단어가 새겨져 있어 민족주의적 색채가 강하게 나타난다. 이 시기의 스타 페소는 은 함량과 무게 면에서도 미국의 달러와 유사하여 통화로서의 실용성도 갖추고 있었다.

1939년에 발행된 '여신 페소'는 쿠바 공화국의 이상과 자유의 정신을 여성 형상으로 의인화한 도안이 특징이다. 여성은 고전적인 아름다움을 지니고 있으며, 머리에는 자유를 상징하는 월계관을 쓰고 있다. 이 여신은 리베르타스(Libertas)와 같은 고대 로마의 자유 여신 이미지에서 영향을 받은 것으로 보인다.

※ 쿠바 1페소(1934년, 1939년): 중량 26.73g, 은 90.0, 크기 38.0㎜

쿠바 1페소(1934년)   쿠바 1페소(1939년)

쿠바 국장과 공산주의의 상징, 붉은 별의 역사와 의미

1906년에 제정된 쿠바 국장

쿠바 국장은 1906년에 공식적으로 제정되었으며, 쿠바의 역사적·지리적 중요성과 독립 정신을 잘 나타내는 다양한 요소들로 구성되어 있다.

쿠바 국장 상단의 프리기아 모자는 라틴 아메리카 국가들에서 자주 등장하는 대표적인 혁명과 자유의 상징이다. 프리기아 모자는 프랑스 혁명에서 처음 등장하여 이후 많은 독립 국가의 국장과 화폐에서 자유와 독립을 상징하는 요소로 사용되었다.

쿠바 국장. 쿠바의 국장은 세 개의 구역으로 나뉜 방패 형태로 구성되어 있으며, 상단에는 프리기아 모자가 올려져 자유를 상징한다.

방패 속에 담긴 자연과 역사적 상징들

국장의 방패 내부에는 떠오르는 태양과 열쇠, 파란색과 흰색의 대각선 줄무늬, 그리고 야자나무가 그려져 있다. 태양은 쿠바가 식민 지배에서 벗어나 독립을 이루며 새로운 역사가 시작된다는 의미를 담고 있으며, 파란색과 흰색의 줄무늬는 쿠바의 행정 구역과 독립 정신을 상징한다. 야자나무는 쿠바 특유의 열대 기후와 풍요로운 자연환경을 대표한다.

국장 중앙에 위치한 열쇠는 쿠바의 지정학적 중요성을 나타낸다. 16세기 스페인 제국은 쿠바를 신대륙 정복의 중심지로 활용하며 아바나를 항구도시로 건설했다. 이로 인해 쿠바는 '멕시코만의 열쇠'라는 별명을 얻게 되었고, 후에 미국 역시 카리브해와 멕시코만, 대서양을 연결하는 중요한 전략적 거점으로 쿠바를 활용했다. 이러한 역사적 맥락은 국장 속의 열쇠 문양으로 표현되었으며, 쿠바의 전략적 위치와 역사적 역할을 강조한다.

쿠바 국장은 현재까지도 쿠바의 화폐와 공식 문서, 공공기관에서 사용되며, 쿠바의 역사와 국가 정체성을 상징하는 중요한 역할을 한다.

쿠바 1페소 은화와 붉은 별

1934년 발행한 쿠바 1페소 은화에는 붉은 별이 전면에 새겨져 있지만, 이는 쿠바 국기의 별과 같은 의미로 독립과 자유를 상징하는 것이다. 당시는 아직 쿠바 혁명(1959년) 이전으로 공산주의와는 직접적인 관련이 없었다.

1959년 쿠바 혁명 이후 쿠바가 사회주의 국가가 되면서, 별의 상징성이 새롭게 해석되기 시작했다. 붉은 별은 공산주의 국가들의 국기와 화폐에서 자주 등장하며, 이는 강력한 정치적 메시지를 담고 있다.

공산주의를 상징하는 붉은 별과 망치와 낫. 이 상징은 공산주의와 사회주의 이념을 대표하는 대표적인 문장으로, 붉은 별은 혁명과 프롤레타리아의 연대를, 노란 망치와 낫은 각각 노동자와 농민을 상징한다.

붉은 별의 다섯 개 꼭짓점은 공산주의 사회를 구성하는 다섯 계층을 상징하는데, 이는 청년, 군인, 노동자, 농민, 지식인을 나타내며, 이들이 사회주의 국가를 구성하고 발전시키는 핵심 세력이라는 의미를 담고 있다. 붉은 별은 1922년 소비에트 연방의 국기에 등장한 이후, 소련을 비롯한 여러 공산주의 국가들에서 이념적 상징으로 널리 사용되었다.

붉은 별의 역사적 기원과 확산

붉은 별의 기원은 19세기 말과 20세기 초 사회주의 혁명운동에서 비롯되었으며, 특히 1917년 러시아 혁명 후 볼셰비키가 이를 공식적으로 공산주의의 상징으로 채택했다. 이후 이 상징은 중국, 베트남, 북한 등 다양한 공산주의 국가들에서도 채택되었으며, 공산주의 혁명 정신과 노동자·농민의 단결을 나타내는 강력한 상징이 되었다.

러시아 1루블(1924년). 이 1924년 발행된 소비에트 연방의 1루블 은화는 혁명 이후 최초의 루블 주화 중 하나로, 망치와 낫 등 소비에트 이념이 반영된 디자인이다.

쿠바 국기의 흰색 별과 공산주의의 붉은 별

그러나 쿠바 국기에는 붉은 별이 아닌 흰색 별이 등장한다. 이는 19세기 쿠바 독립운동 당시 혁명가들이 품었던 자유와 독립의 이상을 상징하며, 쿠바의 독립을 위해 싸운 이들의 열망을 담고 있다. 하지만 1959년 쿠바 혁명 이후, 피델 카스트로의 사회주의 정권이 수립되면서 쿠바는 소련과 밀접한 관계를 맺으며 붉은 별을 국가의 상징적 요소로 채택하게 되었다. 이로써 붉은 별은 쿠바의 사회주의 이념을 강조하는 중요한 요소로 자리 잡았다.

쿠바 국기(현재)

아이티 은화 1구르드

라틴 아메리카 유일의 프랑스 식민지

라틴 아메리카 유일의 프랑스 식민지였던 아이티는 히스파니올라섬 서쪽 3분의 1을 차지하며 독특한 역사를 지니고 있다. 16세기 초, 스페인이 이 지역을 정복하며 아프리카 흑인 노예들이 대거 유입되었고, 아이티는 카리브해에서 가장 부유한 식민지 중 하나로 부상했다.

1697년 프랑스의 식민지가 된 아이티는 프랑스 혁명의 영향을 받아 자유와 평등의 가치를 추구하게 되었다. 1791년 흑인 노예들이 주도한 봉기로 시

1791년 생도맹그의 대화재와 흑인 봉기. 『생도맹그, 혹은 그 혁명의 역사』(파리, 1815년경) 서문에 수록된 삽화. 1791년 아이티 혁명 발발 당시 식민지 수도였던 카프 프랑세(Cap-Français)에서 벌어진 대화재와 흑인 노예들의 봉기, 백인 식민지 주민들의 학살 장면을 묘사한다.

작된 아이티 혁명은 투생 루베르튀르와 장자크 데살린의 지도 아래 강력한 무장 투쟁으로 이어졌고, 마침내 1804년 독립을 쟁취하여 세계 최초의 흑인 공화국으로 탄생하였다. 이는 노예제 폐지와 인종 평등을 향한 역사적 이정표가 되었다.

프랑스의 식민지 배상금 요구와 경제 붕괴

1804년 1월 1일, 아이티가 독립을 선언했지만, 유럽 열강과 미국은 이를 인정하지 않았고, 그 결과 경제와 무역이 차단되는 등 큰 어려움을 겪었다.

1825년 프랑스는 과거 식민지 시절 재산 피해와 흑인 혁명 당시 프랑스인 학살을 이유로 아이티에 막대한 배상금을 요구하였다. 프랑스 군함의 위협 아래 아이티는 어쩔 수 없이 1억 5천만 프랑이라는 거액의 배상금을 받아들였고, 120년에 걸친 상환에 따라 경제적으로 큰 타격을 입었다. 그 결과 아이티는 지속적인 빈곤과 혼란 속에 빠졌고, 세계에서 가장 가난한 국가 중 하나로 남게 되었다.

이러한 경제적 상황 속에서 아이티는 1881년부터 1895년까지 '1구르드'라는 은화를 발행했다. 아이티 정부는 경제 안정을 위해 1구르드의 가치를 프랑스의 5프랑과 연동하는 고정환율제(페그제)를 채택하였지만, 경제 불안정과 지속적인 배상금 부담으로 인해 장기적으로 유지되지 못했다.

아이티의 1구르드 은화는 이러한 역사를 담고 있으며, 과거 프랑스 식민지였던 아이티의 복잡하고도 비극적인 경제적 현실을 반영하는 화폐로 평가된다.

※ 아이티 1구르드 은화(1881년): 중량 25.00g, 은 90.0, 크기 37.0㎜

아이티 1구르드 은화(1881년) 프랑스 5프랑과 연동하여 경제 안정을 도모했으나 장기적으로 유지되지 못했다.

아이티 국장, 자유와 독립의 상징

아이티 1구르드 은화와 프랑스 혁명의 영향

아이티의 1구르드(Gourde) 은화에는 프랑스 혁명의 상징인 마리안이 새겨져 있으며, 뒷면에는 아이티 국장이 등장한다. 이 국장은 프랑스 혁명의 핵심 이념인 '자유, 평등, 박애'를 명확히 담고 있는데, 이는 아이티 혁명이 프랑스 혁명 정신에 크게 영향을 받았음을 보여주는 상징적 표현이다.

아이티 국장의 상징과 의미

아이티 국장은 히스파니올라섬과 그것을 수호하는 군대, 그리고 아이티 국기를 주요 모티브로 삼고 있다. 국장 중심에는 야자수가 우뚝 솟아 있으며, 그 꼭대기에는 자유와 해방의 상징인 프리기아 모자가 자리 잡고 있다.

국장 하단의 리본에는 프랑스어로 '단결은 힘(L'Union Fait La Force)'이라는 문구가 적혀 있다. 이는 독립 후 다양한 인종과 계층이 연대하고 단합해야 한다는 아이티의 국가적 이상을 담고 있다.

국장 속 깃발의 파란색은 흑인을, 빨간색은 혼혈인을 상징한다. 이는 아이티 사회가 다양한 인종으로 구성되어 있음을 나타내며, 동시에 혁명의 주역이었던 흑인과 혼혈인 간의 단결과 화합을 강조하는 의미이기도 하다.

아이티 국장(1807년, 현재 사용). 아이티의 국장은 자유와 독립을 상징하는 왕관이 얹힌 야자수, 무기와 깃발, 대포, 북 등이 중심 요소로 구성되어 있다.

아이티의 독립 기념 유산, 국립 역사공원

아이티에는 세계문화유산으로 지정된 국립 역사공원이 있다. 이 공원은 아이티의 독립을 기념하기 위해 조성된 곳으로, 시타델 요새, 상수시 궁전, 라미에르 건축물 등 역사적 가치를 지닌 유산들이 포함되어 있다.

그중에서도 특히 시타델 요새는 아이티 혁명 직후 외세의 침략에 대비해 축조된 가장 중요한 방어 시설이다.

아이티의 시타델 라페리에르 사진. 아이티 북부 산악지대에 있는 이 요새는 아이티 혁명 이후 건설된 최대 규모의 방어 시설로, 유네스코 세계문화유산으로 지정된 국립 역사공원의 유산이다.

도미니카 공화국 은화 1페소

히스파니올라의 비극적 역사

히스파니올라섬은 1492년 크리스토퍼 콜럼버스가 아메리카 대륙에 도착한 후 처음으로 정착한 곳 중 하나이다. 그는 이곳을 보고 "내가 지금까지 본 섬 중 가장 아름다운 곳이다"라고 극찬했다. 하지만 아름다운 자연환경과는 달리 섬의 원주민인 타이노족에게는 비극의 역사가 시작되었다. 콜럼버스 일행이 금과 향신료를 찾지 못하자, 타이노족은 혹독한 노동을 강요받았고 유럽에서 유입된 전염병과 강제 노역으로 인구가 급속히 감소했다. 도미니카 공화국에는 유럽인이 1496년에 건설한 아메리카 대륙 최초의 도시, 산토도밍고가 있다.

도미니카 공화국과 아이티의 오랜 갈등과 화폐의 분리

히스파니올라섬은 동쪽의 도미니카 공화국과 서쪽의 아이티로 나뉘어 있다. 1795년 바젤 조약으로 스페인은 섬 동부를 프랑스에 양도했고, 이후 프랑스는 섬 전체를 지배하게 되었다. 1804년 아이티가 독립한 뒤, 1822년에는 아이티가 동부까지 점령하여 22년간 통치하였다. 그러나 도미니카 지역의 지속적인 저항 끝에 1844년 독립을 이루었다.

독립 이후 두 나라의 화폐 체계 역시 달라졌다. 도미니카 공화국은 1844

년 독립 직후부터 자체적인 페소(Peso)를 발행하며 경제적 독립성을 확립했다. 초기에는 멕시코 은화나 스페인 은화에 압인을 찍어 사용하였으나, 점차 독자적인 은화를 발행하였다. 반면 아이티는 독립 이후 구르드(Gourde)를 공식 화폐로 사용하기 시작했으며, 프랑스 은화와 멕시코 은화를 모방한 디자인으로 독자적인 화폐 체계를 구축하였다.

도미니카 은화 1페소, 자유와 독립의 상징

도미니카 공화국은 1844년 아이티로부터 독립하면서 자체 화폐인 '페소'를 도입했다. 대표적인 근대 은화로는 19세기에 발행된 1페소 은화가 있으며, 이 은화의 앞면에는 자유를 상징하는 여신이, 뒷면에는 도미니카 공화국 국장이 새겨져 있다. 도미니카 공화국 페소는 독립을 이루고 주권을 확립하려는 국가의 의지를 반영하는 역사적 상징으로 평가된다.

※ 도미니카 1페소 은화(1897년): 중량 26.73g, 은 35.0, 크기 38.0㎜

도미니카 1페소 은화(1897년). 은화 앞면에는 자유의 여신이 뒷면에는 국장이 새겨져 있다.

도미니카 공화국 국장의 상징성

도미니카 공화국 국장은 독립한 1844년에 공식적으로 제정되었다. 국장의 중앙 방패에는 성경 요한복음 8장 32절 "진리가 너희를 자유롭게 하리라(Veritas Vos Liberabit)"가 새겨져 있으며, 이는 도미니카 공화국이 신앙과 진리를 바탕으로 독립과 자유를 추구했음을 나타낸다.

방패 위에는 십자가와 창이 자리하고 있고, 주변에는 네 개의 도미니카 공화국 국기가 묶여 있다. 방패의 양쪽에는 승리와 독립을 의미하는 월계수 가지와 신앙과 평화를 상징하는 종려나무 가지가 있다.

국장 상단 리본에는 "신, 조국, 자유(Dios, Patria, Libertad)"라는 도미니카 공화국의 국가적 신념을 나타내는 문구가, 하단 리본에는 국가의 명칭이 새겨져 있다. 국장에서 빨간색은 조국과 투쟁, 흰색은 자유와 평화, 파란색은 신앙을 각각 상징한다. 이는 도미니카 공화국의 역사와 이상을 명확하게 보여주는 상징물로서 현재까지도 국민적 자부심과 독립 정신을 대변하고 있다.

도미니카 공화국 국장(1844년, 현재). 도미니카 공화국의 국장은 1844년 독립을 기념하여 제정되었으며, 좌측은 초기 형태, 우측은 현재 사용 중인 국장이다.

히스파니올라섬의 두 국가, 도미니카 공화국과 아이티

같은 섬, 다른 역사적 배경

히스파니올라섬은 동쪽의 도미니카 공화국과 서쪽의 아이티로 나뉘어 있다. 두 나라는 같은 섬을 공유하고 있지만 민족적 배경과 역사적 과정이 서로 매우 다르다. 도미니카 공화국은 오랜 시간 스페인의 식민지였고, 아이티는 프랑스의 식민지였다.

18세기 말 프랑스대혁명의 영향을 받은 아이티에서는 흑인 노예들이 중심이 되어 혁명을 일으켜 1804년, 세계 최초의 흑인 공화국으로 독립하였다. 이후 아이티는 1822년에 도미니카 공화국의 수도 산토도밍고를 점령하며 섬 전체를 지배하고자 했다. 이에 따라 도미니카 공화국은 긴 투쟁 끝에 1844년 아이티의 지배로부터 독립을 쟁취했고, 이후 양국 간의 긴장 관계는 그 이후로도 지속되었다.

히스파니올라섬의 영토 변화. 이 지도는 히스파니올라섬 내에서 발생한 역사적 영토 변화를 보여준다.

중진국 도미니카 공화국 vs 최빈국 아이티

20세기 후반 들어 도미니카 공화국은 정치적 안정과 경제 성장을 이루며 카리브해 지역의 대표적인 중진국으로 자리 잡았다. 그러나 아이티는 오랜 내전과 정치적 혼란, 그리고 극심한 빈곤을 겪으며 최빈국으로 남아 있다. 이러한 경제적 격차는 자연환경에서도 명확하게 나타난다. 도미니카 공화국은 국토의 28%가 녹지인 데 비해, 아이티는 녹지가 국토의 단 1%에 불과할 정도로 황폐해져 있다.

우표에 담긴 영토 분쟁과 외교 갈등

두 국가 간의 갈등은 영토를 표현한 우표 발행에서도 나타났다. 1900년, 도미니카 공화국이 발행한 지도 우표에서 아이티 영토인 앵슈 지역을 자국 영토에 포함하여 표시하면서 외교적 긴장이 고조되었다. 이에 아이티가 강력히 반발하며 군사적 대응까지 고려했고, 그 여파로 양국의 관계가 더욱 악화하였다.

이후 1924년에는 아이티가 히스파니올라섬 전체를 자국 영토로 표시한 우표를 발행하여 도미니카 공화국과 다시 한번 큰 마찰을 일으켰다. 이 문제는 결국 1929년 미국의 중재 아래 해결되었고, 도미니카 공화국은 논란이 되었던 앵슈 지역을 제외한 새로운 우표를 발행하는 것으로 마무리되었다.

두 나라의 역사는 이처럼 긴장과 갈등으로 얼룩져 있지만, 지리적 숙명 속에 공존하는 운명을 함께하고 있다.

전쟁의 원인이 된 도미니카 공화국 지도 우표(1900년)
이 우표는 도미니카 공화국이 1900년에 발행한 것으로, 아이티 영토였던 앵슈 지역을
자국 영토로 포함시켜 표시하여 양국 간의 외교적 긴장을 초래했다.

엘살바도르 은화 1페소

스페인어로 '구세주'를 의미하는 나라, 엘살바도르

엘살바도르라는 국명은 스페인어로 '구세주'를 의미하며, 중앙아메리카에서 가장 작은 국가로 알려져 있다. 태평양과 맞닿아 있으며, 화산과 지진이 잦은 환태평양 지진대에 자리 잡아 '불의 고리'라고도 불린다. 하지만 이러한 화산 활동은 비옥한 화산재 토양을 만들어 커피 재배에 적합한 환경을 제공하였다.

독립과 중앙아메리카 연방공화국

엘살바도르는 1524년부터 약 300년간 스페인의 지배를 받은 후 1821년에 독립을 선언했다. 독립 이후 1823년에는 과테말라, 니카라과, 온두라스, 코스타리카와 함께 '중앙아메리카 연방공화국'을 구성했지만, 1841년에 각 나라가 독립적인 국가로 분리되었다. 당시 중앙아메리카 연방의 영향은 지금도 엘살바도르의 국기 색상인 파란색과 흰색의 조합으로 남아 있다.

엘살바도르는 독립 이후 화산 토양과 온화한 기후를 활용하여 커피 생산을 성공적으로 발전시켰다. 19세기 후반부터 20세기 초까지 커피 수출은 국가 경제를 지탱하는 주요 산업으로 번창했고, 이는 화폐 발행과 국가 재정에도 상당한 영향을 미쳤다.

엘살바도르 은화 1페소, 콜럼버스를 기념한 화폐

엘살바도르에서 발행된 대표적인 크라운 크기 근대 은화로는 크리스토퍼 콜럼버스 도안이 새겨진 1페소 은화가 있다. 이 은화에는 대항해 시대를 상징하는 크리스토퍼 콜럼버스가 새겨져 있어, 스페인의 식민지였던 역사적 배경을 나타낸다. 이 은화는 당시 엘살바도르뿐 아니라 중앙아메리카 여러 국가에서도 널리 사용되어 지역 경제 활성화에 중요한 역할을 하였다.

※ 엘살바도르 1페소 은화: 중량 25.00g, 은 90.0, 크기 37.0㎜

엘살바도르 1페소(1909년)

엘살바도르 국장의 주요 상징과 의미

국장의 중앙부에는 자유와 독립의 상징인 프리기아 모자와 그 뒤로 퍼지는 햇살이 자리 잡고 있다. 프리기아 모자는 프랑스 혁명 이후 전 세계적으로 자유와 혁명을 의미하는 보편적인 상징이다. 국장 좌우로는 엘살바도르의 국기에서 따온 파란색과 흰색이 사용되었는데, 파란색은 태평양과 대서양, 그리고 맑고 푸른 하늘을 상징하며, 흰색은 평화와 국민 간의 화합을 나타낸다.

또한, 국장을 둘러싼 삼각형 도형은 평등과 정의를 의미하며, 국장을 둘러싼 월계수 가지는 승리와 독립의 기쁨을 표현한다. 이처럼 국장의 각 요소는 엘살바도르의 국가적 이상과 독립의 역사를 풍성하게 담아내고 있다.

중앙아메리카 연방공화국과 국장의 유사성

엘살바도르의 국장은 니카라과 국장과 형태적·상징적 측면에서 매우 비슷하다. 그 이유는 과거 엘살바도르와 니카라과가 모두 1823년부터 1840년까지 존속한 '중앙아메리카 연방공화국'에 속해 있었기 때문이다. 당시 연방공화국의 국장은 모든 회원국에서 공통으로 사용되었고, 연방 해체 이후에도 각국은 이 디자인을 유지하거나 약간 변형하여 독립된 국가 정체성을 표현했다.

이러한 역사적 배경 때문에 오늘날에도 엘살바도르와 니카라과 국장은

엘살바도르 국장(1877~1912년)과 니카라과 국장(1912년). 엘살바도르와 니카라과 국장은 과거 두 나라가 속했던 중앙아메리카 연방공화국(1823~1840)의 역사를 공유한다.

중앙아메리카 연방공화국의 상징을 이어받아 비슷한 디자인과 색상 구성을 공유하며, 이는 중앙아메리카 국가들이 공통의 역사가 있음을 시각적으로 나타내고 있다.

크리스토퍼 콜럼버스, 아메리카 시대의 시작

신대륙을 향한 항해와 세계관의 변화

크리스토퍼 콜럼버스는 아메리카 대륙의 역사에서 빼놓을 수 없는 인물이다. 그가 1492년 아메리카에 도착함으로써, 그전까지 유럽이 지중해를 중심으로 한 세계관에서 벗어나 'PLUS ULTRA(보다 먼 곳으로)'라는 대서양 시대가 열리게 되었다.

당시 스페인은 오랜 기간 지속된 이슬람 세력과의 전쟁을 끝내고 포르투갈과 맺은 알카소바스 조약(1479년)의 영향으로 새로운 항로 개척이 필요했

콜럼버스, 신대륙에 깃발을 세우다. 1492년 크리스토퍼 콜럼버스는 대서양을 건너 아메리카 대륙에 도착했다. 이 장면은 콜럼버스가 스페인의 깃발을 꽂으며 새로운 땅에 대한 점령을 선언히는 역사적 순간을 상징적으로 보여준다.

던 상황이었다. 바로 이때 콜럼버스가 등장해 서쪽으로 향하는 항로를 통해 신대륙을 찾아 나섰다.

콜럼버스 항해의 의미

콜럼버스는 스페인의 페르난도 2세와 이사벨 1세의 지원을 받아, 1492년 8월 3일, 산타마리아호, 라니냐호, 라핀타호 등 세 척의 범선을 이끌고 대서양 항해를 시작했다. 마침내 같은 해 10월 12일 바하마제도의 산살바도르 섬에 도착했고, 이날은 '신대륙 발견'의 역사적인 사건으로 여겨진다. 미국을 비롯한 여러 중남미 국가에서 이 날을 '콜럼버스의 날'로 기념하고 있다.

그러나 최근에는 이 날에 대한 인식이 변화하고 있다. 특히 라틴 아메리카와 북미 일부 지역에서는 콜럼버스의 도착이 단순한 '발견'이 아니라, 원주민 사회의 파괴와 식민 지배의 시작이라는 비판적 시각이 제기되고 있다. 이에 따라 볼리비아, 베네수엘라, 에콰도르 등 일부 국가는 이 날을 '원주민 저항의 날(Día de la Resistencia Indígena)' 또는 '문화의 날(Día de la Diversidad Cultural)'로 변경해 기념하고 있다.

콜럼버스의 가장 큰 업적은 서쪽으로의 항로 개척을 통해 아메리카 대륙의 존재를 유럽에 알린 것이다. 그러나 이는 곧 유럽의 식민지 경영과 제국주의 시대의 서막이기도 했다. 특히 아메리카 원주민에게는 문명 붕괴와 비극적인 역사의 출발점으로 기억된다.

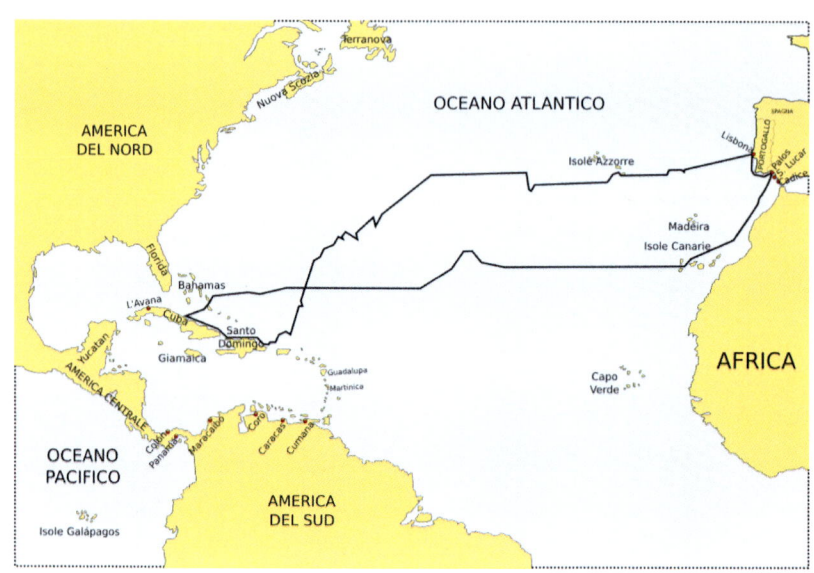

콜럼버스의 첫 항해 경로(1492~1493년) 1492년 스페인을 출발한 크리스토퍼 콜럼버스의 첫 항해 경로를 나타낸 지도이다.

대항해 시대의 시작과 유럽의 신대륙 진출

콜럼버스 이후 유럽 국가들은 앞다투어 아메리카 대륙 진출에 나섰다. 스페인과 포르투갈이 초기 신대륙 식민지 건설을 주도했으며, 이후 영국, 프랑스, 네덜란드가 경쟁에 뛰어들면서 신대륙은 유럽 열강의 각축장이 되었다.

이러한 변화 속에서 세계 무역의 중심이 지중해에서 대서양으로 옮겨졌고, 아메리카 대륙이 포함된 '대서양 경제 체제'가 새롭게 형성되었다. 특히 스페인은 신대륙에서 금과 은을 대량으로 가져와 유럽에서 가장 강력한 국가로 부상하였다.

노예무역과 대서양 삼각 무역의 등장

신대륙에서 사탕수수, 면화, 담배와 같은 플랜테이션 농업이 번창하면서 유럽은 막대한 노동력이 필요했다. 이에 따라 아메리카 원주민이 강제로 노동에 동원되었으며, 더 나아가 아프리카에서 노예를 데려오는 대서양 삼각 무역이 본격적으로 시작되었다.

15세기 말부터 19세기까지 약 1,200만 명의 아프리카인들이 신대륙으로 강제 이송되어 노예로 일해야 했고, 이는 유럽, 아프리카, 아메리카를 연결하는 삼각 무역의 중심축이 되었다. 유럽은 총기와 직물을 아프리카에 팔고, 아프리카에서는 노예를 아메리카로 보내고, 아메리카는 설탕과 담배, 면화 등 농산물을 유럽으로 수출하는 방식이었다. 이 무역 구조는 신대륙의 경제 기반을 확립하는 데 결정적인 역할을 했으며, 오늘날까지도 그 영향이 남아 있다.

화폐 속의 크리스토퍼 콜럼버스

콜럼버스는 미국 최초의 기념주화인 '콜럼버스 500주년 기념주화'를 비롯해 엘살바도르의 1페소 은화 등 라틴 아메리카 여러 국가의 화폐에 새겨져 있는 역사적 인물이다. 라틴 아메리카 화폐에서 가장 자주 등장하는 역사적 인물 중 하나로 시몬 볼리바르와 함께 콜럼버스가 꼽히기도 한다.

콜럼버스는 유럽과 아메리카 대륙을 연결하여 세계의 역사를 바꾼 탐험가였지만, 식민지 시대의 개막과 원주민의 비극을 초래했다는 점에서 오늘날까지도 다양한 평가를 받는 인물이다.

※ 미국 콜럼버스 기념주화(1달러): 중량 26.73g, 은 90.0, 크기 38.1㎜

※ 미국 콜럼버스 기념주화(½달러): 중량 11.34g, Copper-nickel, 크기 30.6㎜

미국 콜럼버스 기념주화(1992년).
콜럼버스의 아메리카 도착 500주년을 기념하여 발행된 1달러 은화와 ½달러 주화

파나마 은화 50센테시모스

발보아의 탐험과 파나마 식민지 시대

파나마는 1510년 스페인 탐험가 바스코 누녜스 데 발보아에 의해 처음으로 정착촌이 세워졌다. 특히 1513년, 발보아는 현재의 다리엔 지역을 탐험하면서 유럽인 최초로 태평양을 발견하는 역사적인 업적을 남겼다. 이후 16세기부터 파나마는 스페인의 식민지로 편입되었으며, 금과 은 등 귀중한 자원을 실은 배들이 오가는 스페인 무역의 핵심적 교통로 역할을 맡았다.

파나마의 독립과 미국의 개입

1821년, 파나마는 스페인의 지배에서 벗어나 독립을 선언하면서 콜롬비아와 함께 '그란 콜롬비아'라는 연방공화국의 일원이 되었다. 그러나 1903년, 전략적 가치가 높은 파나마 운하 건설을 둘러싸고 미국이 개입하면서 콜롬비아에서 분리 독립했다. 독립 조건으로 운하 건설과 운영권을 미국에 넘기게 된 파나마는 이후 미국의 경제적, 군사적 영향력 아래 놓이게 되었다.

파나마 은화 50센테시모스(Centésimos), 발보아의 상징

파나마의 공식 통화는 '발보아(Balboa)'로, 이는 태평양 발견의 주역인 바스코 누네스 데 발보아의 이름을 딴 것이다. 현재 파나마는 미국과 경제적으로 긴밀한 관계를 유지하고 있으며, 미국 달러를 주요 통화로 사용하면서도 소액 단위 동전은 자국의 화폐를 사용하는 독특한 통화 시스템을 가지고 있다. 이러한 이중 화폐 시스템은 파나마 경제의 특성을 잘 반영하고 있다.

파나마에서 발행된 대표적인 크라운 크기의 근대 은화로는 바스코 누네스 데 발보아 초상이 새겨진 50센테시모스가 있다. 파나마는 중앙은행이 설치되지 않았으며, 초기 은화 주조는 미국 조폐국이 담당하였다. 이 은화는 발보아의 역사적 공헌을 기념하며 파나마의 탐험과 독립 정신을 담고 있다.

※ 파나마 50센테시모스 은화: 중량 25.00g, 은 90.0, 크기 37.0㎜

파나마 50센테시모스 은화(1905년).
앞면에는 바스코 누네스 데 발보아의 초상이, 뒷면에는 국가 문장이 새겨져 있다

남태평양의 개척자, 바스코 누네스 데 발보아

바스코 누네스 데 발보아(1475~1519)는 스페인의 탐험가로, 유럽인 최초로

남태평양을 발견했다. 1500년 히스파니올라섬에 정착했지만, 농업에 실패한 그는 새로운 기회를 찾아 1510년 파나마 다리엔 지역에 최초의 유럽인 정착지를 세웠다.

원주민들로부터 남쪽에 큰 바다가 있다는 소문을 듣고 1513년 9월 험난한 정글과 산악지대를 넘어 태평양에 도달했다. 이 발견으로 유럽은 아메리카 대륙과 아시아를 잇는 새로운 항로의 가능성을 찾았다.

발보아는 파나마 지역의 식민지 기반을 닦고 황금의 문명(잉카 제국)에 대한 탐험을 계획했으나, 정치적 갈등으로 인해 1519년 반역죄로 처형당하는 비극적 최후를 맞았다.

그의 탐험 업적은 파나마에서 높이 평가되며, 그의 이름을 딴 도시와 기념비, 파나마의 공식 통화인 '발보아(Balboa)'로 남아 사용될 만큼 파나마 역사에서 중요한 인물이다.

바스코 누녜스 데 발보아 (19세기 스페인에서 제작된 유화) 발보아는 태평양을 유럽인 최초로 발견한 탐험가로, 현재의 파나마 지역을 횡단한 공로로 스페인 정복사에서 중요한 인물로 평가된다.

파나마 국장, 역사를 품은 국가의 상징

독립과 국가 통합을 나타내는 국장

파나마 국장은 1904년에 공식 제정되었으며, 독립과 국가적 정체성을 다양한 상징으로 표현하고 있다. 국장의 최상단에 있는 독수리는 독립과 자유를 수호하는 강력한 주권 의지를 상징한다. 독수리 위로 펼쳐진 10개의 별은 파나마의 행정 구역 10개의 주를 나타내며 국가적 단결과 통합을 강조한다.

독수리가 물고 있는 리본에는 라틴어로 "Pro Mundi Beneficio(세계를 위한 이익)"라는 문구가 새겨져 있다. 이는 파나마 운하의 개통으로 국제 무역에 기여하며 세계 경제 발전에 공헌하겠다는 국가적 의지를 표현한다.

파나마 국장(1904년 제정) 독립과 통합의 상징으로 독수리, 별, 방패 속 상징들이 국가의 역사와 운하의 국제적 중요성을 표현하고 있다.

파나마 운하, 제국주의 시대의 격전지

파나마 운하는 20세기 초 제국주의 열강의 이해관계가 얽힌 국제적 경쟁의 무대였다. 처음 운하 건설을 시도한 프랑스는 질병과 재정난으로 인해 실패했고, 그 틈을 미국이 적극적으로 파고들었다. 미국은 파나마의 전략적 가치를 높게 평가하고 콜롬비아로부터 파나마의 독립을 지원했다. 결국 1904년 운하 건설권을 확보하여 1914년 완공에 성공했고, 이를 계기로 파나마 운하 지역에 대한 실질적인 통제권을 얻었다.

이를 통해 미국은 중남미에서 영향력을 확장하고 해상 패권 경쟁에서 유럽 열강들에 비해 우위를 점하게 되었다. 그러나 미국의 이와 같은 강압적 행보는 중남미 국가들의 강한 반발을 불러일으켰고, 반미 감정과 갈등이 수십 년간 지속되는 계기가 되었다.

결국 오랜 투쟁 끝에 파나마는 1999년 운하의 통제권을 미국으로부터 돌려받아 국가적 자존심을 회복했다.

파나마 운하 아구아 클라라 갑문과 관제탑

방패 속 주요 상징과 의미

국장의 방패는 파나마의 역사와 현재, 미래를 세 부분으로 나누어 담고 있다.

상단의 태양과 달은 1903년 11월 3일, 파나마가 콜롬비아에서 독립한 날을 의미한다. 이는 밤낮을 가리지 않고 독립을 위해 헌신한 국민의 열정과 희생, 그리고 밝은 미래를 향한 국가의 의지를 나타낸다.

방패의 중앙에는 교차된 총과 칼, 그리고 삽과 괭이가 배치되어 있다. 총과 칼은 독립 과정에서 희생한 이들의 용기를, 삽과 괭이는 파나마 운하 건설에 헌신한 노동자들의 공헌과 국가 산업의 중요성을 상징한다.

국장 하단의 풍요의 뿔에서 쏟아지는 동전은 경제적 번영을, 날개 달린 바퀴는 국제 교통과 무역의 중심지로 자리 잡은 파나마 운하의 전략적 중요성을 표현한다.

온두라스 은화 1페소

독립과 중앙아메리카 연방공화국

온두라스는 1821년 스페인의 식민 지배로부터 독립한 뒤, 이웃 국가인 과테말라, 니카라과, 엘살바도르, 코스타리카와 함께 중앙아메리카 연방공화국을 구성하였다. 그러나 연방은 각국의 정치적 이해관계와 갈등으로 1838년에 해체되었고, 온두라스는 다시 독자적인 국가로 나아가게 되었다.

정치적 혼란과 '바나나 공화국'의 오명

독립 이후에도 온두라스는 내란과 군사 쿠데타가 빈번하게 발생하며 정치적 혼란을 겪었다. 특히 19세기 후반부터 경제 근대화를 위해 외국 자본을 적극적으로 유치했지만, 이 과정에서 바나나와 같은 농산물 및 광물 자원을 기반으로 한 경제가 외국 자본에 종속되는 결과를 초래했다. 온두라스는 미국과 영국의 다국적 기업들이 농업과 무역을 독점하게 되면서 정치적으로도 상당한 간섭을 받게 되었고, 경제적으로 예속된 국가를 지칭하는 '바나나 공화국'이라는 부정적 별칭으로 불리게 되었다. 바나나 공화국은 1904년 미국 소설가 O. Henry 단편집 『Cabbages and Kings』에서 처음 사용한 표현이다. 이는 당시 온두라스를 모델로 삼은 것으로, 바나나 수출에 의존하는 국가를 풍자한 용어이다.

1857년 온두라스를 탐험한 윌리엄 V. 웰스의 여행기 삽화.
미국의 탐험가 윌리엄 V. 웰스가 저술한 『Explorations and Adventures in Honduras』에 수록된 삽화로, 19세기 중반 온두라스의 자연 풍경과 원주민 생활상을 묘사한 장면이다.

온두라스의 근대 은화 1페소

온두라스에서 발행된 대표적인 근대 은화인 1페소는 중앙아메리카 연방 공화국의 흔적과 역사적 상징을 담고 있다. 이 은화의 앞면에는 중앙아메리카 연방공화국의 흔적이 뚜렷하게 남아 있다. 중앙에 새겨진 여신은 연방공화국을 구성했던 5개국의 깃발을 손에 들고 있는데, 이는 과거 연방국으로서의 통합 정신과 공동 번영의 이상을 나타낸다. 뒷면에는 1825년 채택된 온두라스 국장이 새겨져 있다.

※ 온두라스 1페소 은화: 중량 25.00g, 은 90.0, 크기 37.0㎜

온두라스 1페소 은화(1890년). 라틴 통화동맹의 기준에 맞춘 고순도 은화를 발행함으로써, 국제무역 시 통화 신뢰도를 확보하려 했다.

온두라스 국장과 빨간 앵무새

온두라스 국장에 담긴 역사와 상징

온두라스 국장은 최초로 1825년에 제정되었으며, 현재의 모습은 1935년에 확정되었다. 국장 중앙의 타원형 내부에는 두 개의 성곽이 자리하고 있으며, 그 사이로 중앙아메리카 연방공화국을 상징하는 화산과 떠오르는 태양, 무지개가 그려져 있다. 국장 중심부의 화산과 무지개는 온두라스가 한때 중앙아메리카 연방공화국의 일원이었음을 나타내는 중요한 역사적 흔적이다.

타원의 상단에는 풍요의 상징인 '풍요의 뿔'이 자리 잡고 있는데, 이는 온두라스의 경제적 번영과 풍요로운 미래를 염원하는 의미를 담고 있다. 하단

온두라스 국장(1935년). 1935년에 제정된 온두라스의 국장은 중앙에 두 개의 탑과 태양, 무지개가 그려진 원형 방패를 중심으로 구성되어 있으며, 방패 주위에는 무성한 산림과 공구, 무기 등이 장식되어 있다.

의 참나무와 소나무는 온두라스의 풍부한 산림 자원을 나타내며, 국민의 강인함과 용기를 상징한다. 특히 소나무는 온두라스의 국가적인 자부심과 자원을 대표하는 상징적 요소이다.

온두라스를 상징하는 성스러운 새, 빨간 앵무새

온두라스를 대표하는 동물 중 가장 잘 알려진 것은 바로 빨간 앵무새이다. 이 새는 마야 문명 시기부터 신성한 존재로 여겨졌으며, 마야인들에게는 인간과 신을 연결하는 영적 중개자로 믿어졌다.

마야 문명에서 빨간 앵무새는 태양과 불의 신과 관련된 신성한 존재로, 신과 인간을 연결하는 영적 존재로 중요하게 숭배되었다. 마야 신화인 『포폴 부(Popol Vuh)』에서는 『세븐 마코(Seven Macaw)』라는 자만심 강한 새로 등장

이자파 스텔라 25의 도해 (마야 문명). 세븐 마코와 영웅 쌍둥이의 대결 장면을 묘사한 부조로 이자파 유적에서 발견된 이 석조는 선고전기 마야 신화의 시각적 표현한 유물이다.

하여 태양과 달을 자처하며 세상을 혼란에 빠뜨리는 이야기로 묘사된다.

현대의 온두라스에서도 빨간 앵무새는 1933년 국가의 공식적인 국조(國鳥)로 지정되어 있으며, 온두라스의 문화적 상징과 자연유산의 중요성을 상징하는 존재로 자리 잡고 있다.

5장

19~20세기 서민의 귀금속 동화

서민들의 삶과 귀금속 동화의 등장

산업화와 도시화, 동화의 시대적 필요성

19세기부터 20세기 초반까지 유럽을 중심으로 산업혁명과 도시화가 급격히 진행되면서 경제 구조와 일상생활에도 큰 변화가 나타났다. 대규모 공장이 도시로 사람들을 모으기 시작했고, 노동자 계층이 빠르게 증가하면서 도심 시장과 상점의 경제 활동이 활발해졌다. 이 과정에서 소규모 거래와 일상생활에서 사용하는 작은 가치의 동화는 필수적인 결제 수단으로 자리 잡았다.

서민과 노동자들은 식료품 구매부터 교통비 지불, 세금 납부에 이르기까

베네치아 시장 풍경(Antonio Ermolao Paoletti, 1912년) 19세기 말 베네치아 도시민들의 활기찬 일상과 거리 문화를 섬세하게 포착하고 있으며, 도심 시장과 상점의 경제 활동을 보여주고 있다.

지 일상에서 동화를 적극적으로 사용했다. 동화는 서민 경제 생활의 안정과 시장 거래의 활성화에 중요한 역할을 했다.

국경을 넘나드는 동화의 사용

유럽에서는 지리적 특성상 여러 나라의 동화가 국경을 넘어 혼용되어 자연스럽게 사용되었다. 벨기에와 프랑스 국경 지역에서는 프랑스의 상팀(Centimes) 동화와 벨기에의 상팀 동화가 자연스럽게 함께 사용되었고, 독일과 오스트리아 국경 지역에서는 독일의 페니(Pfennig)와 오스트리아의 헬러(Heller)가 상호 교환하여 유통되었다. 또한 스위스는 주변 국가들과 활발한 교류를 유지하면서 여러 국가의 동화가 함께 쓰이는 국제적인 화폐 사용 환경을 이루고 있었다.

이러한 다양한 동화의 상호 유통은 국가 간 경제적 교류와 지역 경제 활성화에도 큰 도움을 주었다.

정치와 문화를 담아낸 동화들

동화는 단순한 화폐 이상의 의미를 지니고 있었다. 각국의 동화는 국가의 경제적 상황과 정치적 메시지를 담는 매개체였다. 대표적으로 영국의 2페니 동화에는 브리타니아 여신이 그려서 산업혁명의 기술적 발전과 대영제국의 해상력을 상징했다. 프랑스의 10상팀 동화에는 혁명의 상징인 마리안 여신과 프리기아 모자가 등장하여 자유와 혁명의 이념을 표현했다.

아시아에서도 각국의 정치적, 사회적 변화와 경제 상황이 동화에 고스란히 담겼다. 오스만 제국에서 발행된 40파라 동화에는 술탄의 공식 서명인 투그라(Tughra)가 새겨져 술탄의 권위와 제국의 신뢰성을 표현했고, 조선에서는 당백전이 발행되어 경제적 혼란과 화폐 가치 하락을 초래하였다. 청나라의 함풍통보와 일본의 천보통보 역시 정치적 위기와 경제적 혼란 속에서 등장하여 당시의 사회·경제적 상황을 생생하게 반영하고 있다.

이처럼 각국의 동화는 소규모 거래를 촉진하는 데 필수적인 역할을 하면서 서민과 노동자들의 삶에 직접적인 영향을 주었다. 또한 동화는 시대적 변화와 국가의 정치적 메시지를 효과적으로 전달하는 역할도 했다.

이 장에서는 각국에서 발행된 다양한 동화들이 서민들의 삶에 어떻게 영향을 미쳤으며, 시장 경제에서 어떤 역할을 했는지 구체적으로 살펴본다. 또한, 동전에 새겨진 문양과 문자, 그리고 그 속에 담긴 정치적·역사적 의미와 문화적 특성을 알아볼 것이다.

러시아의 구리 동화 5코펙

러시아의 근대 구리 동화

근대 시기의 동화는 기념주화처럼 상징적 의미가 강한 화폐라기보다는 시장에서 실제로 유통되며 소규모 상거래에 널리 사용되었던 실질적인 화폐였다. 특히 러시아를 비롯한 유럽 여러 나라에서 발행된 근대 동화는 지역 간의 일상적인 소액 거래를 가능하게 하여 서민 경제를 지탱하는 중요한 도구였다.

금과 은 같은 귀금속 주화가 주로 고액 거래나 국가 간 교역에서 사용됐지만, 구리를 주성분으로 만든 동화는 서민들이 일상에서 접하는 거래와 상업활동에서 필수적인 존재였다. 그러나 구리 재질의 특성상 시간이 지나면서 쉽게 부식되거나 변색하는 일이 많아, 현재까지 보존 상태가 양호한 동화를 찾기란 쉽지 않다. 그렇기에 상태가 양호한 근대 구리 동화는 화폐 수집가와 경매 시장에서 상당히 높은 가치를 인정받고 있다.

예카테리나 2세 시대의 대표적인 동화, 5코펙

러시아에서 발행된 수많은 구리 동화 중에서도 특히 예카테리나 2세(재위 1762~1796년) 시절에 발행된 5코펙(Kopecks) 동화는 그 크기와 무게로 유명하다. 1763년부터 1796년까지 유통된 이 동화는 무게가 50g을 넘어 당시 다른 나라에서 유통되던 동화들과 비교해도 매우 무겁고 두툼한 질감을 자랑했다. 지름 역시 40㎜가 넘는 크기였기에, 영국에서 발행된 대형 동화인 카트휠 페니와 비교될 정도로 묵직했다.

이처럼 큰 동전이 제작된 이유는 러시아가 18세기 우랄 산맥과 시베리아 알타이 산맥에서 막대한 구리 자원을 확보했기 때문이다. 광활한 영토를 가진 제국은 값이 비교적 저렴한 구리를 활용해 지방 간 교역을 원활히 하고, 안정적으로 동화를 대량 생산하기 위한 목적도 있었다.

※ 러시아 5코펙 동화(1763~1796년): 중량 51.2g, 크기 42.0㎜

러시아 구리 동화 5코펙(1788년) 쌍두 독수리 문양은 러시아 제국의 광활한 영토와 위엄을 나타내며, 황제의 모노그램은 황제의 권위와 정통성을 상징한다.

쌍두 독수리와 모노그램이 새겨진 동화의 의미

5코펙 동화의 앞면에는 러시아 제국 로마노프 왕조의 상징인 '쌍두 독수리' 문양이 화려하게 각인되어 있다. 쌍두 독수리는 두 개의 머리를 가진 독수리로서, 러시아 제국의 영토가 동과 서로 광활하게 뻗어나갔음을 나타내는 상징이자 제국의 위엄과 권력을 나타낸다. 또한 동화 뒷면에는 발행 연도와 함께 당시 황제였던 예카테리나 2세의 모노그램(이니셜)이 크게 새겨져 있다. 이러한 모노그램은 황제의 지배력과 권위를 상징적으로 드러내는 요소이며, 당시 황제의 권력과 통치의 정당성을 대중적으로 전달하는 수단이기도 했다.

5코펙은 당시 러시아 사회에서 실제로 매우 작은 액수였지만, 서민들의 생활 속에서는 없어서는 안 될 필수적인 화폐였다. 예를 들어, 당시 러시아의 서민들은 이 동화 몇 개로 일상에 필요한 식료품과 소모품을 구매하거나 작은 거래를 할 수 있었다. 따라서 이 동화는 러시아 사회의 경제적 교류를 활성화하고, 도시와 농촌을 연결하며 지역 경제 발전의 기반을 마련하는 데 큰 역할을 했다.

예카테리나 2세(Catherine II)

예카테리나 2세의 즉위

러시아 역사를 대표하는 두 명의 황제는 표트르 1세와 예카테리나 2세이다. 특히 예카테리나 2세(Catherine II, 1729~1796)는 표트르 대제 이후 러시아 국민에게 가장 사랑받는 황제로 평가된다. 그녀는 독일에서 태어나 어린 나이에 러시아 황태자 표트르 3세와 정략결혼을 하면서 러시아 궁정에 들어왔다. 결혼 후 그녀는 러시아어와 러시아 문화에 빠르게 적응했고, 심지

예카테리나 2세 초상화(Fyodor Rokotov, 1763년) 왕권의 상징을 갖추고 제국의 중심에 선 군주의 위엄을 시각적으로 표현한 작품이다.

어 러시아 정교회로 개종하며 국민의 지지를 얻었다.

1762년 1월, 남편 표트르 3세가 황제로 즉위했지만, 친프로이센 정책이 군부·귀족 사회의 이익과 충돌하면서 강력한 반발을 샀다. 결국 표트르 3세는 재위 6개월 만에 쿠데타로 폐위되었으며, 그 자리를 대신한 것이 바로 예카테리나 2세였다.

강력한 중앙집권과 러시아 제국의 확장

예카테리나 2세는 강력한 중앙집권을 추구하며 정치적으로 안정된 러시아를 만들었다. 그녀는 황권을 바탕으로 정적을 제거하고, 관료제를 정비해 효율적인 행정 체계를 구축하였다.

특히 오스만 제국과의 전쟁에서 승리해 크림반도를 비롯한 흑해 연안으로 영토를 넓혔다.

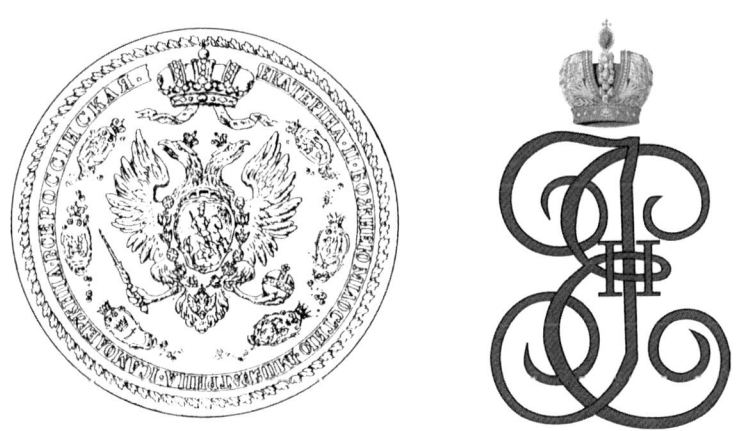

예카테리나 2세의 국장과 모노그램. 쌍두 독수리를 중심으로 구성된 러시아 제국의 상징과 제왕의 이름을 장식적으로 구성한 문양이다.

또한 폴란드-리투아니아 연방의 정치적 혼란을 기회로 삼아 1772년, 1793년, 1795년, 세 차례에 걸친 폴란드 분할에 참여하여 벨라루스, 우크라이나, 리투아니아 등 광대한 영토를 러시아 제국에 편입시켰다. 이를 통해 서유럽 강대국들과 대등한 정치·군사적 영향력을 확보하며, 발트해에서 흑해에 이르는 광대한 영토를 지닌 제국을 만들었다.

프랑스 혁명과 농노제 강화

예카테리나 2세는 프랑스 혁명(1789~1799년)이 일어나자 이를 러시아의 왕정에 대한 위협으로 간주하여 자유주의 운동을 탄압하였다. 특히 루이 16세와 마리 앙투아네트가 처형된 이후 러시아에서 프랑스식 혁명 사상은 철저히 금지되었다. 하지만 그녀의 통치 기간 중 농민들에 대한 가혹한 정책이 강화되면서 1773년 푸가초프의 농민 반란이 발생하는 등 내부적으로는 사회적 불만이 높아지기도 했다.

예카테리나 2세는 비록 독일 태생의 이방인이었지만, 러시아 역사에서 '대제(The Great)'라는 칭호를 받은 유일한 여성 군주이다. 그녀의 통치 기간 러시아는 영토 확장과 문화 발전, 강력한 군사력 구축 등 눈부신 성장을 이루었으며, 오늘날 러시아 국민 사이에서는 가장 존경받는 역사적 인물 중 한 명으로 손꼽힌다.

영국의 수레바퀴 동화 2페니

산업혁명과 함께 등장한 대형 동전

1797년에 영국에서 발행된 2페니 동화는 당시로서는 이례적으로 큰 크기와 무게를 자랑하는 화폐였다. 동전의 지름이 40㎜를 넘고, 무게가 50g 이상이어서 '수레바퀴 동전(Cartwheel coin)'이라는 별명이 붙었는데, 이는 동전의 크기와 모양이 마치 마차의 바퀴를 닮았기 때문이다. 이 동전은 당시 영국에서 급속도로 진행된 산업혁명과 함께 소규모 상거래의 주요 결제 수단으로 사용되었다.

※ 2페니 동화(1797년): 중량 56.7g, 크기 41.0㎜

영국 2페니 동화(1797년), '수레바퀴 동전'이라는 별명을 가진 대형 구리 동전.
산업 혁명기의 기술이 반영된 대표적 화폐로, 조지 3세의 초상과 브리타니아 여신이 새겨져 있다.

혁신적 제조 방식과 매튜 볼턴의 역할

2페니 동화는 영국 소호 민트에서 처음으로 증기 프레스 방식을 이용해 제작된 동화이다. 1797년, 매튜 볼턴(Matthew Boulton)과 제임스 와트(James Watt)가 개발한 이 제조 방식은 수동 프레스 방식보다 동전 생산의 속도와 정밀도를 현저히 높였다. 볼턴은 조폐 기술에 증기기관을 도입해 산업 혁명의 핵심 기술을 화폐 제조에까지 확대한 장본인이다. 이 혁신적인 생산 기술 덕분에 볼턴은 화폐 제조 산업의 선구자로 인정받고 있다.

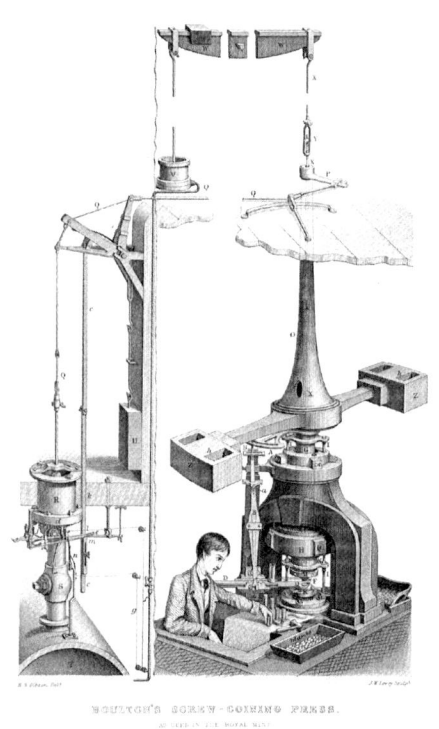

영국 근대 주화 압인기 설계도. 18세기 후반 매튜 볼턴이 개발한 증기 동력 주화 압인기의 설계도이다. 당시 사용된 볼턴의 증기식 압인기는 1797년 영국 최초의 증기식 주화인 2페니와 1페니 동전을 생산하는 데 이용되었다.

2페니의 경제적 가치와 문제점

2페니 동화는 당시 경제 상황을 반영하여 제작된 동전이다. 영국 정부는 1온스의 구리에 1페니의 가치를 부여했고, 이에 따라 2페니 동전은 정확히 2온스의 구리로 만들어졌다. 그러나 동전이 실제 유통 과정에서 너무 크고 무거워 상거래에 불편을 초래했고, 일상적인 거래에서는 인기가 떨어졌다. 오히려 구리의 가치가 상승하면서 일부 사람들은 이 동전을 녹여 구리를 재활용하려 했고, 정부가 이를 막기 위한 단속에 나서기도 했다.

이러한 대형 동전은 단순히 화폐 기능 외에도 문화적으로도 중요한 역할을 했다. 고대 그리스의 장례 풍습에서 망자의 입에 동전을 넣는 풍습은 카론의 동전 한 닢으로 알려져 있다. 영국에서도 망자의 입에 동전을 넣는 관습이 유지되었으며, 일부 지역에서는 망자의 눈 위에 동전을 올리는 풍습도 있었다. 이처럼 2페니 동화는 크기와 무게 덕분에 망자를 위한 동전으로 사용되기도 했다. 이는 당시 동전이 경제적 역할뿐 아니라, 사람들의 일상생활과 관습에도 깊숙이 자리하고 있었음을 보여주는 사례이다.

동전의 디자인

2페니 동화의 앞면에는 당시 하노버 왕조의 영국 왕 조지 3세(George III)의 초상이 새겨져 있으며, 뒷면에는 영국을 상징하는 브리타니아(Britannia) 여신의 모습이 있다. 브리타니아 여신은 삼지창과 방패를 들고 바위에 앉아 있는데, 이는 강력한 해상력을 바탕으로 하는 영국의 군사적·정치적 위상을 상징하는 이미지이다. 이처럼 2페니 동화는 당시의 경제적, 기술적 혁신뿐 아니라, 당시 영국 국민의 자부심과 국가적 위상을 보여주는 상징물로서 의미도 지니고 있다.

영국의 상징, 브리타니아(Britannia)

브리타니아의 유래

영국 화폐에서 자주 만날 수 있는 인물로는 국왕과 여왕 외에도 국가의 수호신 역할을 하는 브리타니아 여신이 있다. 브리타니아라는 명칭은 고대 로마 시대, 지금의 그레이트브리튼 섬을 부르던 라틴어 이름에서 비롯되었다. 로마 제국은 자신들이 정복한 영토를 표현할 때 여성 형상의 의인화를 즐겨 사용했으며, 브리타니아도 그러한 상징 가운데 하나로 탄생했다. 브리타니아뿐 아니라, 로마(Roma), 아프리카(Africa), 히스파니아(Hispania) 등 여러 지역과 개념이 각각 여성 인물로 의인화되어, 로마 제국의 정치적 권위와 제국의 이상을 표현했다.

브리타니아와 로마 제국

로마의 브리타니아 정복은 기원전 55년 율리우스 카이사르가 처음 브리튼 섬에 침략했을 때는 켈트족의 거센 저항 탓에 점령에 실패했다. 그러나 기원후 43년, 클라우디우스 황제가 다시 침략을 시도하면서 본격적으로 브리타니아가 로마 제국의 영토로 편입되었다. 클라우디우스는 자신의 승리를 기념하기 위해 동전을 발행했는데, 이 동전에는 4마리의 말이 끄는 전차에 올라탄 황제의 모습과 함께 'De Britannis(브리튼인의 땅)'라는 문구가 새겨져 있다. 이 동전은 브리타니아가 로마의 지배 아래 들어갔다는 역사적 사실을 분명히 보여주는 상징이다.

※ 클라우디우스 황제의 은화: 중량 7.6g, 크기 21.5㎜

브리타니아 정복을 기념한 클라우디우스 황제의 은화(AD 41-54)
로마 제국의 브리타니아 병합을 상징하며, 'De Britannis' 문구가 새겨진 역사 자료로
4두 마차는 황제의 승전과 로마의 위엄을 나타낸다.

영국 주화에 등장한 브리타니아 여신

브리타니아가 영국 화폐에 처음 등장한 것은 1672년, 찰스 2세가 통치하던 시기였다. 그 후 무려 336년간 영국 화폐를 대표하는 도안으로 자리매김했으며, 2008년 화폐 도안 개편 과정에서 잠시 일부 주화에서 제외되었다가 2015년 '브리타니아의 르네상스'라는 주제로 발행된 2파운드 기념주화를 통해 다시 등장하며 전통적인 상징성을 이어가고 있다.

브리타니아의 르네상스를 주제로 발행한 바이메탈 2파운드(2015년)
영국의 국가적 자긍심을 현대적으로 표현한 디자인이다.

브리타니아 여신의 상징적 의미

브리타니아 여신은 보통 삼지창과 올리브 가지, 그리고 유니언 잭이 새겨진 방패를 들고 있는 모습으로 표현된다. 삼지창은 영국의 강력한 해상력을, 올리브 가지는 평화와 번영을 상징하며, 유니언 잭 방패는 영국의 연합과 국가적 정체성을 나타낸다. 이러한 상징들은 대영제국의 힘과 권위, 그리고 세계적 위상을 강조한다.

브리타니아는 영국 해군의 대표 군가 'Rule, Britannia!'(지배하라, 브리타니아)에서도 그 상징성을 확인할 수 있다. 이 군가는 영국의 해상 지배력과 국가의 자존심을 강조하는 내용으로, 브리타니아라는 상징이 가진 역사적·문화적 중요성을 더 부각했다. 현대에도 브리타니아 여신은 영국인들의 자부심과 국적 자존심을 나타내는 대표적인 이미지로 사랑받고 있다.

파도를 다스리는 브리타니아 여신(Nicolai Habbe, 1875년) 브리타니아 여신이 바다 위에서 영국의 해상 지배력과 제국의 위엄을 상징하는 모습. 'Rule, Britannia!'의 상징성과 직결된다.

영국 서민의 동화 1페니

서민 경제의 필수 화폐, 1페니

영국에서 1797년부터 1970년까지 170여 년간 발행된 1페니(Penny)는 서민들의 일상생활과 밀접하게 연결된 가장 대표적인 동화였다. 특히 산업혁명이 한창이던 19세기에는 이 1페니 동화가 서민 경제에 없어서는 안 될 중요한 화폐였다. 당시 일상적인 소액 거래의 대부분이 1페니를 중심으로 이루어졌기 때문에 이 작은 동화는 영국인들의 생활 속에서 매우 친숙한 존재였다.

1페니 동화의 앞면에는 당시 통치했던 국왕이나 여왕의 초상이 새겨져 있고, 뒷면에는 영국을 대표하는 브리타니아(Britannia) 여신이 그려져 있다.

1797년 조지 3세 때 처음 등장한 이래, 1970년 발행된 프루프(Proof) 1페니까지, 영국의 1페니 동화는 약 17종이 발행되었다. 이 동화들은 시대마다 국왕이나 여왕의 초상화가 바뀌면서 당시의 정치적, 사회적 상황과 분위기를 그대로 담아냈다.

※ 1페니 동화(1797년): 중량 28.35g, 크기 36.0㎜
※ 1페니 동화(1806~1860년): 중량 18.90g, 크기 34.0㎜
※ 1페니 동화(1860~1970년): 중량 9.45g, 크기 30.8㎜

1페니 동화(조지 3세, 1797년)   1페니 동화(조지 3세, 1806년)

1페니 동화(조지 4세, 1826년)   1페니 동화(윌리엄 4세, 1831년)

1페니 동화(빅토리아, 1858년)   1페니 동화(빅토리아, 1862년)

1페니 동화(빅토리아, 1892년)   1페니 동화(빅토리아, 1895년)

1페니 동화(에드워드 7세, 1902년)   1페니 동화(조지 5세, 1927년)

1페니 동화(조지 6세, 1948년)   1페니 동화(조지 6세, 1949년)

1페니 동화(엘리자베스 2세, 1967년)   1페니 동화(엘리자베스 2세, 1970년)

1페니가 담은 당시의 가치와 일상

    1페니 동화는 명목상 미국의 1센트와 유사한 가치를 지녔다. 당시 1페니로는 신문이나 작은 사탕, 껌 한 개를 구매할 수 있을 정도로 서민들의 일상에 밀접한 거래 수단이었다. 특히 1830년대 초에 등장한 '페니 신문(Penny Paper)'은 1페니라는 저렴한 가격으로 서민들이 쉽게 접근할 수 있도록 하여 사회 전반의 교육과 정보 공유에 큰 영향을 끼쳤다. 이는 1페니 동화가 사회적 변화의 한가운데 있었음을 나타낸다.

세계 최초의 우표, 페니 블랙(Penny Black)

페니 블랙(Penny Black) 우표(1840년).
영국의 조각가 윌리엄 와이언
(William Wyon)의 작품으로, 세계 최초의
우표로 알려져 있다.

1840년 영국은 우편 제도의 혁신으로 세계 최초의 우표인 페니 블랙(Penny Black)을 발행했다. 우편물의 무게가 ½온스 이하라면 단 1페니로 영국 어디든 우편물을 보낼 수 있도록 만든 획기적인 제도였다. 이는 현대 우편 시스템의 바탕을 이루며 전 세계 우편 제도의 표본이 되었다. 1페니는 이렇게 사회적 소통과 연결의 수단으로서도 그 가치를 드러냈다.

예를 들어 빅토리아 여왕 시대의 1페니는 빅토리아 시대의 경제적 번영과 사회적 발전을 나타내고 있으며, 20세기 중반 조지 6세와 엘리자베스 2세 시대의 동화는 제2차 세계대전 이후 영국 사회의 안정과 변화를 시각적으로 보여준다.

프랑스 동화 10상팀

서민 경제의 중요한 화폐, 10상팀(Centimes)

프랑스의 10상팀 동화는 19세기 중반부터 20세기 초반까지 프랑스 서민 경제에서 중요한 역할을 담당했다. 1852년부터 1921년까지 발행된 이 동화는 일상생활에서 노동자와 서민들이 주로 사용하였으며, 소규모 거래에 필수적인 화폐였다.

당시 노동자들의 평균 시급이 약 20상팀이었고, 빵 1kg의 가격이 약 4상팀이었음을 고려하면 10상팀 동화는 서민들의 일상에서 현실적으로 가장

※ 프랑스 10상팀 동화(1852~1921년): 중량 10.00g, 크기 30.0~30.2mm

프랑스 10상팀 동화(Napoleon III)   프랑스 10상팀 동화(Napoleon III)

프랑스 10상팀 동화(세레스 여신)   프랑스 10상팀 동화(마리안 여신)

많이 쓰인 화폐였다는 것을 알 수 있다. 이처럼 10상팀은 소액 결제에서 널리 쓰였으며, 프랑스의 서민 경제에서 중요한 역할을 했다.

10상팀 동화의 디자인과 변화

10상팀 동화는 프랑스의 정치적 변화와 혁명 정신을 나타내는 다양한 인물과 상징을 디자인으로 담았다. 특히 나폴레옹 3세, 세레스 여신, 마리안 여신 등이 새겨져 있어 프랑스의 역사와 정신을 상징적으로 표현한다. 마리안(Marianne)은 프랑스 혁명의 아이콘으로, 그녀의 모습은 프리기아 모자와 갈리아의 수탉과 함께 프랑스 혁명을 상징하는 인물로 여겨진다.

초기에 발행된 10상팀 동화는 지름 30㎜로 크기가 크고 구리로 제작되었으나, 1921년 이후 경제적 변화와 금속 원자재의 부족으로 인해 크기가 20㎜로 축소되었고, 니켈과 알루미늄 합금 재질로 변경되었다. 이 변화는 당시 프랑스 경제의 상황과 원자재 수급 문제를 반영한 것이었다.

10상팀 동화의 의미

프랑스의 10상팀 동화는 단순한 화폐 이상의 문화적, 역사적 의미를 지니고 있다. 혁명 정신을 상징하는 마리안 여신과 함께 등장한 세레스 여신, 나폴레옹 3세의 초상은 프랑스의 사회적, 경제적, 정치적 변화를 시각적으로 표현한다. 이 동화는 노동자·서민 계층이 직접적으로 사용한 화폐였기에 사회적 상징성이 크다. 이러한 점에서 10상팀 동화는 19세기와 20세기 초 프랑스의 사회적 흐름과 서민들의 삶을 엿볼 수 있는 중요한 역사적 자료이다.

프리기아 모자와 갈리아의 수탉

화폐와 예술에 나타난 자유의 모자

프랑스의 예술과 화폐에서 흔히 볼 수 있는 프리기아 모자는 단순한 장식을 넘어 자유와 혁명을 상징하는 강력한 의미를 담고 있다.

프랑스의 대표적인 예술 작품인 외젠 들라크루아의 『민중을 이끄는 자유』 속 자유의 여신과 19세기 발행된 10상팀 동화의 마리안 여신이 쓰고 있는 모자가 바로 프리기아 모자다. 이 모자는 프랑스 공화국의 정신과 국가적 정체성을 뚜렷하게 드러내는 핵심적 상징이다.

고대 로마에서 비롯된 자유의 상징

프리기아 모자가 '자유의 모자'라는 상징적 의미를 갖게 된 배경은 고대까지 거슬러 올라간다. 이 모자의 명칭은 기원전 12세기경부터 현재의 튀르키

아마스트리스 여왕의 은화(기원전 300~285년경) 프리기아 모자를 쓴 달의 신 멘(Mên)과 아프로디테 여신이 아기 천사 에로스를 들고 있는 모습이 묘사되어 있다.

예 일대에 존재했던 프리기아 왕국(Phrygia)에서 유래했다. 당시 고대 로마에서는 해방된 노예에게 자유인이 되었다는 증표로 이 빨간 모자를 씌워주는 전통이 있었고, 이를 통해 프리기아 모자는 자유, 해방, 그리고 새로운 삶의 출발을 상징하게 되었다.

프랑스 혁명과 민중의 상징

프리기아 모자는 프랑스 혁명(1789~1799년) 시기에 대중적으로 널리 사용되기 시작했다. 당시 혁명에 참여한 시민과 군중들은 이 모자를 착용하며 구체제에 맞서 자유와 평등을 외쳤다. 절대왕정에 맞선 시민군들이 프리기아 모자를 착용하면서 이 모자는 오늘날까지 이어지는 자유와 혁명의 상징

파리 코뮌의 상퀼로트(1793년) 프랑스 혁명 당시 급진적인 파리 코뮌의 구성원들.
왼쪽 인물은 혁명의 상징인 긴 바지와 프리지아 모자를 착용한 전형적인 상퀼로트 모습이다.

으로 굳어졌다. 혁명의 주축이었던 노동자, 소상인, 소작농 등 제3신분 계층들은 이 모자를 자부심과 혁명의 정신을 나타내는 상징으로 자랑스럽게 착용했다.

마리안과 프리기아 모자

프랑스 혁명의 정신을 상징하는 마리안(Marianne) 여신은 거의 프리기아 모자를 쓰고 있는 모습으로 표현된다. 마리안은 자유와 평등, 형제애의 이상을 나타내는 프랑스의 국가적 아이콘으로 자리 잡았으며, 프리기아 모자는 그녀가 상징하는 혁명 정신을 더욱 뚜렷하게 보여주는 중요한 요소가 되었다.

프리기아 모자를 쓰고 있는 트로이의 왕자 파리스(Antoni Brodowski, 1812년)
아나돌리아 지역 복식을 상징히는 프리기아 모자는 이후 시유와 해방의 상징으로 발선했으며, 이 그림은 그 상징의 고대적 뿌리를 보여준다.

프리기아 모자의 상징성은 프랑스 혁명의 영향으로 중남미 국가들에서도 활발히 차용되었다. 멕시코, 아르헨티나, 콜롬비아, 쿠바, 엘살바도르 등 여러 중남미 국가의 국기와 국장, 화폐에도 프리기아 모자가 등장하며, 이 국가들 역시 자유와 해방, 민주주의를 표방하는 상징으로 이 모자를 선택했다. 오늘날 프리기아 모자는 프랑스를 넘어 국제 사회에서도 민주주의와 자유의 보편적인 상징으로 자리매김하고 있다.

갈리아의 수탉, 역사적 기원

프랑스의 동전에서 자주 등장하는 상징물 중 하나는 바로 갈리아의 수탉이다. 이 수탉은 오랫동안 프랑스를 상징하는 대표적인 이미지로 자리 잡아 왔으며, 역사적으로도 다양한 의미를 담고 있다.

갈리아의 수탉이 프랑스의 상징으로 자리 잡게 된 데에는 두 가지 주요한 설이 존재한다. 첫 번째 설은 언어적 유사성에서 출발한다. 로마인들은 프랑스인의 조상인 갈리아인을 라틴어로 '갈루스(Gallus)'라고 불렀다. 그런데 이 단어는 수탉을 의미하는 라틴어와 동일한 발음을 하고 있었기 때문에, 갈리아인은 자연스럽게 수탉과 연결되어 프랑스를 대표하는 상징물이 되었다는 것이다.

두 번째 설은 고대 지명에서 기원한다. 로마 시대에 현재의 프랑스 지역은 '갈리아(Gallia)'로 불렸다. 율리우스 카이사르의 저작 『갈리아 전기』에서 이 지역의 명칭을 자주 사용하면서 갈리아는 곧 현재의 프랑스를 지칭하는 명칭이 되었다. 이후 로마 지배 시기부터 자연스럽게 수탉이 갈리아 지역과 연관되어 프랑스의 상징으로 발전했다는 것이다.

자유와 용맹의 상징

갈리아의 수탉은 프랑스인들에게 단순히 동물 이상의 깊은 의미를 지닌다. 특히 프랑스 혁명(1789~1799년)을 거치며 자유와 독립의 상징으로 강력한 의미로 쓰이게 되었다. 혁명의 정신적 모토인 '자유, 평등, 박애'를 나타내는 이미지로 프리기아 모자와 함께 갈리아의 수탉이 자주 사용되었다.

※ 프랑스 20프랑 금화(1908년): 중량 6.45g, 금 90.0, 크기 21.0㎜

1908년 프랑스 20프랑 금화(1908년) 좌측에 프랑스를 의인화한 여신 마리안, 우측에 프랑스의 상징인 갈리아 수탉이 새겨져 있다.

프랑스인들의 문화와 삶 속의 수탉

갈리아의 수탉은 프랑스의 문화와 생활 속에서도 깊은 연관을 가진다. 프랑스인들은 오랜 세월 닭고기를 일상 음식으로 애용해 왔으며, 닭과 관련된 속담과 민담도 풍부하게 전해진다. 특히 100년 전쟁 이후 앙리 4세는 경제가 어려웠던 프랑스 국민이 "일수일에 한 번씩 닭고기를 먹을 수 있도록 하겠다."고 공표했으며, 이를 실현함으로써 수탉은 더욱 친숙한 상징이 되었다.

파리 노트르담 대성당 첨탑에 장식된 청동 수탉은 그 자체로도 상징성과 역사적 의미가 있다. 이 청동 수탉상은 1935년 제작되어 대성당 첨탑 꼭대기에 설치되었으며, 내부에는 성유물이 담겨 있어 '영적 피뢰침'이라고 불리기도 했다. 2019년 화재로 첨탑과 함께 떨어졌지만, 회수되어 2024년 대성당 복원과 함께 다시 제자리를 찾았다.

노트르담 대성당은 프랑스 역사의 중심이자 중요한 종교적, 문화적 유산이며, 이곳에 자리 잡은 청동 수탉은 국가적 상징으로서 프랑스의 역사적 자부심을 나타내고 있다.

노트르담 대성당 첨탑 꼭대기의 수탉(2024년)
프랑스 파리 노트르담 대성당의 새로 복원된 첨탑 꼭대기에 설치된 청동 수탉.

오스만 제국 동화 40파라

오스만 제국의 화폐 제도와 가치 하락

오스만 제국은 초기부터 금과 은을 기반으로 하는 안정적인 화폐 제도를 운용했지만, 17세기 후반부터는 지속적으로 화폐 가치의 하락이라는 문제를 맞이하게 되었다. 특히 1687년에 기존 화폐였던 '악체(Akçe)'의 가치가 급격히 하락하며 결국 폐지되고, 이를 대체하는 '파라(Para)'가 주요 화폐로 사용되었다.

18세기 경제 상황과 화폐 개혁

18세기 오스만 제국은 유럽과의 활발한 무역으로 인해 다량의 은이 유입되었지만, 아이러니하게도 이러한 상황은 물가 상승과 화폐 가치 하락이라는 부정적인 결과로 이어졌다. 결국 1844년에는 기존 화폐 체계를 개혁하고 리라(Lira)를 도입하여 문제를 해결하고자 했으나, 그런데도 경제적 혼란과 화폐 가치 하락은 계속되었다. 결과적으로 가장 작은 화폐 단위는 10파라까지 내려가는 상황에 이르게 되었다.

40파라 동전의 발행과 의미

당시 발행된 대표적인 동전은 10파라, 20파라, 40파라 등이 있었으며, 그 중에서 40파라 동전이 크기와 가치 면에서 가장 두드러졌다. 이 40파라 동전은 1쿠루시(Kuruş)와 같은 가치를 지녔으며, 오스만 제국의 서민 경제와 시장 거래에서 중요한 역할을 했다. 특히 이 동전은 31대 술탄 압뒬메지트 1세(재위 1839~1861년)와 32대 술탄 압둘아지즈(재위 1861~1876년)의 통치기에 활발히 발행되었으며, 오스만 제국의 지배를 받던 이집트 지역에서도 같은 시기에 동일한 형태의 40파라 동전이 발행되었다.

40파라 동전의 디자인

40파라 동전의 앞면에는 오스만 술탄의 공식적인 서명 문양인 투그라(Tughra)가 새겨져 있다. 투그라는 술탄의 권위와 위엄을 나타내는 독특한

※ 오스만 제국 40파라 동화(1870년): 중량 24.0g, 크기 36.0mm

오스만 제국 40파라 동화(1870년) 술탄의 권위가 담긴 투그라와 함께 발행된 구리 화폐.
오스만 제국 말기 서민 경제와 화폐 개혁의 상징이자, 당시 이집트 조폐국에서도
동일한 형식으로 유통되었다.

상징으로서, 술탄마다 고유의 형태를 지닌 서명이기도 하다. 동전의 뒷면에는 술탄의 즉위 연도, 축원 문구, 그리고 조폐국 정보가 정교하게 각인되어 있어 당시의 역사적 상황과 화폐 발행의 배경을 잘 나타내고 있다.

술탄의 서명, 투그라

오스만 제국 황제의 공식 서명

이슬람권에서 발행된 동전 중에는 유독 화려하고 복잡한 디자인이 돋보이는 것이 많은데, 그 중심에 있는 것이 바로 '투그라(Tughra)'이다. 투그라는 오스만 제국의 술탄이 공식적으로 사용했던 독특한 서예 형태의 서명으로, 술탄의 이름과 칭호, 권위를 예술적으로 표현한 것이다. 주로 황실의 법령이나 공식 문서, 건축물, 화폐, 우표 등 국가적 차원의 공식적인 자료에 사용되었다.

투그라의 형태와 의미

투그라의 형태는 매우 복잡하고 정교하게 구성되어 있으며, 술탄마다 디자인이 달랐다. 이런 차이는 각 술탄의 개성과 통치 철학뿐 아니라 시대적 특성까지 반영했다. 투그라는 단순한 서명을 넘어 술탄의 권력과 정당성을 나타내는 시각적 상징이었고, 동시에 알라에 대한 헌정의 의미까지 내포한 종교적 기호로서 중요한 역할을 했다.

술탄 마흐무트 2세의 투그라. 황제의 이름과 칭호, 축원의 문구로 구성된 오스만 서예의 절정으로 제국의 정치적 권위와 종교적 정통성을 동시에 상징한다.

화폐를 통한 투그라의 확산

투그라는 오스만 제국에서 시작되었지만, 17세기 후반부터 본격적으로 화폐에 적용되면서 더욱 널리 퍼지게 되었다. 특히 18세기와 19세기 초반 오스만 제국 및 이슬람권에서 발행한 동전들 대부분에 투그라가 새겨졌다. 이러한 투그라는 술탄의 통치 정당성과 국가의 신성성을 나타내는 중요한 요소였으며, 이슬람 화폐 문화에서도 인물 대신 문자와 기호를 중시하는 전통을 유지하는 상징이었다.

이슬람 사회에서 초상화 대신 기호와 문자를 사용한 화폐 디자인은 우상 숭배를 금지하는 이슬람의 교리와 연결되며, 알라의 뜻에 따른 통치를 강조했다. 따라서 투그라는 정치와 종교가 밀접히 결합한 이슬람적 통치 원리를, 화폐를 통해 표현하는 중요한 매개체였다.

오스만 제국의 지배를 받은 북아프리카의 이집트, 튀니지, 알제리 등에서도 오스만과 유사한 방식으로 화폐에 투그라를 새겼다. 이러한 전통은 이슬람 문화권 전체로 퍼져나가며, 투그라를 사용한 화폐 디자인이 이슬람의 전통적 가치를 유지하면서도 국가적 통치 질서를 표현하는 핵심적 요소로 자리 잡았음을 보여준다.

※ 오스만 제국 2 kurus Billon(1791년): 중량 25.2g, 은 46.5%, 크기 42.0㎜

1791년 2 kurus Billon에 새겨진 투그라. 오스만 화폐에 새겨진 공식 서명은 인물 초상 없이도 술탄의 정체성과 통치 정당성을 시각화한 이슬람 화폐 문화의 특징이다.

조선 상평통보 당백전

개항과 흥선대원군 시대의 시작

조선은 1876년 일본과 체결한 강화도 조약으로 본격적인 제국주의 시대에 휩쓸리게 된다. 일본은 이 조약을 통해 조선의 문호를 강제로 개방하였고, 이후 정치적·경제적 영향력을 급격히 확대하였다. 이러한 외교적 위기 상황에서 국정을 실질적으로 주도한 인물이 바로 흥선대원군이었다. 1864년 어린 고종이 즉위하자, 그의 생부였던 흥선대원군은 왕권 강화와 조선의 자립을 목표로 중앙 정치에 강력히 개입하였다.

왕권 강화를 위한 경복궁 중건과 재정 위기

흥선대원군은 1865년부터 왕권 강화를 상징하는 경복궁 재건에 착수했다. 임진왜란 이후 수백 년간 폐허 상태였던 경복궁의 재건은 국가의 위엄과 왕권 회복을 위한 중요한 상징적 의미가 있었다. 그러나 경복궁 중건에는 막대한 비용이 소모되었으며, 이미 열악한 조선의 재정은 더욱 악화하였다. 이에 따라 흥선대원군은 강제 징수와 노역을 통해 부족한 재정을 충당하려 했지만 역부족이었다.

조선 왕의 궁궐, 경복궁(1892년) 1892년 프랑스의 잡지 『Le Tour du monde』에 실린 경복궁의 전경. 당시 조선 후기의 왕궁 모습을 담고 있다.

재정난 극복을 위한 악화(惡貨)의 탄생, 당백전

재정 위기를 타개하기 위해 흥선대원군이 선택한 해결책이 바로 '당백전'이라는 새로운 화폐였다. 1866년에 발행된 당백전은 기존 상평통보보다 무게와 크기가 약 5~6배나 큰 구리 화폐로, 액면 가치는 무려 100배(100문)에 달했다. 명목상 가치를 높게 책정한 당백전은 국가의 재정난을 단기적으로 완화하는 듯 보였지만, 실상은 심각한 경제적 문제를 초래했다.

당백전은 크기와 액면 가치가 과도하게 높았기 때문에 시장의 신뢰를 얻지 못했고, 상인들은 이를 기피하였다. 화폐의 실질적 가치가 시장에서 인정받지 못하자 물가는 급등했고, 쌀과 옷감 같은 생활필수품의 가격은 폭등하기 시작했다. 결국 당백전 발행은 조선 경제를 더욱 혼란에 빠뜨리는 악성 인플레이션을 초래했고, 백성들의 민생은 극도로 악화하였다.

※ 당백전(1866~1867년): 중량 20.0~25.0g, 크기 38.0~41.2㎜

당백전(1866년) 흥선대원군 시대에 국가 재정난을 해결하기 위해 발행되었지만, 시장에서 외면받아 심각한 경제 혼란을 초래하였다.

화폐 발행이 초래한 경제 혼란

1866년 11월부터 이듬해 5월까지 불과 6개월 남짓한 기간 동안 발행된 당백전은 기존 상평통보 가치의 100배로 책정된 화폐였다. 짧은 기간 동안 발행된 당백전의 양은 약 1,600만 냥으로 기록되어 있으며, 개인들이 사사로이 주조한 위조 화폐인 사주전(私鑄錢)까지 더하면 실제 유통량은 이보다 훨씬 많았을 것으로 보인다. 이는 조선 전체에 유통되었던 기존 상평통보 총액(약 1,000만 냥)을 훨씬 초과하는 수준이었다. 그 결과, 급격히 팽창한 화폐 공급량은 시장의 혼란과 극심한 물가 상승을 초래했다.

무너진 화폐 제도

조선의 화폐 제도는 숙종 시기 일본에서 대규모 구리 광산이 발견되면서 안정적으로 자리 잡기 시작했다. 이 시기에는 4,000톤 이상의 구리를 수입하여 상평통보를 원활히 발행할 수 있었다. 그러나 흥선대원군 시기 발행된 당백전은 기존의 신뢰를 쌓아온 화폐 제도를 완전히 붕괴시키는 결과를 가져왔다. 당백전은 높은 주조 이윤율(360%)을 노리고 만들어졌으나, 이는 조선 경제에 심각한 악영향을 끼쳤다. 기존 상평통보의 주조 이윤율이 50%를 넘지 않았던 것과 비교해 보면 당백전 발행의 경제적 무모함을 알 수 있다.

당백전의 악화성과 시장의 혼란

당백전의 근본적인 문제는 바로 '악화성(惡貨性)'이었다. 원래 상평통보(常平通寶)는 '상시 평준'이라는 개념, 즉 항상 안정적인 가치를 유지한다는 뜻을 담고 있다. 하지만 당백전은 상평통보보다 크기가 5~6배 크고 무거웠음에도 불구하고 가치가 100배로 과도하게 책정되어 있었다. 이로 인해 상인들과 백성들은 당백전의 가치를 인정하지 않았고, 시장에서는 당백전이 급격히 기피되기 시작했다. 결국 화폐 가치는 폭락했고 물가는 통제할 수 없을 정도로 치솟았다. 당시 경제적 피해가 가장 컸던 계층은 이러한 사실을 제대로 알지 못했던 도시의 하층민들이었다.

당백전 사주전과 경제적 여파

당백전은 법정 가치와 실제 가치 간의 큰 차이로 인해, 위조가 많았고, 그 결과 위조 화폐가 전국적으로 유통되었다. 위조범들은 당백선의 높은 주조 이윤을 노려 구리 함량을 줄이고 서체도 조잡하게 만든 화폐를 유통했다. 정부는 이러한 사주전을 엄격히 단속하고 위조범들을 공개적으로 처형하는 등 강력한 조치를 취했지만, 이미 손상된 화폐의 신뢰를 회복하기에는 역부족이었다.

결국 심각한 인플레이션과 사회적 불안정이 확산되자 조선 정부는 1867년 당백전 폐지를 결정하고, 1868년 5월부터 공식적으로 유통을 중단했다. 그러나 이미 손상된 화폐 신뢰와 경제적 혼란은 쉽게 회복되지 않았다.

당백전은 조선의 화폐 정책 실패 사례로 남게 되었으며, 이는 정부의 잘못된 화폐 정책 하나가 국가 경제에 얼마나 큰 악영향을 미칠 수 있는지를 보여주는 역사적 사례로 기록되었다.

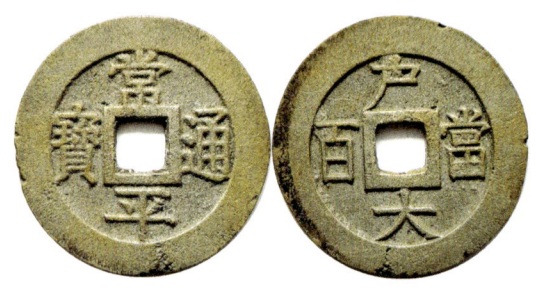

당백전 사주전((私鑄錢). 관주전보다 구리 함량이 낮고 서체가 조잡하게 제작된 위조 화폐로, 당백전의 높은 주조 이윤을 노린 민간 위조가 성행하면서 화폐 신뢰 붕괴와 경제 혼란을 심화시켰다.

맷돌 속 당백전과 속담 '땡전 한 푼 없다'

한편 흥미로운 역사적 사실은, 폐지된 당백전이 맷돌의 윗돌과 아랫돌 사이에 끼워져 팥이나 곡물 껍질을 벗기는 용도로 사용되었다는 점이다. 이 과정에서 당백전은 두께가 얇아지거나 금이 가는 일이 많았다. 우리가 흔히 쓰는 속담 '땡전 한 푼 없다' 역시 바로 이 당백전에서 유래되었다. 가치 없는 화폐가 되어버린 당백전의 별칭 '땡전'은 경제적으로 극도로 어려운 상황을 나타내는 표현으로 오늘날까지도 사용되고 있다. 이는 당백전 발행과 정책 실패로 인해 초래된 당시 백성들의 절망적인 경제적 상황을 잘 보여주는 사례라 할 수 있다.

맷돌에 사용된 당백전(좌)과 일반 당백전(우)의 두께 비교. 폐화된 당백전은 실제 맷돌에 끼워져 사용될 정도로 가치가 폭락했고, 오늘날 '땡전 한 푼 없다'는 속담의 어원이 되었다.

당백전 이후의 악화와 화폐 정책의 실패

흥선대원군은 당백전 발행을 중지한 뒤 청나라 화폐인 청전을 대량으로 들여와 유통시켰다. 이후에도 조선은 재정난 해결을 목적으로 당오전(1883년)과 두돈오푼 백동화(1892년) 등 가치가 낮은 악화(惡貨)를 계속 발행하였

조선의 대표적인 악화(당오전과 두돈오푼) 당백전 이후에도 근본적인 해결책 없이 발행된 화폐들로, 화폐 가치 하락과 인플레이션을 더욱 악화시켰다.

다. 이런 화폐들은 경제적 위기 상황에서 근본적인 해결책 없이 임시방편으로 등장했으나, 결과적으로 화폐에 대한 신뢰를 훼손하고 인플레이션을 심화시키는 부작용만을 낳았다.

한영달 선생의 저서 『한국의 고전』에 따르면, 상평통보 당백전은 크게 여섯 가지 형태로 분류된다. 이는 ① 대자(大字), ② 중자(中字) "평(平)", ③ 소자(小字) "평(平)", ④ 장용보(長用寶), ⑤ 장견보(長見寶), ⑥ 소자전(小字錢)이다.

청나라 함풍전

함풍제의 시대, 혼란 속의 청나라

함풍(咸豐)은 청나라 9대 황제인 문종(文宗)의 연호로 '만천하가 풍족하다'는 뜻이다. 그러나 함풍제(재위: 1850~1861년)의 시대는 이름과 달리 큰 혼란과 위기로 가득 찼다. 1850년부터 시작된 태평천국의 난은 청나라 전체를 혼란에 빠뜨렸으며, 1860년에는 제2차 아편전쟁으로 영국과 프랑스 연합군이 북경을 점령하는 치욕을 겪었다. 이런 외세의 침략과 내부의 혼란 속에서 함풍제는 청더(承德)의 피서산장으로 도피하여 아편과 술에 빠져 방탕한 생활을 하다가, 결국 30세라는 젊은 나이에 세상을 떠났다.

태평천국의 난(1850~1864년)의 전투 장면. 중국 청나라 말기를 뒤흔든 대규모 내전 태평천국의 난 당시의 주요 전투 장면을 묘사한 그림. 청나라 군대가 태평천국군으로부터 강포와 포구를 탈환하는 모습을 그리고 있다.

5장 19~20세기 서민의 귀금속 동화 475

경제적 위기를 초래한 함풍전의 발행

함풍전은 청나라의 재정 위기를 해결하기 위한 수단으로 함풍제 재위 기간 중 발행된 고액전이다. 그러나 함풍전 발행은 근본적인 경제 문제를 해결하지 못하고 오히려 상황을 악화시켰다. 태평천국의 난과 아편전쟁으로 국가 재정이 악화되자, 함풍전을 비롯한 당십전, 당이십전, 당오십전, 당백전, 당오백전, 당천전 등 다양한 고액 화폐가 대량 발행되었다. 하지만 이러한 화폐 발행은 물가 상승과 인플레이션을 가속화하여 경제 혼란을 더욱 심화시켰다. 그중에서도 고액의 당오백전과 당천전은 발행된 지 채 1년도 지나지 않아 중단될 만큼 심각한 혼란을 일으켰다.

※ 함풍전 당백전(1853~1859년): 중량 21.58~59.04g, 크기 20.2~57.0㎜
※ 함풍전 당오십전(1853~1859년): 중량 17.9~33.0g, 크기 38.0~46.0㎜
※ 함풍전 당십전(1851~1861년): 중량 5.86~18.36g, 크기 26.0~36.0㎜

함풍원보 당백전. 청나라 함풍제 시기 재정난 극복을 위해 발행된 고액 화폐로, 명목 가치와 실제 구리 가치의 큰 차이로 인해 화폐 신뢰가 무너지며 경제적 혼란을 심화시킨 악화의 대표적인 사례이다.

함풍중보 당오십전   함풍중보 당십전

경제적 불평등과 서민들의 고통

화폐의 과잉 발행으로 인해 극소수의 재력가와 군벌, 고리대금업자들은 쉽게 부를 축적할 수 있었지만, 서민들은 급격한 인플레이션과 생활필수품 가격 급등으로 큰 고통을 겪었다. 결국 함풍전은 오히려 청나라의 경제 위기를 심화시키며 사회적 불안정과 불평등을 초래했다. 시장에서는 함풍전의 실제 가치를 인정하지 않게 되었고, 청나라 조정은 은(銀)과 동화(銅貨)를 함께 쓰도록 했지만, 이미 신뢰를 상실한 함풍전은 시장에서 환영받지 못했다.

이러한 악순환 속에서 일부 지역에서 상인들은 함풍전을 꺼리고 기존의 은화나 조선과 일본 등 외국에서 들어온 화폐를 더 선호하게 되었다. 함풍전의 무분별한 발행은 결국 청나라의 화폐 신뢰를 무너뜨리고 경제 시스템을 붕괴시키는 결정적인 요인 중 하나가 되었다.

중국 주화 속 디자인, 인물의 등장

중국 전통 주화의 특징

중국의 전통적인 주화는 서양 국가의 화폐와는 확연히 구별되는 특징을 갖고 있다. 유럽 국가들은 오래전부터 군주와 왕족의 초상, 국가의 문장 등을 주화에 새겨 통치자의 권위를 강조했다. 반면, 중국의 전통 주화는 주로 문자와 기하학적 문양을 중심으로 디자인되었다.

특히 중국의 서예 문화는 주화 디자인에서도 두드러지게 나타났으며, 해서(楷書), 초서(草書), 전서(篆書), 행서(行書) 등의 다양한 서체가 사용되어 독특한 미학을 구현하였다. 따라서 중국 주화에서는 특정 인물의 초상을 찾기 어려웠고, 상징적인 문자와 문양이 주된 디자인 요소였다.

중국 주화에서 인물 초상의 등장

중국 주화에 인물 초상이 본격적으로 등장하기 시작한 것은 중화민국이 건국된 1912년부터였다. 중화민국의 수립은 청나라의 전통적인 왕조 체제를 종식하고 근대 국가로 전환하는 중요한 전환점이었다. 이러한 변화는 화폐 디자인에도 반영되어, 이전까지의 문자 중심 디자인에서 벗어나 처음으로 국가 지도자의 초상이 등장하게 되었다.

※ 쑨원 1달러 은화: 중량 26.73g, 은 88.0, 크기 39.0㎜

※ 원세개 1달러 은화: 중량 26.40g, 은 89.0, 크기 39.0㎜

쑨원 1달러은화(1933년)와 원세개 1달러 은화(1914년) 중국의 화폐에 지도자의 초상을 새긴 은화로, 중국의 근대 국가로의 전환과 정치적 변화를 드러내고 있다.

중국과 서구 주화 디자인의 차이

유럽 국가들은 오랜 전통을 통해 주화에 국왕의 초상이나 왕가의 문장 등을 새기는 것이 일반적인 관례였다. 그러나 중국은 근대화가 늦었고, 그 전까지 은괴와 동화가 주요 통화 수단으로 사용되었다. 그 영향으로 주화 디자인에서 서구의 영향을 상대적으로 덜 받았으며, 주화에는 주로 문자와 기하학적 무늬가 주요 디자인 요소로 사용되었다.

송나라 휘종이 발행한 대관통보(大觀通寶)와 숭녕통보(崇寧通寶)
북송 시대 휘종(1082~1135)이 창안한 독특한 서체인 수금체가 돋보이는 화폐

5장 19~20세기 서민의 귀금속 동화 479

근대 이후 중국 주화의 흐름과 인물 초상의 상징성

이후 중국의 화폐 디자인은 국가 지도자나 역사적 인물들의 초상을 포함하는 방향으로 발전하였다. 중화민국 시기를 거쳐 중화인민공화국이 수립된 이후에도 마오쩌둥과 같은 국가 지도자의 초상이 법정화폐와 기념화폐에 자주 등장하였다.

오늘날 중국에서는 다양한 기념주화와 법정화폐에 국가적 상징과 함께 중국 지도자들의 초상이 담기는 것이 일반적이다. 이처럼 중국의 주화 속 인물 초상의 등장은 중국의 근대화 과정과 국가적 통합을 시각적으로 보여주는 중요한 역사적 흐름이라 할 수 있다.

일본 천보통보

일본 천보통보의 탄생과 역사적 배경

에도 막부 말기인 1835년에 처음 발행된 천보통보는 일본 화폐 역사에서 중요한 의미가 있는 동전이다. 이 동전은 중국 청나라의 함풍전(1850~1861년)과 조선의 당백전(1866~1867년)보다 앞서 발행된 고액전으로, 당시의 일본 경제 상황과 맞물려 심각한 영향을 미쳤다.

천보통보의 공식 기록에 따르면 에도와 오사카에서 약 4억 8,480만 4,054개의 동전이 주조되었으며, 당초 정부는 100문의 가치로 이 화폐를 발행하였다. 그러나 기존의 대표적인 소액 동전인 관영통보(官永通寶)와 비교하면, 천보통보는 실제 무게가 약 5배 정도에 불과했음에도 불구하고 시장에서는 가치가 100배로 책정되었다. 이는 실제 사용 과정에서 상당한 경제적 혼란을 초래하는 원인이 되었다.

※ 관영통보: 중량 4.34~5.40g, 크기 27.0~28.0㎜

관영통보(4문) 에도 시대 내내 소액 거래에서 안정적으로 유통된 화폐로,
천보통보와 달리 신뢰와 실질 가치가 균형을 이루었다.

천보통보가 초래한 일본 경제의 혼란

에도 막부는 당시 서양 열강과의 교역으로 인해 국가 재정이 부족해지자 이를 보충하기 위하여 천보통보를 발행했다. 그러나 이 조치는 일본 내에서 경제의 안정성과 신뢰를 크게 손상시켰다. 시장에서 천보통보는 발행 초기부터 법정 가치인 100문을 인정받지 못했고, 실제 거래 가격은 대략 80문 수준에 불과했다. 그 결과, 물가가 급격히 상승하고 통화가치의 신뢰는 급락했다.

이 과정에서 많은 지방 번(藩)들이 천보통보의 높은 액면 가치와 낮은 제조 비용 간의 차익을 노리고 불법적인 화폐인 사주전(私鑄錢)을 대량으로 주조하기 시작했다. 사쓰마번, 조슈번, 후쿠오카번, 야마구치번, 센다이번, 구보타번 등을 포함한 10곳 이상의 지방 번이 이러한 사주전을 생산하여 시중에 유통하였고, 결국 공식적인 화폐인 천보통보의 가치는 더욱 급격히 떨어졌다.

※ 천보통보 당백전: 중량 4.34~5.40g, 크기 27.0~28.0㎜

천보통보 당백전(100문) 높은 액면 가치와 낮은 실질적 가치로 인해 시장의 신뢰를 잃고 경제적 혼란을 초래한 대표적인 고액 화폐이다.

개항 이후, 일본 경제의 위기

1854년 페리 제독의 흑선 내항 이후 일본은 강제적으로 개항하게 되었고, 서구 열강과의 교역이 본격화하였다. 그러나 외국으로부터 유입된 완제품과 수출된 반제품 및 식료품의 교역 불균형으로 국내 경제는 더욱 불안정해졌다. 상인들의 매점매석이 증가하고 생필품 가격이 급등했으며, 막부가 재정 확보를 위해 세금을 인상하자, 농민과 서민들의 생활은 극도로 악화하였다.

결국 천보통보가 촉발한 경제적 혼란은 막부의 기반이었던 농촌 사회를 붕괴시키고, 막부의 권위를 크게 흔드는 결과를 낳았다. 지방의 번들은 독자적인 경제 정책과 자체 화폐 발행을 추진하면서 일본 경제의 혼란을 더욱 증가시켰고, 에도 막부 체제의 붕괴를 앞당기는 중요한 요인이 되었다.

천보통보의 퇴장과 의미

천보통보의 경제적 문제는 결국 메이지 유신 이후, 신정부가 출범한 후에야 해결의 실마리를 찾게 되었다. 명치(메이지) 7년인 1874년 신화폐 법을 제정하여 기존 화폐 사용을 금지하였고, 명치 24년(1891년 12월 31일)에 이르러 천보통보의 유통은 공식적으로 완전히 중단되었다. 1896년 이후에는 구화폐와 신화폐 간의 교환도 금지되어 천보통보는 역사 속으로 완전히 사라지게 되었다.

현재 천보통보는 당시 내량으로 발행된 덕분에 비교적 쉽게 접할 수 있으며, 당시 지방에서 불법으로 주조된 사주전은 공식 주화보다 수량이 적어 수집가들 사이에서 더 높은 가치를 인정받고 있다.

류큐 왕국의 유구통보

해상 무역의 중심, 류큐 왕국의 번영

류큐 왕국은 현재 일본 오키나와현 지역에 있었던 섬나라로, 1429년 중산국의 쇼 하시(尙巴志)가 산북과 산남을 통일하면서 슈리성을 수도로 삼아 건국되었다. 류큐 왕국은 중국 명나라의 책봉국이 되어 매년 두 차례 조공을 바쳤으며, 그 대가로 중국과의 독점적 무역 권한을 얻었다. 이 권한을 바탕으로 류큐는 중국에서 수입한 도자기, 비단, 차 등을 일본, 조선, 동남아시아 각국에 수출하며 국제적인 중개 무역 국가로 크게 번성했다.

류큐 왕국의 중국행 조공선 출항 모습 (1828년) 류큐 왕국(현재 오키나와)의 나하항에서 중국(청나라) 베이징으로 향하는 조공선이 출항 준비 중인 모습을 그린 그림이다.

류큐 왕국은 동아시아와 동남아시아 사이의 전략적 교차점에 위치하여, 중국뿐 아니라 일본, 조선, 베트남, 태국 등과도 활발히 무역하며 해상 실크로드의 중심지로 자리 잡았다. 특히 류큐 상선은 높은 항해 기술과 우수한 선박 건조 기술을 바탕으로 활발한 해상 교류를 주도했고, 이를 통해 상당한 부를 축적할 수 있었다.

사쓰마번의 침략과 류큐 왕국의 쇠퇴

 류큐 왕국의 번성기는 오래 지속되지 못했다. 일본 전국을 통일한 도요토미 히데요시가 1590년 조선 침략을 준비하면서 일본 내 여러 지방에 군사적 지원을 요구했고, 사쓰마번은 이에 발맞추어 류큐 왕국에도 병력과 물자 지원을 강요했다. 그러나 류큐 왕국이 이를 거부하자, 사쓰마번은 도쿠가와 막부의 허락 아래 1609년 사무라이 3천여 명을 동원해 류큐를 침략했다.

19세기 류큐 왕국의 진공선(왼쪽)과 사쓰마번의 무역선(오른쪽).
류큐는 1609년 사쓰마번의 침략 이후 일본의 영향 아래에서 쇠퇴의 길을 걸었다.
사쓰마번은 이후 류큐의 무역과 경제를 통제하며 막대한 이익을 취했다.

준비가 미흡했던 류큐 왕국은 불과 며칠 만에 수도 슈리성이 점령당하고 말았다. 이후 류큐는 사실상 일본의 속국으로 전락하여 무역 이익과 주권을 상당 부분 빼앗겼다. 사쓰마번은 류큐 왕국의 해상 무역을 통제하며 경제적 이득을 독점했고, 1693년에는 류큐 북부 5개 섬까지 강제로 복속시켰다.

청나라와 일본 사이에서의 이중적 지위

흥미롭게도 류큐 왕국은 사쓰마번의 지배하에 있으면서도 명목상으로는 여전히 청나라의 조공국 지위를 유지했다. 일본은 청나라의 사절단이 류큐에 방문하여 책봉식을 치를 때마다, 자신들의 실질적 지배를 숨겼고, 류큐 왕국의 독립적 지위를 유지하고 있는 것처럼 꾸몄다. 이는 청나라가 오랫동안 일본의 실질적 지배 상황을 제대로 인식하지 못하게 만들었다.

1871년, 류큐 왕국의 사람들이 대만 근해에서 표류하는 사건이 발생하자 일본은 이를 빌미로 청나라를 압박했다. 이어 1874년에는 대만으로 군대를 파견하여 청나라를 무력으로 위협했고, 결국 청나라는 군사적 충돌을 피하고자 류큐 왕국이 일본 영토임을 인정하는 굴욕적인 결정을 내려야 했다.

결국 1879년, 일본은 군대를 보내 류큐 왕국을 완전히 해체하고, 그 자리에 오키나와현을 설치했다. 이로써 약 450년 동안 지속된 류큐 왕국의 역사는 종말을 맞이하게 되었다.

유구통보 당백전의 등장과 특징

유구통보 당백전은 이러한 역사적 상황 속에서 1862년부터 1863년에 걸쳐 발행된 동전으로, 사쓰마번이 일본 중앙정부의 공식 허가를 받아 주조했다. 이 시기는 일본 에도 막부 말기의 혼란스러운 경제 상황에서 고액 화폐 발행이 빈번했던 시기로, 유구통보 당백전도 이러한 흐름 속에서 등장한 것이다.

이 동전의 명목상 가치는 100문(文)으로 책정되었다.

※ 천보통보 당백전: 중량 22.0g, 크기 50.0×33.5㎜

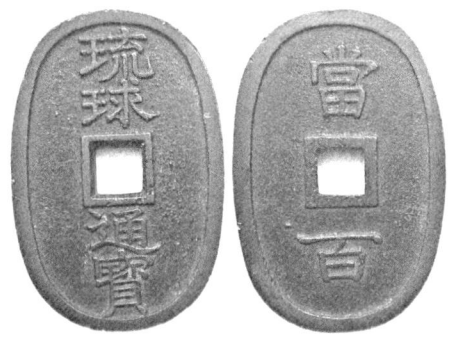

유구통보 당백전. 일본 사쓰마번의 경제적 영향 아래 공식 발행된 고액 화폐로, 당시 류큐 왕국의 정치적 상황을 반영하고 있다.

사쓰마번의 경제 전략과 불법 화폐 발행

사쓰마번은 유구통보 발행을 명분 삼아, 실제로는 천보통보 당백전을 불법으로 대량 주조했다. 특히 1863년 영국과 벌인 사쓰에이 전쟁으로 막대한 전쟁 비용이 필요하게 되자, 하루 약 7,000냥에 상당의 천보통보를 불법으로 발행하여 시장에 공급했다. 이는 일본 전역의 경제 질서를 심각하게 흔들었다.

당시 일본 각 지방 번들은 막부와의 대립을 위해 군비와 해외 유학 비용 등 자금 마련에 몰두하고 있었다. 특히 사쓰마번과 조슈번은 서구 열강과의 군사적 충돌을 계기로, 불법 화폐 발행을 통해 필요한 자금을 확보했다. 결국 사쓰마번의 불법적인 화폐 발행은 일본 내 화폐의 신뢰를 붕괴시키고

1863년 영국 해군의 가고시마 포격(사쓰에이 전쟁)
1863년 8월 영국 해군이 사쓰마번의 수도 가고시마를 포격하는 장면을 묘사한 삽화이다.

막부 체제의 붕괴를 촉진하는 결과로 이어졌다.

유구통보 당백전은 조선의 당백전, 청나라의 함풍전, 일본의 천보통보 당백전과 함께 동아시아 역사에서 악명 높은 고액 화폐 중 하나로 기록되고 있다. 이들 화폐는 공통적으로 국가 재정을 충당하려는 단기적 목적에서 발행되었으나, 결국 경제적 혼란과 화폐 가치 하락을 초래했다.

만주국에서 발행한 동전

일본 괴뢰국, 만주국의 탄생

만주국은 중국 동북부 지역(요령성, 길림성, 흑룡강성, 내몽고 자치구 일부)을 포함하며, 동서로 1,400㎞, 남북으로 1,700㎞에 이르는 광대한 땅이었다. 우리 역사에서 이곳은 고구려와 발해의 영토였던 지역으로, 한민족에게 역사적·문화적 의미가 큰 곳이다.

만주국 지도(1939년) 이 지도는 일본 제국에 의해 수립된 괴뢰 국가인 만주국의 당시 영토를 중심으로 한 동아시아 지도. 지도에는 일본이 점령했던 조선과 대만, 만주, 그리고 일본의 괴뢰 정권인 남경 정부와 몽강연합자치정부가 표시되어 있다.

1931년 9월, 일본 관동군이 일으킨 만주사변을 계기로 1932년 만주국이 세워졌다. 일본은 청나라의 마지막 황제였던 푸이를 만주국의 집정으로 내세웠으나, 실제로는 일본 관동군과 조선총독부가 모든 실권을 쥐고 있었다. 만주국은 독립적인 외교권을 갖지 못한 채 일본의 통제를 받는 허수아비 정권으로서, 형식적으로나마 국기, 국장, 화폐를 발행하여 국가적 외형을 갖추려고 했다.

만주국 화폐 발행과 경제적 침탈

일본은 1932년에 만주 중앙은행을 설립하여 기존의 동북 지역 은행과 금융기관들을 통합하였다. 이후 일본 관동군의 엄격한 통제 아래 만주 중앙은행은 만주국의 공식 화폐를 발행하기 시작했으며, 1932년부터 1945년까지 발행하였다. 일본은 점령지에서 화폐 발행을 통해 경제를 통제하고 수탈을 자행했는데, 만주국에서 발행된 화폐 역시 일본군의 군비 조달과 경제적 착취를 위한 도구였다. 이 과정에서 막대한 양의 화폐가 무분별하게 발행되어 급격한 인플레이션을 유발했고, 그 피해는 고스란히 현지 주민들에게 전가되었다.

초기에 발행된 만주국의 동전에는 '대동(大同)'이라는 연호가 사용되었지만, 1934년 푸이가 황제로 즉위하면서 연호를 '강덕(康德)'으로 바꾸었다. 강덕은 평안과 덕스러움을 의미하는 동시에, 청 왕조의 강희제(康熙帝)와 광서제(光緒帝)의 이름에서 따왔다는 해석도 있다. 이를 통해 만주국이 청나라의 정통성을 계승하고 있다는 인상을 수려는 일본의 의도가 담겼다는 분석이 있다.

※ 5푼 동화: 중량 3.5g, 크기 20.0㎜

※ 1각 동화: 중량 5.0g, 크기 23.0㎜

만주국에서 발행한 5푼 백동화, 1각 백동화. 형식적으로는 국가 화폐의 외형을 갖추었으나, 실질적으로는 일본 제국주의 경제 수탈의 도구로 사용된 화폐이다.

※ 5푼 알루미늄: 중량 1.2g, 크기 21.0㎜

※ 1각 알루미늄: 중량 1.0g, 크기 22.0㎜

만주국에서 발행한 5푼 알루미늄화, 1각 알루미늄화. 전시 자원 부족으로 값싼 알루미늄을 사용해 제작된 주화이다.

만주국 화폐의 상징성과 한계

만주국에서 발행된 동전에는 푸이의 황제 연호와 국호가 새겨져 국가의 독립성을 시각적으로 나타내고자 했지만, 실제로는 일본 제국의 경제적·정치적 통제 속에 있었다는 한계를 드러냈다. 일본의 통제는 점점 심화하였고, 만주국의 경제적 상황은 갈수록 악화하였으며 현지 주민들의 삶은 더욱 고달파졌다.

만주국이 발행한 동전은 일본 제국주의가 만주 지역에서 어떻게 경제적 침략을 수행했는지를 명확히 보여주는 증거물이기도 하다.

만주를 둘러싼 역사적 이해관계

만주는 한국, 중국, 일본, 러시아 등 여러 나라의 이해관계가 얽힌 역사적 공간이다. 한국에게 만주는 고구려와 발해의 옛 영토로 친숙한 곳이었고, 일본은 20세기 초 만주국이라는 괴뢰국을 세워 식민 지배의 기반으로 삼았다. 현재 중국은 이 지역을 동북(둥베이)으로 관리하고 있다.

19세기 말 조선은 흉년으로 인해 많은 백성이 간도(만주)로 이주했고, 이에 따라 조선 정부는 간도를 실질적으로 관할했다. 그러나 1909년 간도협약으로 간도는 청나라의 영토가 되었고, 이후 러시아와 일본도 만주의 지배권을 두고 갈등을 벌였다. 러일전쟁(1904~1905년) 이후 일본은 만주와 조선을 사실상 장악했다.

1919년 3·1운동 이후 대한민국 임시정부는 만주에서 독립운동을 본격화했고, 봉오동 전투와 청산리 대첩(1920년)에서 일본군을 격퇴했으나, 일본은 간도참변(1920년)을 일으켜 수많은 조선인을 학살하고 만주국을 세워 지배를 강화했다. 만주는 오늘날에도 동북아시아 국가들의 복잡한 역사와 정치적 관계를 상징하는 지역으로 남아 있다.

○ 참고문헌

동전을 좋아하는 사람들, 2013

화폐의 역사, 캐서린 이글턴, 조너선 윌리암스 (지은이), 양영철, 김수진 (옮긴이), 말글빛냄, 2008

독일제국, 미하엘 슈튀르머 (지은이), 안병직 (옮긴이), 을유문화사, 2003

화폐 이야기, 송인창, 김이한, 김희재, 양원호, 유창연, 정여진, 황의정(지은이), 부키, 2013

하룻밤에 읽는 유럽사, 윤승준(지은이), 랜덤하우스, 2004

악화의 진실, 박준수(지은이), 밀리언 하우스, 2010

일본 화폐 도감, 일본 화폐상 협동조합

A GUIDE BOOK OF UNITED STATES COINS

민속놀이와 명절, 조선의민속전통편찬위원회(지은이), 대산출판사, 2000

먼 나라 이웃 나라, 이원복(지은이), 김영사, 2010

제국주의와 식민지, 갈리마르-라루스(엮은이),장석훈(옮긴이), 아이세움, 2003

화폐 속에 여성들이 꿈꾼 삶, 한국은행 화폐박물관, 2008

한일 교류의 역사, 한국역사교과서연구회(엮은이), 혜안, 2007

함께 읽는 동아시아 근현대사, 박태균, 유용태, 박진우(지은이), 창비, 2010

한국의 전통사회 화폐, 원유한(지은이), 이화여대 출판문화원, 2005

한국 화폐사, 한국은행, 2006

은밀하고 위대한 인삼 이야기, 옥순종(지은이), 이가서, 2016

화폐 시스템의 세계사, 구로다 아키노부(지은이), 정혜중(옮긴이), 2004

한국의 고전, 도서출판 선, 2002

이슬람 건축의 동양과 서양, 이희숙(지은이), 2016

라틴 아메리카 역사 산책, 전용갑, 신정환, 황순양, 박영미(지은이), 휴북스, 2018

라틴 아메리카의 근대를 말한다, 스티븐 하트, 니콜라 밀러(지은이), 서울대 라틴 아메리카 연구소(옮긴이), 그린비, 2008

라틴 아메리카 다이제스트 100, 이강혁(지은이), 가람기획, 2008

상식으로 꼭 알아야 할 세계사, 세계역사연구회(지은이), 삼양미디어, 2009

상식으로 꼭 알아야 할 이슬람, 야히야 에머릭(지은이), 한상연 옮긴이, 삼양미디어, 2012

동인도 회사와 유럽 제국주의, 김지은(지은이), 주니어김영사, 2012

문장으로 보는 유럽사, 하마모토 다카시(지은이), 박재현(옮긴이), 2004

도해 문장, 신노 케이(지은이), 기민정(옮긴이), 2002

문장과 함께 하는 유럽사 산책, 김경화, 고봉만, 이찬규, 안상원, 김연순, 김문석(지은이), 글항아리, 2019

돼지에게 살해된 왕, 미셸 파스투로 (지은이), 주나미(옮긴이), 오롯, 2018

부의 역사, 권홍우(지은이), 인물과사상사, 2008

돈의 흐름으로 보는 세계사, 미야자키 마사카츠(지은이), 송제나(옮긴이), 한국경제신문, 2019

돈의 흐름으로 읽는 세계사, 오무라 오지로(지은이), 신정원 옮김, 위즈덤하우스, 2018

대한민국 징비록, 박종인(지은이), 와이즈맵, 2019

불의 기억, 에드아르도 갈레아노(지은이), 박병규(옮긴이), 따님, 2005

세계사 이야기, 인류역사연구회(지은이), 삶과 벗, 2010

세계의 기호와 상징 사전, D.R. 매켈로이(지은이), 최다인(옮긴이), 한스미디어, 2021

일본 전국시대 130년 지정학, 코믹스출판(지은이), 전경아(옮긴이), 야베 켄타로(감수), 이다미디어, 2022

스페인 은의 세계시, 키를로 M.치폴라(지은이), 장문석(옮기이), 미지북스, 2015

만주국의 지폐 변천과 지폐 도안의 특징, 대학교양교육연구, 김선진, 김상욱(지은이)

경제 인류학으로 본 세계 무역의 역사, 필립 D. 커튼 (지은이), 김병순 (옮긴이), 모티브북, 2007

국기에 그려진 세계사, 김유석(지은이), 틈새책방, 2017

조선 1894년 여름, 에른스트 폰 헤세-바르텍(지은이), 정현규(옮긴이), ㈜도서출판 책과 함께, 2012

이윤기의 그리스로마 신화, 이윤기(지은이), 웅진지식하우스, 2000

그리스 로마 신화, 토마스 불핀치(지은이), 김인영(옮긴이), 2004

십이지신 용, 이어령(엮은이), 생각의 나무, 2010

그 땅, 사람 그리고 역사 만주, 고구려연구재단, 2005

대항해시대의 탄생, 송동훈, 시공사, 2019

세계의 역사와 문화를 보는 국가와 국기, 김병준, ㈜지경사, 2005

국기의 세계사, 쓰지하라 야스오(지은이), 박경옥(옮긴이), ㈜황금가지, 2005

○ **사진 출처(Photo Credits)**

1장 동아시아에서 사용된 무역 은화

1898년 프랑스 정치만화<청나라를 분열시키는 제국들>, Wikimedia Commons Public domain

20세기 초 중국 내 제국주의 열강이 지배하거나 영향력을 보여주는 세력권 지도, Wikimedia Commons, Author: Mosr / CC BY-SA 3.0

카스티야-레온과 아라곤 왕국의 페르난도 2세와 이사벨 1세가 발행한 최초의 8레알 은화, Numismática Pliego by Hispalois, Wikimedia Commons, VRT Wikimedia

스페인 8레알 은화(1796년, 멕시코시티 조폐국), Wikimedia Commons, Author: Photo by Joe deSousa

샌프란시스코 조폐국에서 주화를 압인(壓印)하는 모습, Wikimedia Commons, Library of Congress, Public Domain."

미국의 국장, 독수리와 피라미드 문양, Wikimedia Commons Public domain

독수리 꼬리 깃털로 장식된 모자 장식을 쓴 만다족 인디언(Karl Bodmer의 작품, 1840~1843), Wikimedia Commons Public domain

1854년 페리 제독의 일본 사절단 도착 장면, Wikimedia Commons Public domain

각인(Chopmark)이 새겨진 일본 무역 은화(1877년), Wikimedia Commons, Author: Windrain, CC BY-SA 4.0

일본 시마네현 이와미 은광, 류겐지 마부 갱도 입구, Wikimedia Commons, Author: Yama 1009

문록석주정은, Author: 시마네현립 고대 이즈모 역사박물관 (SHIMANE VIRTUAL MUSEUM) https://iseki.shimane-u.ac.jp

포우해튼 호에서 일본과의 조약 협상을 준비하고 만찬을 개최한 페리 제독(1854년 W. Heine 작품), Wikimedia Commons Public domain

에도 시대에 발행된 금화(왼쪽부터 게이초 고반, 쇼토쿠 고반, 교호 고반), Wikimedia Commons Public domain

1876년 강화도 조약 체결 장면(1880년 일본에서 제작된 판화), Wikimedia Commons Public domain

1709년 중국에서 관찰된 인삼의 삽화, Wikimedia Commons Public domain

17세기 일본 에도 시대의 활발한 상업 활동 모습, Wikimedia Commons Public domain

목과 문장, Wikimedia Commons Public domain

오동나무 문장, Wikimedia Commons Public domain

접시꽃 문장, Wikimedia Commons, Author: Gameposo, 라이선스: CC BY-SA 4.0

일본 황실의 국화 문장, Wikimedia Commons Public domain, Author: Philip Nilsson

프랑스의 인도차이나 정복을 기념하기 위해 1885년 제작된 다색 석판화 작품, Wikimedia Commons Public domain, Author: Anonymous

프랑스령 인도차이나 총독부에서 사용한 공식 문장과 인장, Wikimedia Commons, Author: Perhelion, Simtropolitan, Sodacan, Donald Trung Quoc Don(徵國單)

19세기와 20세기 초 프랑스령 인도차이나와 영국령 동남아시아 식민지 확장 상황을 보여주는 지도(1867~1909년), Wikimedia Commons Public domain

홍콩 코즈웨이베이에 자리한 조폐국과 정원의 모습(1860년), Wikimedia Commons Public domain

아편전쟁 당시 영국 해군에 의해 파괴되는 중국 정크선(Edward Duncan작품, 1843년), Wikimedia Commons Public domain

19세기 영국 제국주의에 할양된 홍콩 지도, Wikimedia Commons Public domain

현대의 말라카 해협 지도(현재), Wikimedia Commons Public domain, Author: DoD

해협 식민지와 홍콩에서 사용된 동전과 당시 국제 환율 정보를 나타낸 엽서, Wikimedia Commons Public domain, Author: Max Heimbrecht

1797년 영국 남부 스핏헤드에 정박 중인 영국 동인도회사의 함내를 묘사한 수채화 작품,

Wikimedia Commons Public domain

영국 런던 동인도 회사 본부(Thomas Hosmer Shepherd, 1817년), Wikimedia Commons Public domain

영국 동인도 회사령 인도에서 발행한 동화(Half Anna, 1835년), 출처: 프루샤님

15세기 후반(추정 연도 1489년)에 제작된 이반 3세의 인장, Wikimedia Commons Public domain,

러시아 극동지역 팽창 지도(1858~1860년), Wikimedia Commons Public domain, 저자: Anonymous

개 두 마리(일본과 러시아)가 뼈다귀 하나(조선)를 차지하려고 다투는 장면을 풍자한 만화(Bob Satterfield, 1904년), Wikimedia Commons, Public domain

1905년 러일전쟁 당시 쓰시마 해전의 모습.(도조 쇼타로), Wikimedia Commons Public domain

1905년 포츠머스 강화조약 체결을 기념하여 제작된 엽서, Wikimedia Commons Public domain

1898년 7월 3일 미국과 스페인 간 벌어진 산티아고 해전의 장면을 묘사한 그림, Wikimedia Commons Public domain, Author: National Museum of the U.S. Navy

엉클 샘이 필리핀을 발판 삼아 중국 시장에 상품을 판매하는 장면을 풍자하고 있는 삽화(1900년 4월 21일 《저지 매거진》), Wikimedia Commons, Public domain, 저자: Emil Flohri

16세기 스페인의 갤리온 무역 항로, Wikimedia Commons Public domain

16세기 스페인 갤리온선(Cornelis Verbeeck 작품), Wikimedia Commons Public domain

과나후아토 도시 전경괴 인접 광산, Wikimedia Commons, Author: Yamen

광저우와 주강을 배경으로 한 1855년경의 국제 무역 풍경, Wikimedia Commons Public domain, Author: Vallejo Gallery

멕시코 국장(1823~1864년), Wikimedia Commons Public domain

멕시코 국장(현재), Wikimedia Commons Public domain

아즈텍 제국 수도 테노치티틀란의 지도(1524년)), Wikimedia Commons Public domain

1843년 《일러스트리르테 차이퉁》에 수록된 중국 전통 은괴(sycee) 삽화, Wikimedia

Commons Public domain

Kiangnan Province, 출처: 고복님

Hupeh Province, Wikimedia Commons, Author: Петров Эдуард

각인(Chopmark)이 새겨져 있는 캄보디아 티칼 은화, Author: 윤원기님

1900년대 초, 중국 간쑤 거리에서 환전을 하는 모습, Wikimedia Commons Public domain

1900년대 초, 제물포(현 인천항)의 항구 풍경, Wikimedia Commons Public domain

로버트 던 미국 종군기자가 환전한 엽전 더미, Collier's Weekly (June 4, 1904); used with permission

조선 닷량, Author: 임유택 님

대한제국의 국장 이화문(오얏꽃), Wikimedia Commons Public domain

일본 제국이 발행한 용 문양의 1원(円) 은화, Wikimedia Commons Public domain, Author: The government of the Empire of Japan.

2장 미국과 유럽 근대 은화

1778년 멕시코시티 조폐국에서 발행한 스페인 8레알 은화, Author: 임유택님

미국 최초의 달러 은화(1794년), Wikimedia Commons Public domain, Author: US mint

1897년, 뉴올리언스 미국 조폐국, Wikimedia Commons Public domain, Author: E.S. Gardner

1910년대 미국 재무부 금고에 보관된 모건 달러 자루, Author: CoinWeek.com, 원본 Public domain

제1차 세계대전 참전을 독려하는 엉클 샘 포스터(1917년), Wikimedia Commons Public domain, Author: w:James Montgomery Flagg

성조기를 들고 미국의 이상을 상징하는 컬럼비아(Paul Stahr, 1917년), Wikimedia Commons Public domain

1864년 2센트, Heritage Auctions (2015), U.S. Mint (coin), Wikimedia Commons Public domain, Photographic credit: Heritage Auctions

산업 혁명의 상징, 소호 매뉴팩처리(1773년), Wikimedia Commons Public domain, Author: Francis Eginton

영국 1크라운 은화(조지 3세, 조지4세, 에드워드 7세), Author: 이상진님

성 게오르기우스가 용을 무찌르는 장면(Paolo Uccello, 1430년), Wikimedia Commons Public domain

청나라 황실 문양(청색 용과 붉은 해), Wikimedia Commons Public domain, Author: 百楽兎

영국 왕가의 문장(1198년~1340년 사용), Wikimedia Commons, Author: Sodacan, CC BY-SA 4.0.

사자가 새겨진 로마 동전(288-290 AD.), Wikimedia Commons Public domain, Author: English Wikipedia, original upload by Panairjdde

프랑스 1공화국 시기에 발행된 5프랑 은화, Wikimedia Commons, Author: Jean-Michel Moullec from Vern sur Seiche, France CC BY 2.0

1804년, 파리 노트르담 대성당에서 나폴레옹 1세 황제의 즉위식과 조제핀 황후의 대관식, Wikimedia Commons Public domain

1803년 5 Francs, Wikimedia Commons Public domain

5 Francs 은화(1811년, 1815년, 1821년), Wikimedia Commons, Author: Петров Эдуард

1852년 5 Francs, Wikimedia Commons Public domain

프랑스 혁명의 시작을 알리는 바스티유 감옥 습격 사건을 묘사한 작품(장 피에르 우엘, 1789년), Wikimedia Commons Public domain

민중을 이끄는 자유의 여신(외젠 들라크루아의 1830년 작품), Wikimedia Commons Public domain

프랑스 혁명기 삼색기 (1790-1794), Wikimedia Commons Public domain

짊은 왕 필리프가 멧돼지에 의해 목숨을 잃는 모습(영국 노서관 소상), Wikimedia Commons Public domain

프랑스 왕 루이 7세의 초상화, Wikimedia Commons Public domain

1723년 러시아 제정 루블화 (표트르 1세 시대), Wikimedia Commons Public domain, Author: Krasny Moscou

러시아 제국 문장(1883년), Wikimedia Commons Public domain

용을 무찌르는 성 게오르기우스(1425~1450년 안젤로스 아코탄도스 작품), Wikimedia Commons Public domain

1905년 피의 일요일 사건을 묘사한 작품, Wikimedia Commons Public domain

1대 황제 빌헬름 1세, Wikimedia Commons Public domain, Author: Anonimous

2대 황제 프리드리히 3세, Wikimedia Commons Public domain, Author: Reichard & Lindener

3대 황제 빌헬름 2세, Wikimedia Commons Public domain, 저자:Thomas Heinrich Voigt

1871년 베르사유 궁전 거울의 방에서 프로이센 왕 빌헬름 1세가 독일제국의 황제로 선포되는 역사적인 순간을 묘사한 작품(Anton von Werner, 1885년), Wikimedia Commons Public domain

독수리가 새겨진 로마 니카이아 동전(기원전 177-192), Wikimedia Commons Public domain

독일제국 문장(1889-1918), Wikimedia Commons, Author: Emil Doepler d. J. Drawing created by David Liuzzo

나치 독일제국의 국장(1935~1945), Wikimedia Commons Public domain

바이마르 공화국(1928~1935년)과 독일 연방공화국(1950년~현재)의 국장, Wikimedia Commons Public domain

스위스 국장, Wikimedia Commons Public domain

루체른의 사자상 기념비, Wikimedia Commons Public domain, Author: Gürkan Sengün

스위스 5프랑 은화(1851년), Author: 임유택님

스위스 5프랑 은화(1907년), Author: 고복님

헬베티아를 찬양하는 신들(1726년, 베르나르 피카르 작품), Wikimedia Commons Public domain

스위스 2프랑 은화(1955년), Wikimedia Commons Public domain

1861년 스위스 스탠스(Stans)에서 열린 연방 사격대회의 축제 장면을 묘사한 삽화,

Wikimedia Commons Public domain

슈팅 탈러(1855년, 1861년, 1863년), Author: 임유택님

활을 쏘는 빌헬름 텔과 산악 풍경(Joos de Momper the Younger 작품), Wikimedia Commons Public domain

스위스 25프랑 금화(1955년), Wikimedia Commons Public domain

합스부르크 백작 가문 문장(11세기), Wikimedia Commons, Author: Katepanomegas, CC BY-SA 3.0 / GFDL 1.2+"

1867년 6월 8일 프란츠 요제프 1세와 엘리자베트 황후의 헝가리 대관식(Edmund Tull 19th 작품), Wikimedia Commons Public domain

5코로나(1909, Large head&Small head), Author: 고복님

오스트리아-헝가리 이중제국의 구성 (1878년 보스니아 점령 이전)

헝가리 국장(1896~1915년), Wikimedia Commons, Author: Thommy

이슈트반 왕관과 정상 십자가(1613년), Wikimedia Commons Public domain, Author: Wolfgang Kilian

기울어진 십자가와 이슈트반 왕관(1792년 János Fülöp Binder 작품), Wikimedia Commons Public domain

마리아 테레지아 은화(1765년, 1820년대), Author: 고복님

마리아 테레지아 은화(2000년대), Author: 다임님

에리트리아 탈러 은화(1918년), 에티오피아 비르 은화(1895년), Author: 윤원기님

젊은 시절 마리아 테레지아 여제(Andreas Møller, 1727년), Wikimedia Commons Public domain, Author: Andreas Møller

상복을 입은 마리아 테레지아 여제, Wikimedia Commons Public domain, Author: School of Martin van Meytens

이탈리아 통일의 주역들(마치니, 가리발디, 카보우르, 비토리오 에마누엘레 2세), Wikimedia Commons, Author: Pramzan

5 Lire(1876년), Wikimedia Commons Public domain, Author: Luigi Chiesa

5 Lire(1879년), Wikimedia Commons, Author: Windrain

이탈리아 왕국 국장(1870-1890), Wikimedia Commons, Author: Flanker and Miguillen/CC BY-SA 3.0

이탈리아 공화국 국장(1890~1946년), Wikimedia Commons, Author: Katepanomegas/CC BY-SA 3.0

몬차 대성당에 보관된 롬바르디아 철관, Wikimedia Commons, Author: FilWriter

아테네 은화 테트라드라크마(기원전 454~404년), 아테나 여신과 부엉이 문양이 새겨진 고대 그리스 대표 은화, Wikimedia Commons, Author: DD1380, CC BY-SA 4.0

5 Drachmai(George I, 1875년), Wikimedia Commons, Author: Design: Albert Desire Barre

5 Drachmai(George, 1901년), Wikimedia Commons, Author: worldcoingallery.com

그리스 글뤽스부르크 왕가 국장, Wikimedia Commons, Author: Sodacan

그리스 국장(현재), Wikimedia Commons Public domain

독일 알프스의 최고봉 추크슈피체 정상에 있는 기펠크로이츠(Gipfelkreuz), Wikimedia Commons, Author: Raphael Markert

슈루즈버리 보물(Shrewsbury Hoard), Wikimedia Commons, Author: Portable Antiquities Scheme from London, England/CC BY 2.0

아케론강을 건너는 카론(Alexander Litovchenko, 1861년), Wikimedia Commons Public domain

그라나다의 항복(Francisco Pradilla y Ortiz, 1882년), Wikimedia Commons Public domain

바다의 신 포세이돈과 헤라클레스 기둥(Willem Basse의 작품, 1913년), Wikimedia Commons Public domain

카를로스 1세 국장(1530-1556), Wikimedia Commons, Author: Heralder/CC BY-SA 3.0

토르데시야스 조약(1494)에 따라 설정된 경계를 보여주는 지도(1622), Wikimedia Commons Public domain

공화국 1에스쿠도 은화(1915년), Wikimedia Commons, Author: Windrain

포르투갈 공화국의 국장(현재), Wikimedia Commons Public domain

오리케 전투의 기적(1828년 R. Sich 작품), 예수님을 만난 아폰수 1세와 방패를 든 천사, Wikimedia Commons Public domain

1648년 5월 15일 스페인-네덜란드 뮌스터 조약 비준(Gerard ter Borch, 1648년), Wikimedia Commons Public domain

2½ Gulden(1846년), Wikimedia Commons Public domain, Author: Петров Эдуард

네덜란드 국장, Wikimedia Commons, Author: Sodacan/CC BY-SA 4.0.

스리랑카 국장, Wikimedia Commons Public domain, Author: Tonyjeff

암스테르담 몬텔반스타워에서 출항 준비 중인 네덜란드 동인도 회사 병사들, Wikimedia Commons Public domain

벵골 호글리 VOC 무역기지 (1665년), Wikimedia Commons, Author: Hendrik van Schuylenburgh

네덜란드 Coins 1, 2 and 6 stuivers, Wikimedia Commons Public Domain

Author: Петров Эдуард

1830년, 벨기에 혁명 당시 플람스슈테인베흐 거리에서 후퇴하는 네덜란드 기병대, Wikimedia Commons Public Domain

벨기에 국장, Wikimedia Commons, Author: created by Sodacan, elements by Katepanomegas, licensed under CC BY-SA 3.0.

레오폴드 1세 5프랑(1848년, 1852년), Author: 고복 님·

1904년 콩고에서 잘린 손을 들고 있는 이들의 모습, Wikimedia Commons Public domain

브뤼셀 왕궁 전경, Wikimedia Commons, Author: Santi Oliveri, CC-BY-SA-2.5

불가리아 5레바 은화(1884년, 1894년), Author: 알타이르님

불가리아 국장(1879~1907년), Wikimedia Commons, Author: Glasshouse (Sodacan의 요소 활용), CC BY-SA 4.0

불가리아 카잔러크 장미, Wikimedia Commons Public domain

요한네스 2세 리히텐슈타인 공의 초상(존 퀸시 아담스 1908년 작품), Wikimedia Commons Public

리히텐슈타인 국장, Wikimedia Commons Public domain

밀다 여신상(1935년 수도 리가에 건립), Wikimedia Commons, Author: Smurrayinchester

사진 출처(Photo Credits) 505

2014년 라트비아 2유로 주화 (전통 복장 여성 초상), Wikimedia Commons Public domain

3장 이슬람 문화권 근대 은화

무함마드의 예언자 소명과 첫 계시 (약 1425년), Wikimedia Commons Public domain, Author : Hafiz-i Abru

카바 신전과 하지 순례자들, Wikimedia Commons, Author: Adli Wahid (modified by Basile Morin)/CC BY-SA 4.0

마리아 테레지아 탈러(Maria Theresia Thaler), Wikimedia Commons Public domain, Author: Windrain

1778년 스페인령 아메리카 식민지(멕시코)에서 발행된 대표적 무역 은화 8레알, Author: 임유택님

1566년 술레이만 대제 사망 당시의 오스만제국 영토, Wikimedia Commons, Author: Oktaytanhu/CC BY-SA 4.0

이슬람의 상징인 초승달과 별, Wikimedia Commons Public domain, 저자: sarang, 이미지 출처: Christie's LotFinder

사냥의 여신 디아나, Wikimedia Commons Public domain

오스만제국의 국기, Wikimedia Commons Public domain

이집트 20키르시 은화, Author: 이상진 님, 윤원기님

5000 Dinars(1924년), Author: 윤원기님

이집트 민족주의자 아라비 파샤(1900년), Wikimedia Commons Public domain

말레크 무함마드 카즈비니의 장식체 서예, Wikimedia Commons Public domain

스페인 알람브라 궁전 홀에 그려진 아라베스크, Wikimedia Commons, Author: Javier Puig Ochoa

페르시아 제국 국장, Wikimedia Commons Public domain, Author: Sodacan

이란 왕국 국장, Wikimedia Commons Public domain, Author: Sodacan

이란 국장(1980년~현재), Wikimedia Commons Public domain

헤자즈 예멘 네지드 지도, Wikimedia Commons, 저자: Lennart Andersson

현재 사우디아라비아 지도), Wikimedia Commons Public domain

사우디아라비아 1리알(1928년), Author: 이상진님

사우디아라비아 문장, Wikimedia Commons, Author: SKopp, CC BY-SA 3.0

일곱 가지 죄를 심판하는 유스티티아(Antoon Claeissens, 1613년), Wikimedia Commons Public domain

예멘 왕국의 국장(1918~1962년), Wikimedia Commons, Author: Rayan54 / CC BY-SA 4.0

솔로몬 왕의 궁전을 방문한 사바 여왕(Edward Poynter, 1890년), Wikimedia Commons Public domain, Author: Edward Poynter (1836-1919)

예물을 바치는 동방박사들(15세기 화가 Hans Memling 작품), Wikimedia Commons Public domain

기원전 150년경 서지중해의 세 강대국, Wikimedia Commons, Author: Goran_tek-en/CC BY-SA 4.0

비둘기가 올리브 가지를 물고 돌아오는 장면 (Jacques Callot, 17세기), Wikimedia Commons, Author: Rijksmuseum

아테네를 두고 벌어진 아테나와 포세이돈의 논쟁 (Merry-Joseph Blondel, 1821), Wikimedia Commons, Author: Merry-Joseph Blondel/Piouchat/ CC BY-SA 4.0

10디르함(1911년), Author: 윤원기님

이스라엘 국기의 육각성, Wikimedia Commons, Author: Nassov

솔로몬의 별이 새겨진 모로코 파루스 주화 모음(1854~1881년), Wikimedia Commons, Author: Laura Burnett © Somerset County Council, Portable Antiquities Scheme (SOM-15CCC0), finds.org.uk

셀리미예 모스크, Wikimedia Commons, Photo: Dosseman, Selimiye Mosque, 2018, CC BY-SA 4.0

아프가니스탄 2½루피(1920), Author: 양승훈님

아프가니스탄 5 루피(1897), Wikimedia Commons, Author: Author: Classical Numismatic Group, Inc. (CNG), CC BY-SA 3.0

아프가니스탄 국장(1919~1926년), Wikimedia Commons Public domain

아프가니스탄 국장(2013~2021년), Wikimedia Commons Public domain

영웅 로스탐의 모습(Adel Adili, 2005년), Wikimedia Commons, Author: Adel Adili, Rostam, 2005. CC BY-SA 3.0 및 GFDL

4장 라틴 아메리카 근대 은화

1521년, 테노치티틀란 정복, Wikimedia Commons public domain

라틴아메리카 지도, 중남미 국가들 Wikimedia Commons, Author: Algodoncita 123

포토시의 '부유한 언덕(Rich Hill)'(1715년), Wikimedia Commons public domain

1794년 당시 4개의 스페인 부왕령 분할 지도, Wikimedia Commons public domain

자유의 땅을 알리는 기둥, Wikimedia Commons public domain

파라과이 국장(1842년), Wikimedia Commons Public domain

1865년 파라과이 전쟁 중 벌어진 리아추엘로 해전의 생생한 전투 장면을 그린 역사화, Wikimedia Commons, Author: Own work, CC BY-SA 3.0

삼국동맹 전쟁(1864~1870)의 전개와 파라과이 영토 상실 지도, Wikimedia Commons, Author: Maximilian Dörrbecker

볼리비아 국장(1825년, 1888년~현재), Wikimedia Commons Public domain

스페인 8레알(1770년 포토시에서 제작), Wikimedia Commons, Author: José Fuertes

목판화로 그려진 볼리비아 포토시 은광, Wikimedia Commons Public domain

볼리비아 8솔 은화(1826년), 브라질 200Reis(1856, 1889), 출처: 윤원기님

브라질 국장(1822~1853년), Wikimedia Commons Public domain, Author: Tonyjeff, based on work of Jean-Baptiste Debret.

브라질 국장(1889~1968년), Wikimedia Commons Public domain

남십자성이 그려진 여러 나라의 국기, Wikimedia Commons,

Author: Various, CC BY 4.0

산마르틴과 오이긴스의 안데스 횡단, Wikimedia Commons Public domain

아르헨티나 국장(1813년, 현재), Wikimedia Commons Public domain

고원 위에 아르티가스 장군 초상화, Wikimedia Commons Public domain

우루과이 국장(1829년), Wikimedia Commons Public domain

잉카의 태양신 축제, 카팍 인티 라이미 (Cápac Inti Raymi), Wikimedia Commons Public domain, Author: user(Ines)

1813년 아르헨티나 최초의 주화에 새겨진 5월의 태양, Wikimedia Commons Public domain

아르헨티나 국기에 그려진 5월의 태양, Wikimedia Commons Public domain

우루과이 국기에 그려진 5월의 태양, Wikimedia Commons Public domain

랑카과 전투의 오이긴스 (1814년), Wikimedia Commons Public domain, Author: Pedro Subercaseaux

칠레 국장(1834년 제정), Wikimedia Commons Public domain

엘 타티오 간헐천 지대, 칠레 아타카마 고원, Wikimedia Commons, Author:Diego Delso, CC BY-SA 4.0, Author: Cocktailmarler

남미 태평양 전쟁 이전과 이후 국경 변화 지도, Wikimedia Commons, Author: Createaccount, licensed under Creative Commons Attribution-Share Alike 3.0 and GNU Free Documentation License.

친차 제도에서 구아노를 적재하는 노동자들(1865년), Wikimedia Commons Public domain, Author:Photographer: Henry de Witt Moulton

페루 국장(1825년 제정), Wikimedia Commons Public domain

자비나스의 코르누코피아, Wikimedia Commons, Author: cngcoins, Classical Numismatic Group, Inc. (CC BY-SA 2.5)

아코프 요르다엔스, 헤라클레스에게 패한 아겔로오스-풍요의 뿔의 기원(1649), Wikimedia

Commons Public domain, Image: Jacob Jordaens(1593-1678)

아말테이아에게 풍요의 뿔을 바치는 요정들(1688년 Noël Coypel 작품)

Wikimedia Commons Public domain, Image: Noël Coypel

과테말라 국장(1871년 제정), Wikimedia Commons Public domain

아즈텍 전사들의 복식과 깃털 장식(Codex Mendoza, 1540년대), Wikimedia Commons Public domain

시몬 볼리바르 초상(1919년), Wikimedia Commons Public domain, 저자:M. N. Bate, London

베네수엘라 국장(1954~2006년), Wikimedia Commons Public domain

베네수엘라 국장(2006~현재), Wikimedia Commons Public domain

콜롬비아 국장, Wikimedia Commons Public domain

석류를 먹는 페르세포네(단테 가브리엘 로제티, 1874년), Wikimedia Commons Public domain

안토니오 호세 데 수크레 장군(Arturo Michelena, 1895년), Wikimedia Commons Public domain

에콰도르 국장(1830년), Wikimedia Commons, Author: Milenioscuro, CC BY-SA 3.0

에콰도르 국장(1900년), Wikimedia Commons Public domain, Author: Ysangkok and others

에콰도르 1수크레(1884년), Wikimedia Commons, Author: Ceibos, CC BY-SA 4.0

쿠바 1PESO(1934년), Author: 윤원기님

쿠바 1PESO(1939년), Author: 양승훈님

쿠바 국장, Wikimedia Commons Public domain

공산주의를 상징하는 붉은 별과 망치와 낫, Wikimedia Commons Public domain

쿠바 국기(현재), Wikimedia Commons Public domain

체 게바라 초상 (알베르토 코르다, 1960년), Wikimedia Commons Public domain

1791년 생도맹그의 대화재와 흑인 봉기. 『생도맹그, 혹은 그 혁명의 역사』(파리, 1815년경) 서문에 수록된 삽화, Wikimedia Commons Public domain

아이티 국장(1807년), Wikimedia Commons, Author: Samhanin/CC BY 4.0

아이티 국장(현재), Wikimedia Commons Public domain

도미니카 1페소(1897년), Wikimedia Commons, Author: Guillermo2312

도미니카 국장(1844년), Wikimedia Commons Public domain, Author: Cheposo

도미니카 국장(현재), Wikimedia Commons Public domain

아이티의 시타델 라페리에르 사진, Wikimedia Commons Public domain, Author: SPC Gibran Torres, United States Army

히스파니올라섬의 영토 변화, Wikimedia Commons, Author: Maximilian Dörrbecker (Chumwa)/CC BY-SA 2.0

전쟁의 원인이 된 도미니카공화국 지도 우표, Wikimedia Commons Public domain, Author: Hamilton Bank Note Co

엘살바도르 1페소(1908년), Author: 양승훈님

엘살바도르 국장(1877~1912년), Wikimedia Commons, Author: Christopher Aragón

니카라과 국장(1912년), Wikimedia Commons Public domain

콜럼버스의 첫 항해 경로(1492~1493년), Wikimedia Commons, Author: Phirosiberia & Gigillo83/CC BY-SA 3.0

콜럼버스, 신대륙에 깃발을 꽂다, Wikimedia Commons Public domain, Author: L. Prang & Co., Boston

바스코 누녜스 데 발보아(Vasco Nuñez de Balboa), Wikimedia Commons Public domain, Author: bibliotecavirtualdefensa.es, CC0 1.0

파나마 국장(1904년 제정), Wikimedia Commons Public domain

파나마 운하 아구아 클라라 갑문과 관제탑, Wikimedia Commons, Author: Mariordo (Mario Roberto Durán Ortiz)/CC BY-SA 4.0

1857년 온두라스) 일러스트, Wikimedia Commons Public domain

온두라스 국장(1935년), Wikimedia Commons Public domain

이자파 스텔라 25의 도해 (마야 문명), Wikimedia Commons Public domain

5장 서민들의 귀금속 동화

베네치아 시장 풍경(Antonio Ermolao Paoletti, 1912년), Wikimedia Commons Public domain Author: Image via langmann.com.

예카테리나 2세 초상화(Fyodor Rokotov, 1763년), Wikimedia Commons Public domain

예카테리나 2세 국장, Wikimedia Commons Public domain

예카테리나 2세 황제 모노그램, Wikimedia Commons, Author: Glasshouse

영국 근대 주화 압인기 설계도, Wikimedia Commons, Author: Wellcome Collection, E. S. Gibson (원본 도안), J. W. Lowry (동판화 제작)/ CC-BY-4.0

브리타니아 정복을 기념한 클라우디우스 황제의 은화(AD 41-54), Wikimedia Commons, Author: Classical Numismatic Group

브리타니아의 르네상스 2파운드, Wikimedia Commons Public domain

파도를 다스리는 브리타니아 여신(Nicolai Habbe, 1875년), Wikimedia Commons Public domain

조지 4세 1페니(1826년), Author: 임유택님

빅토리아 1페니(1892년), Author: 이상진님

페니 블랙(Penny Black) 우표(1840년), Wikimedia Commons Public domain

아마스트리스 여왕의 은화(기원전 300~285년경), Wikimedia Commons, Author: CC BY-SA 2.5, Classical Numismatic Group, Inc. 제공: http://www.cngcoins.com

파리 코뮌의 상퀼로트(1793년), Wikimedia Commons Public domain

프리기아 모자를 쓰고 있는 트로이의 왕자 파리스(Antoni Brodowski, 1812년), Wikimedia Commons Public domain

1908년 프랑스 20프랑 금화, Wikimedia Commons Public domain, Author: Aquinassixthway

노트르담 대성당 첨탑 꼭대기의 수탉(2024년), Wikimedia Commons, Author: Photo by Mariordo/CC BY-SA 4.0

술탄 마흐무트 2세 투그라, Wikimedia Commons Public domain, Author: Baba66

조선 왕의 궁궐, 경복궁(1892년), Wikimedia Commons Public domain, Author: Photo by T. Taylor

태평천국의 난(1850~1864년)의 전투 장면, Wikimedia Commons Public domain, Author: Qingkuan

송나라 휘종이 발행한 대관통보(大觀通寶)와 숭녕통보(崇寧通寶), Author: 너구리님

1863년 영국 해군의 가고시마 포격(사쓰에이 전쟁), Wikimedia Commons Public domain, Author: 화가 E. Roevens

류큐왕국의 중국행 조공선 출항 모습(1828년), Wikimedia Commons Public domain, Author: William Smyth (sketch) F. Finden (engraving) Frederick William Beechey (book author)

19세기 류쿠 왕국의 진공선(왼쪽)과 사쓰마번의 무역선(오른쪽), Wikimedia Commons Public domain

만주국 지도(1939년), Wikimedia Commons, Author: Cataleirxs/CC BY-SA 4.0